이해하기 쉽게 쓴

교육과정론

CURRICULUM THEORY

이해하기 쉽게 쓴 교육과정론

김희수 저

& PRACTICE

dm 동문사

들어가는 말

일찍이 중국의 삼조는 “개나 원숭이는 교육 없이도 개나 원숭이일 수 있지만, 인간은 교육 없이 인간일 수 없다”라고 강조하였다. 그만큼 인간에게 있어서 교육은 중요하다는 의미이다. 교육은 교사가 학생들에게 지식을 가르치고 의미 있는 경험을 통해 개인의 삶이나 사회적으로 유용한 인간으로 성장하도록 돕는 일이다. 이 일은 아무나 할 수 있는 것이 아니며 어떤 인간을, 어떤 내용으로, 어떤 방법을 동원하여 수행하고, 수행한 결과를 어떻게 평가할 것인가에 대한 분명한 교육관을 가지고 있는 사람이어야 한다. 또한 교육관을 바탕으로 이를 방법론적 원리를 적용할 수 있는 능력을 지니고 있어야 한다. 방법론적 원리 중의 하나가 바로 교육과정을 구성하는 능력이다.

교육과정(curriculum)은 교육의 목적달성을 위한 교육적 가치와 핵심을 반영한 본질이다. 또한 교육과정은 교사와 학생을 매개해주는 교량이기도 하다. 이에 교사는 교육과정에 대한 전문성을 갖춰야 한다. 즉, 교사는 교육과정을 이해하고, 개발하고, 실행하고, 평가·관리할 수 있는 능력을 갖춰야 한다는 것이다. 교사가 교육과정에 대한 전문지식이 부족한 채 좋은 교육을 실행한다는 것은 현실적으로 어렵다.

그동안 필자는 교직에 종사하면서 많은 교사들과 접촉할 기회가 있었는데, 의외로 교육과정에 관한 전문지식이 부족한 경우를 종종 볼 수 있었다. 이에 ‘무엇이 문제인가?’에 대하여 고민도 해보고, 의견을 들어보기도 하였다. 그 결과를 종합해봤을 때 두 가지로 나뉘었다. 하나는 교사들이 교원양성기관에서 교육과정에 대하여 교육을 받을 때, 교육과정이 어렵게 느껴져 교육과정의 기본적 소양을 쌓는 데 소홀히 한 이유이고, 다른 하나는 현장과 다른 이론적 측면에서 교육이 다루어지다 보니 막상 교사가 된 후에 교육과정을 어떻게 다루어야 할지 난감해하는 것이었다.

그렇다. 지금도 마찬가지이다. 거의 모든 교재들이 지나치게 이론 중심적이고 어렵다. 또 현장과 동떨어진 교재 내용들은 공부를 하고자 하는 학생들의 동기를 꺾고 있었다. 이에 필자는 제한된 한 학기 동안에 학생이 배울 내용을 현장에서 요구하는 핵심 가치와 내용만을 담고자 하였다. 학생들이 이해하기 쉽도록 교재를 발간하고 싶었다. 이에 이 책은 학생들이 접근하기 쉽고 이해하기 쉽도록 집필하였음을 밝힌다.

이 책은 다른 책과 달리 우선, 교수공학적 측면에서 학생들의 이해를 높이기 위해 챕터별 '학습개요 → 학습목표 → 학습내용 → 요약 → 형성평가 및 연구과제' 순으로 조직화하였다. 다음으로 교육내용은 챕터별 가장 핵심적인 내용만 간추려서 제시하되, 현장에서 두려움 없이 적용 가능한 내용으로 구성하였다. 이에 챕터별 학습목표는 2~4개 정도로 패키지화시켰다. 이런 연유에서 이 책을 통해 공부하는 학생들이라면 학생 혼자서도 교재 내용을 파악하기 쉽다는 생각이 들 것이다. 부디 이 책을 통해 교육과정에 대한 두려움과 부담감을 떨쳐버리고 교육과정을 이해하는 데 조금이라도 도움이 되었으면 한다.

이 책은 총 3부 11장으로 구성되어 있으며, 1부에서는 교육과정의 이론적 기초에 중점을 두고 제1장은 교육과 교육과정, 제2장은 교육과정의 성격과 구성요소, 제3장은 교육과정의 유형에 대하여, 제4장은 우리나라 교육과정의 역사적 변천을 핵심 내용으로 다루었다. 2부에서는 교육과정 개발 및 운영에 중점을 두고 제5장 교육과정 개발모형, 제6장 교육과정 개발의 절차, 제7장 교육목표의 설정과 진술, 제8장 교육내용의 선정과 조직, 제9장 수업설계와 교수-학습방법 선정, 제10장 교육과정의 운영을 현장 적용 관점에서 다루었다. 마지막으로 3부에서는 교육과정 평가에 중점을 두고 평가자 입장에서 평가 실전 능력을 기를 수 있는 내용으로 채웠다.

이 책이 나오기까지 많은 관심과 조언을 해주신 선·후배, 동료 교수님들에게 감사의 마음을 전하며, 특히 이 책이 세상에 빛을 보도록 발간해주신 동문사 이중수 대표님과 유재영 상무님 그리고 임직원 여러분의 노고에 깊이 감사드린다. 동문사의 무궁한 발전을 기원한다.

2020년 6월
저자 씀

차 례

Part 03

교육과정 평가

Appendix

Part 01

교육과정의 이론적 기초

Chapter 01

교육과 교육과정

1. 교육의 정의
2. 교육과정의 정의
3. 교육과정 관련 질문들
4. 교육과정의 유사개념

학습개요

이 장에서는 교육과 교육과정의 관계를 살펴보고자 한다. 교육과 교육과정은 분리할 수 없는 동일체의 개념이다. 하지만 교육의 개념, 필요성, 가능성 등을 명확히 이해할 때 비로소 무슨 내용을 가지고 어떻게 교육해야만 효과적이고 효율적인 교육이 될 것인지 보다 분명해질 것이다. 이에 이 장에서는 교육이 지향하는 방향과 올바른 교육의 개념을 정립하고, 이를 바탕으로 교육과정과 연계하기 위한 교육과정의 기본개념과 교육과정과 관련된 근원적인 문제들을 짚어볼 것이다. 여러분은 이 장을 마치고 나면 교육과 교육과정의 올바른 연계성을 생각해 볼 수 있을 것이고, 특히 교육에서 교육과정이 왜 중요한가를 되새겨 볼 수 있을 것이다.

학습목표

학습목표 1. 교육의 규범적, 기능적, 조작적 정의를 설명할 수 있다.

학습목표 2. 교육과정의 다양한 정의를 설명할 수 있다.

학습목표 3. 교육과정 관련 질문들에 대하여 현장 적용 관점을 생각해 볼 수 있다.

1 교육의 정의

1) 교육의 의미

교육이란 농사나 정치처럼 실제적인 활동을 가리키는 말이다. 실제적인 활동은 실제적인 결과를 얻으려고 노력하는 활동으로, 사물이 존재하는 방식을 발견하는 데 관심을 기울이는 이론적인 활동과는 다르다.

영국의 피터스(Peters)는 어떤 활동이 교육 활동이 되기 위해서는 다음 세 가지 조건을 만족시켜야 한다고 보았다(이홍후 역, 1986). 첫째, 교육 활동은 학생이 가치 있는 삶을 살게 하도록 만드는 활동이다. 만일 학생이 학교를 다녔지만 가치 있는 삶을 살지 못한다면 학교를 다닌 것이지 교육을 받은 것은 아니다. 둘째, 교육 활동은 지적인 안목을 갖도록 해주어야 한다. 만일 학생이 단편적인 지식이나 기능만을 습득했을 뿐 사물이나 현상에 대한 총체적인 이해가 부족하다면 학교를 다닌 것이지 교육을 받은 것은 아니다. 셋째, 교육자는 교육 활동을 할 때 도덕적으로 온당한 방법을 사용해야 한다. 만일 교육자가 어떤 내용을 가르칠 때 근거를 제시하지 않고 믿도록 강요하거나 반복적인 연습을 통하여 세뇌시키려고 한다면 교육 활동으로 보기는 어렵다(김대현 · 김석우, 2001). 따라서 교육 활동은 학생이 가치 있는 삶을 살게 해주고, 지적인 안목을 갖추게 해주며, 도덕적으로 온당하게 실시되는 게 바람직할 것이다.

2) 교육에 대한 정의

교육을 정의하는 것은 '규명하고자 하는 교육 현상이 뜻하는 바를 기본적으로 밝히는 전제(前提) 작업'이기 때문에 교육을 연구하고 실천하는 데 있어서 피할 수 없는 과제이다. 이에 교육의 정의를 (1) 기능적 정의, (2) 규범적 정의, (3) 조작적 정의로 구분하여 살펴보고자 한다(김희수, 2015).

(1) 기능적 정의

교육의 기능적 정의(functional definition)는 한마디로 교육을 무엇을 이루기 위한 수단이나 도구로 규정하려는 입장을 취한다. 즉, 교육의 가치판단을 기능적 관점에서만 교육을 객관적으로 기술하고 서술하는 데 관심을 갖는다. 따라서 교육이 이바지(commitment)해야 할 대상을 국가나 사회로 보느냐, 정치로 보느냐, 경제로 보느냐 혹은 사회문화로 보느냐 등에 따라 수많은 기능적 정의가 가능하다. 지금까지는 이 기능적 정의가 교육 현상을 거의 지배해 왔다. 예를 들어, "교육은 국가·사회 발전을 위한 수단이다", "교육은 경제 발전에 필요한 수단이다", "교육은 전통문화의 계승 및 발전 수단이다", "교육은 개인의 사회적 출세를 위한 수단이다" 등이 그 예이다. 이러한 기능적인 관점에서만 교육을 정의할 경우 교육은 철저하게 도구화 및 수단시되며, 결국 교육 본래의 독자성과 자율성을 상실할 우려가 있다.

(2) 규범적 정의

교육의 규범적 정의(normative definition)는 교육의 기능적 정의와 상반되는 입장으로 교육을 무엇을 위한 수단이 아닌 교육의 궁극적 목적과 관련지어 규정한다. 이 정의에 의하면 "교육은 민주적 시민이 갖추어야 할 자질을 함양하는 과정이다", "교육은 영원한 진리로의 접근과정이다", "교육은 인간을 인간답게 형성하는 과정이다" 등의 인간 자체의 발전에 더 비중을 둔다. 즉, 인간을 도덕적·인격적 목표에 접근시키려는 과정으로 볼 수 있다. 규범적 정의는 국가·사회적 차원에서나 개인적 차원에서 전인적 인격완성이나 자아실현이라는 내재적 가치의 실현 또는 영원한 진리나 가치를 추구하는 것을 중요한 목표로 내세운다. 그러나 교육의 기능적 정의나 규범적 정의는 교육의 한 단면을 이해하는 데는 도움이 되지만, 교육의 실제적 과정(過程)이나 현상(現象)을 분석적으로 파악하는 데는 그 한계가 있다는 지적이 따른다.

(3) 조작적 정의

교육의 조작적 정의(operational definition)는 교육을 기술적(記述的) 또는 조작적(操作的) 관점에서 설명하려는 입장이다. 즉, 어떤 활동이나 계획을 세운 후 그 결과를 통해 인간행동의 변화가 이루어졌다면, 그 활동은 교육이 되는 것이고 그렇지 못한 경우 교육이 아니라는 것이다. 이 정의에 의하면 "교육은 인간행동의 계획적 변화"임을 강조한다. 여기서 '행동'이라고 할 때 그것은 관찰 가능한 외현적(exdogenous) 행동뿐만 아니라 지식, 기능, 사고, 가치관, 성격, 자아개념 등 내현적(indogenous) 행동까지도 포함한다. 특히 교육이 관심을 받는 행동특성 중의 하나가 밖으로 표출되는 현시적 행동(overt behavior)보다 과학적·교육적으로 보다 의미 있는 내면적 행동(covert behavior)을 길러주는 데 있다.

교육은 인간의 성장·발달·함양·계발·개선·증대·교정·육성 등을 포함하는 포괄적인 개념이다. 교육은 인간행동의 변화에 관심을 둔다. 여기서 '변화'는 자연적으로 변화해 가는 것에 관심을 두는 게 아니라 그것을 의도적·계획적으로 변화시키는 데 관심을 둔다. '계획적'이라는 것은 A에서 B로 변화시키겠다는 강한 의도성이 내포되어 있으며, 시간이 경과됨에 따라 자연적으로 일어나는 성숙과 우연적으로 일어나는 무의도적 학습과는 확연히 차별된다. 그러므로 "교육이란 인간행동의 계획적 변화"라는 정의는 없던 지식을 갖게 하고, 미숙했던 사고력을 성숙하게 하며, 몰랐던 기술을 익혀주고, 이런 관점을 저런 관점으로, 이런 정신을 저런 정신으로 변화시키는 데 있다. 다시 말해서 학교 교육은 의도성, 계획성, 체계성을 가질 필요성이 있다는 것이다. 교육의 조작적 정의는 교육의 실제적 과정과 현상을 분석적으로 파악하는 데 매우 유용한 정의라고 말할 수 있다.

3) 교육의 필요성

인간은 교육을 통해서 인간으로서의 구실을 해낼 수 있는 능력을 갖추어 간다. 인간으로서의 구실은 모든 인간들이 공통적으로 해내야 하는 것들이 있고, 각 개인의 입장에 따라 해내야 할 것들이 있다. 공통적인 구실이든, 개인적인 구실이든 그것을 해낼 수 있는 능력은 교육을 통해서만이 가능하다.

인간은 사회생활을 해나가야 한다. 사회는 어느 사회이든 문화를 가지고 있으며, 오늘날의 사회는 다양한 문화가 내재한다. 문화 가운데는 사회구성원들이 그것을 알고 활용해야만 사회 안에서 살아갈 수 있는 요소들이 있다. 또한 사회구성원들이 그것을 지켜야만 사회 유지가 가능한 것들도 있다. 문화 요소 가운데는 교육을 통해서만 익혀갈 수 있는 것들도 존재한다. 교육이 왜 필요한지를 하나하나씩 설명하기란 그리 쉬운 일은 아니다. 그것은 교육을 필요로 하는 사람의 입장에 따라서 극명하게 달라질 수 있음이다. 그러나 인간이 다른 동물과 다른 점은 무한한 성장 가능성을 소유한 본질적인 특성이 있다는 점이다. 이는 인간에게 교육의 중요성을 시사해 주는 대목이다. 즉, 인간은 교육을 받을 수 있는 가능성(educability)과 가소성(plasticity)을 갖고 태어나기 때문이다.

일찍이 루소(Rousseau)는 그의 저서 「에밀」(Emile)에서 “인간은 연약하게 태어난다. 인간에게는 힘이 필요하다. 인간들은 커가면서 필요한 모든 것을 교육을 통해 얻는다”라고 언급하였으며, 칸트(Kant)는 “인간은 교육을 필요로 하는 유일한 존재이며, 인간은 교육적 산물 이외의 아무것도 아니”라고 하였다. 또한 중국의 삼조는 “개나 원숭이는 교육하지 않더라도 개일 수 있고 원숭이일 수 있지만, 인간은 교육 없이는 인간다운 인간일 수 없다”라고 언급하였다.

4) 교육의 가능성

교육은 인간의 교육 가능성을 전제(前提)로 한다. 교육 가능성을 기초로 하여 교육은 성립되고 전개된다. 여기서 교육 가능성은 잠재 가능성, 가소성, 도야성과 같은 의미를 갖는다. 외부로부터 영향을 받아 변화할 수 있는 성질, 즉 교육에 의해 변화할 수 있는 성질을 의미한다.

인간은 태어날 때 연약하고 보잘것없으며, 지극히 무능하고 무기력한 존재이다. 그러나 무한한 가능성을 지니고 태어난다. 즉, 인간은 극소의 현실성과 극대의 가능성을 가지고 태어나는 반면에, 다른 동물은 극대의 현실성과 극소의 가능성을 가지고 태어난다. 여기에서 현실성이란 다 갖추어진 것, 성장·발달의 여지가 없는 것을 의미하며, 가능성이란 갖춰져 가는 것, 성장·발달의 여지가 있는 것을 의미한다. 인간은 무한히 성장하고 발달할 수 있는 가능성을 내포하고 있다. 다른 어떤 동물보다도 더 많은 가소성을 지니고 있다. 이는 인간이 거의 무한한 가소성을 지니고 있음을 말하는데, 가소성이란 인간의 선천적인 경향성의 실현이 환경에 따라 크게 변화됨을 뜻하는 것으로서, 교육의 가능성은 바로 여기에서 답을 찾을 수 있다.

인간에게 무한한 성장 가능성이 있음은 곧 인간이 무한히 성장할 수 있는 힘을 지녔다는 것이다. 인간은 미지의 세계를 탐구하고, 새로운 것에 호기심을 나타내며, 끊임없이 질문하고, 알고자 하는 내적 충동 또는 성장의 욕구를 지닌 존재이다. 이것은 탐구심과 호기심 그리고 더 나은 것을 지향하는 인간의 특성을 말하며, 인간의 성장은 이러한 것을 통해 실현되어 가는 것이다. 따라서 교육자의 역할은 일방적으로 지식과 기술을 전달하는 게 아니라 학습자의 잠재능력이 최대한 발현되도록 학습자의 호기심과 탐구심 그리고 창의적 노력을 격려해 주는 일이다.

5) 교육의 본질적 영역

교육의 본질적 영역은 교육과정, 교수–학습 그리고 교육평가 세 가지로 요약할 수 있다. 첫째, 교육과정은 무엇을 가르치고 배울 것인가의 문제 영역이다. 어떤 교육상황에서든 무엇을 가르치고 배울 것인가 하는 교육내용을 선정하고 조직하는 영역이다. 둘째, 교육내용이 선정된 후에는 어떻게 가르치고 배울 것인가 하는 교육방법의 문제가 제기된다. 교사가 주어진 교육내용을 어떤 방법을 동원하여 가르칠 것인가의 문제이다. 같은 내용을 가르칠지라도 어떤 방법으로 가르치는 것이 효과적인가의 문제를 다룬다. 이 영역은 바로 교수–학습과정 또는 수업과 교육방법의 문제이다. 최신 교육공학적 접근 방법을 도입하는 것도 보다 효율적이고 효과적으로 가르치고자 하는 한 방법이라고 해석할 수 있다. 셋째, 어떤 내용을 가르친 것으로 모든 것이 종료된 것으로는 볼 수 없다. '제대로 가르치고 배웠는가'라는 질문은 교육평가와 관련된다. 교육목표 설정에서부터 내용의 선정, 가르치고 배우는 과정 그리고 가르치고 난 후에 학생들이 어느 정도 배웠는지의 행동변화에 이르기까지 그 과정과 결과를 어떤 기준(준거)에 근거하여 성과를 확인하는 평가가 요구된다. 이를 다루는 문제의 영역이 바로 교육평가이다.

이상을 종합해보면 교육과정, 교수–학습, 교육평가에 이르는 목표가 일관성 있게 설정되어야 하고, 각 수준의 목표에 대한 질 관리가 철저하게 이루어질 경우에 좋은 교육과 실효성 있는 교육이 보장될 수 있음을 알 수 있다. 교육의 본질적 영역의 관계를 제시하면 그림 1–1과 같다.

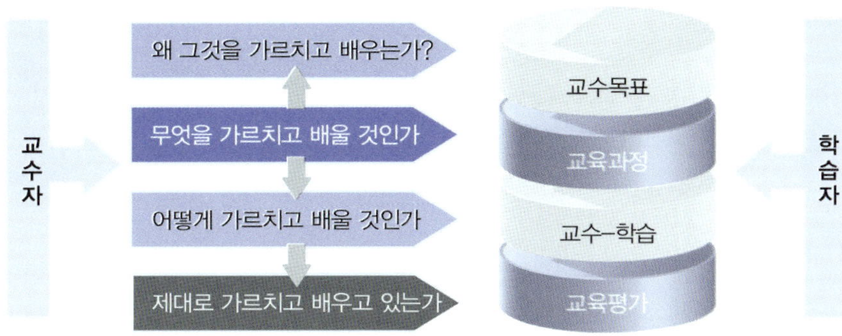

그림 1-1 교육의 본질적 영역

6) 교육과 교육과정

교육 활동은 실제적인 결과를 얻기 위해 한 가지 이상의 여러 활동들의 복합체로 구성된다. 학교를 비롯한 교육기관을 중심으로 살펴본다면 교육 활동은 그림 1-2와 같이 (1) 교육과정, (2) 수업지도, (3) 생활지도, (4) 기관 경영 및 운영, (5) 교육평가 등 다섯 가지 영역으로 구분할 수 있다(김대현· 김석우, 2001).

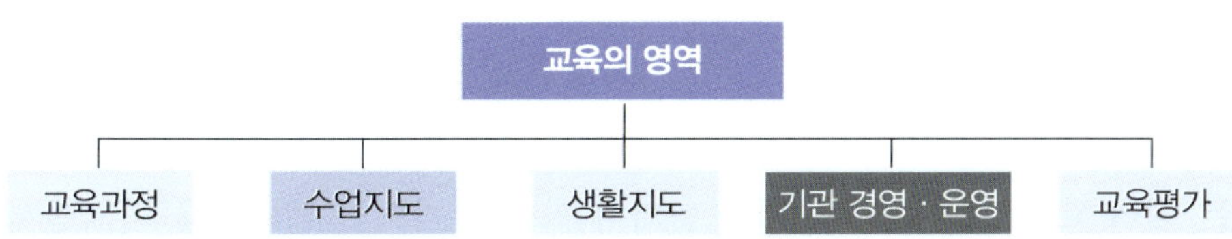

그림 1-2 교육의 영역

(1) 교육과정 활동

교육과정 활동은 기관의 교육목적을 결정하고 이를 달성하기 위한 교육내용을 선정하고 조직하는 활동을 의미한다.

(2) 수업지도

수업지도 활동은 교육과정을 통해 제시된 교육목적을 달성하기 위하여 학생에게 교육내용을 가르치고 배우도록 하는 과정을 의미한다.

(3) 생활지도

생활지도 활동은 학생이 당면한 일상생활 문제를 학생 스스로의 힘으로 해결할 수 있도록 지도하는 활동을 의미한다.

(4) 기관 경영 및 운영

기관 경영 및 운영 활동은 기관의 교육목적을 효과적이고 효율적으로 달성하기 위하여 계획, 조직, 지도, 통제 등의 일련의 활동을 의미한다.

(5) 교육평가 활동

교육평가 활동은 학생의 학습과정 및 행동 변화에 대한 제반 정보를 수집하고 이용함으로써 의사결정을 내리는 데 도움을 주거나 의사결정을 내리는 활동이라 말할 수 있다.

기관에서 설정한 교육목적을 효과적이고 효율적으로 달성하기 위해서는 여러 교육 활동들이 서로 고립되지 않고 유기적인 연관성을 가지면서 순환되어야 한다. 다시 말해서 기관의 교육목적 달성은 교육과정, 수업지도, 생활지도, 기관 경영 및 운영, 교육평가 활동들이 공통의 목적을 지니고 상호 간에 연계성을 지니면서 운영될 때 실현될 가능성이 높아진다.

2 교육과정의 정의

1) 교육과정의 어원

교육과정은 영어로 curriculum인데, 이는 라틴어의 'currere'에서 유래된 것으로서 동사로 '달린다'라는 뜻이며, 명사로는 '달리는 코스'(race course, 走路)란 뜻으로, 말이 달리고 사람이 뛰는 경주코스라는 의미이다. 이것은 교육 활동에 관련지어 볼 때 'course of study'란 말과 같은 뜻으로 사용된다. 따라서 주로(走路)는 '학습코스'이며, 경주 자체는 '학습 내용 그 자체'를 의미한다. 예를 들면, 학생이 일정한 교육목적이나 목표를 달성하기 위해서 밟아나가는 학습과정을 의미하며, 이 과정에서 내용이 필히 수반되므로 이것은 학생이 '경험하는 학습내용' 그 자체를 의미한다. 커리큘럼 어원의 변천을 제시하면 그림 1-3과 같다.

그림 1-3 커리큘럼 어원의 변천

2) 교육과정의 다양한 정의

교육과정은 학자에 따라 다양하게 정의하고 있다. 여기서는 최근 강조되고 있는 다섯 가지 주요 관점만으로 국한하여 제시한다(이지원, 2019).

(1) 교과 및 교과목으로서의 교육과정

이 개념은 교육과정에 대한 가장 전통적인 견해로 서양의 7자유과나 동양의 4서 3경 등이 그것이다. 이때 교육과정은 학교에서 가르치는 교과목과 동일시된다. 예를 들어, 국어, 사회, 과학, 영어, 수학과 같은 교과목을 일컫는 경우로, 구체적으로는 교과목의 내용 혹은 개설된 강좌명이나 강의요목이 표현된다. 이 견해는 교과목에 대해서만 많은 관심을 갖지만, 학교에서 학생들이 경험하는 활동들에 대해서는 적절히 설명하지 못한다는 지적을 받고 있다.

(2) 계획된 활동으로서의 교육과정

이 개념은 교육과정을 학생들이 읽고, 쓰고, 연구하고, 실험하고, 프로젝트를 수행하는 등 학습을 촉진하기 위하여 의도적으로 계획하는 모든 활동으로 본다. 여기서 계획이란 교육과정을 문서화된 서류로 보는 견해와 교육자들이 생각 속에는 있지만 문서화되지 않은 계획까지를 모두 포함한다. 이 견해는 교육과정의 강조점을 내재적 발달보다는 외형, 즉 산출 결과에 가치를 두기 때문에 학습과정은 무시되는 문제가 있다. 다시 말해 산출 결과만 지나치게 의식하여 학습과정이나 개인에게 미치는 영향은 도외시한다는 지적을 받고 있다.

(3) 실제 경험으로서의 교육과정

이 개념은 교육과정을 일련의 활동을 묶음으로 보는 견해로 듀이

(Dewey)에 의해 강조되었다. 그는 교육과정을 한 개인의 경험에 대한 반성적인 성찰과 한 개인의 사고와 행동의 결과를 예측하고 탐지하려는 끊임없는 노력이라고 보았다. 이 관점에서 교사는 학생들의 개인적 성장을 위한 촉매자이며, 교육과정이란 교사와 학생 간의 대화에서 야기되는 의미와 방향성을 경험하는 과정이라고 본다. 이 견해는 교육과정에 대한 개념의 범위를 너무 광범위하게 다루고 있어, 학생의 경험 전체에 근거한 학교생활의 경험을 연구하기란 사실 불가능하다는 지적을 받고 있다.

(4) 의도한 학습 결과로서의 교육과정

이 개념은 학생들이 실제로 배운 것으로, 이는 교육과정의 초점을 활동 자체가 아니라 의도한 학습 결과에 맞추고자 하는 관점이다. 의도된 학습 결과는 목적을 세분화하는 편리한 방법이다. 즉, 구조화, 계열화, 명세화된 일련의 학습 결과를 중시한다. 이 견해는 학습 결과에 초점을 맞추므로 의도되지 않은 학습 결과는 배제되는 문제점을 드러낸다. 실제로 학생들은 학교에서 의도되지 않은 학습 결과가 더 강력한 힘(학교의 문화 혹은 잠재적 교육과정 등)이 된다.

(5) 문화적 재생산 도구로서의 교육과정

이 개념은 어떤 사회나 문화를 막론하고 교육과정이란 그 문화의 반영이며, 학교 교육은 다음 세대에 대하여 특정 지식이나 가치를 재생산하는 일을 한다고 보는 관점이다. 예를 들어, 외국문화보다 자국 문화에 대한 치우친 강조, 남성적 가치관을 여성적 가치관보다 우월시 하는 내용, 정치·경제적으로 주류층의 입장을 대변하는 교과 내용 등을 담은 교육과정이나 교과서가 그 대표적인 예이다.

이 견해는 교육을 통한 현실개혁(저항)의 가치를 소홀히 할 뿐만 아니라, 학교가 사회를 변화시킬 수 있는 것이 아니라 사회 내에 있는 수많은 제도 가운데 하나로서의 학교의 자율성 발휘(자유, 평등, 정의)에 부정적이라는 점에서 지적을 받아오고 있다.

3 교육과정 관련 질문들

국가수준, 지역수준, 학교수준, 교사수준에서의 교육의 기본 개념을 실현하기 위해 교육과정을 개발, 운영하고, 평가하고, 환류하는 절차를 주기적으로 또는 수시로 진행해야 한다. 이 과정에서 교육과정에 관한 의문점이나 질문들이 발생한다. 그렇다면, 교육과정에 관한 질문은 어떤 것들이 있을까? 학교 교육과 관련된 교육과정 질문들을 살펴보는 것은 교육과정의 기본적인 관심사가 무엇인가를 파악하는 데 도움이 될 것이다. 예를 들면, 교육과정의 기본 개념이나 원리들, 연구대상, 유의할 점 등에 대한 이해를 높이게 된다.

여기서는 마쉬(Marsh)의 질문들, 온스타인(Ornstein)과 헌킨스(Hunkins)의 질문들을 통해 교육과정의 기본적인 관심사를 살펴본다(박현주 역, 1998). 교육과정 관련 질문들은 다음의 표 1-1과 표 1-2와 같다.

표 1-1 마쉬(Marsh)의 교육과정 이해를 위한 질문들

영역	관련 질문내용
1. 학생 관점	1.1 학습환경은 학생들의 학습에 어떤 영향을, 어떻게 미치는가? 1.2 공식적 교육과정 외에 학교 교육은 학생들에게 어떤 영향을 미치는가? 1.3 성 편향 문제를 어떻게 해결할 수 있는가? 1.4 시험의 기능을 어떻게 설명할 수 있는가? 1.5 교육 활동에서 학생의 참여 범위는 어떻게 되는가?
2. 교사 관점	2.1 교사에게는 교육에서 어느 정도의 권한과 자율이 주어지는가? 2.2 교사평가는 교사들의 전문성을 신장시킬 수 있는가? 2.3 교육과 학교장의 지도력과는 어떤 관계가 있는가? 2.4 교과서는 학생과 교사에게 가치 있는 자원이 되고 있는가?

영역	관련 질문내용
3. 계획과 개발 관점	3.1 교육과정 개발에서 이용하는 틀은 무엇이며, 교육과정 틀을 이용하는 것은 어떤 이점이 있는가? 3.2 상황분석 및 요구사정의 요인과 절차는 어떠하며, 이것이 갖는 장점과 문제점은 무엇인가? 3.3 내용을 조직하는 방법은 어떤 것들이 있는가? 3.4 교육에서의 평가는 어떻게 이루어지는가? 3.5 중앙집권적 교육과정이 갖는 장점과 한계는 무엇인가? 3.6 교육과정 개발할 때 적용하는 모형들에는 어떤 것들이 있는가? 각각의 특징 및 장 · 단점은 무엇인가? 3.7 교육목적, 목표, 수업목표들은 어떻게 다르며, 어떻게 관련되는가? 3.8 교사의 현장 연구는 어디에 어떻게 도움이 되는가? 3.9 학교중심 교육과정의 성격은 무엇이며, 이를 어떻게 개발할 것인가?
4. 운영 관점	4.1 학교 교육의 혁신과 변화를 어떻게 유도할 것인가? 4.2 협동적인 교육과정 운영 방식은 어떻게 개발할 수 있는가? 4.3 효과적인 학교와 학교 개선을 위한 방안은 무엇인가? 4.4 학교운영위원회의 교육적 기능을 어떻게 강화할 수 있는가? 4.5 학교평가의 목적 및 방법을 어떻게 개발할 것인가? 4.6 교육과정 시행의 성공전략은 무엇인가?
5. 이데올로기 관점	5.1 교육에 영향을 미친 사조 혹은 사상은 교육과정 변화에 어떻게 영향을 미치며 오늘에 이르고 있는가? 5.2 학생들에게 가르치는 교과는 정당성을 지니는가? 5.3 전통적인 학교 교육에는 어떤 문제가 있는가? 교묘하게 은폐되어 있는 이데올로기가 있는 것인가? 5.4 지식사회학자들이 관심 갖는 학교 교육에 대한 문제는 무엇인가? 5.5 교육과정 개혁을 가로막는 요인은 무엇인가? 개혁을 성공적으로 이끌기 위한 전략은 무엇인가?

표 1-2 온스타인(Ornstein)과 헌킨스(Hunkins)의 관련 질문들

관련 질문내용
질문 1. 교육과정을 어떻게 정의할 것인가? 질문 2. 교육과정에서 어떤 철학과 이론들로 의사소통하고, 어떤 철학과 이론적인 입장에 설 것인가? 질문 3. 어떤 사회적, 정치적 힘이 교육과정에 작용하는가? 어떤 것의 영향이 가장 큰가? 어떤 것이 제한을 억제하거나 강요하는가? 질문 4. 학습은 어떻게 일어나는가? 어떤 학습활동이 학습자들의 욕구를 충족시키는 데 가장 적합한가? 그러한 활동을 조직하는 가장 좋은 방법은 무엇인가? 질문 5. 교육과정의 영역은 무엇인가? 지식인가? 교육과정 지식의 가장 본질적인 형태는 무엇인가? 질문 6. 교육과정의 핵심적인 부분은 무엇인가?

관련 질문내용
질문 7. 교육과정에서 변화는 왜 일어나는가? 변화는 교육과정에 어떻게 영향을 미치는가?
질문 8. 교육과정 전문가들의 역할과 책임은 무엇인가?
질문 9. 교육과정을 조직하는 가장 좋은 방법은 무엇인가?
질문 10. 교육과정 조직에서 교사와 학생의 역할과 책임은 무엇인가?
질문 11. 교육의 목적과 목표는 무엇인가? 어떻게 그것들을 수업목표로 전환시킬 수 있는가?
질문 12. 교육적 필요란 무엇을 뜻하는가? 누구의 필요인가? 그 필요들의 우선순위를 어떻게 정할 것인가?
질문 13. 어떤 교과목과 내용이 가장 가치 있는 것인가? 내용의 가장 좋은 형태는 무엇인가? 어떻게 그 내용들을 조직할 것인가?
질문 14. 우리가 달성하려고 노력한 바를 어떻게 측정하고 확인할 것인가? 성취 결과에 대해서 누가 책임을 질 것인가? 무슨 책임이며, 누구에 대한 책임인가?
질문 15. 교육과정과 수업 간의 가장 적절한 관계는 무엇인가? 교육과정과 장학, 교육과정과 평가와는 어떤 관계인가?

표 1-1과 표 1-2에서 제시된 교육과정 관련 질문들은 교육과정을 전체적으로 살펴보는 데 필요한 관심사들이다. 마쉬의 29개 질문들과 온스타인과 헌킨스의 15개 질문들을 통하여 교육과정의 범주(학문적 관점과 실천적 관점)가 매우 광범위함을 이해할 수 있다. 전체적으로는 이들 질문들이 교육과정의 구성요소인 교육목적, 교육내용, 교육방법, 교육평가 등과 연계되어 있음을 알 수 있다. 그러므로 제2장에서 다루게 될 교육과정의 구성요소에서는 위의 교육과정 관련 질문들과 어떤 상관이 있는지를 살펴봐야 할 것이다.

4 교육과정의 유사개념

1) 교과과정

교과과정(教科課程)은 교육과정보다는 협의의 개념이며, 교육과정을 달성하기 위한 각각의 교과 영역에서 다루어지는 내용의 계열과 조직을 의미한다. 예를 들면, 학교 교육의 목적에 적합하도록 묶어놓은 교육내용을 일컫는다.

2) 교육내용

교육내용(教育內容)은 일반적으로 가르쳐지는 내용을 의미한다. 흔히 교육과정과 비슷한 의미로 쓰이지만 그보다는 협의의 의미로 통용되고 있다. 다시 말해 교육과정을 이루고 있는 구체적인 내용을 말한다.

3) 강의요목

강의요목(講義要目, syllabus)은 특정 교과를 가르치기 위한 계획서를 말하며, 여기에는 학습목표, 학습주제, 학습자료, 교수-학습방법, 과제 및 평가 계획 등이 포함된다.

4) 교수요목

교수요목(教授要目, course of study)은 학생들이 수료해야 할 일련의 코스를 의미한다. 이는 주로 이수해야만 하는 교과와 교과별 내용을 주제별 항목으로 조직해 열거한 것을 의미한다. 교과중심 교육과정관이 도입되기 전부터 교육과정에 관한 관점으로 존재해왔으며, 교과중심 교육과정관의 핵심적 가치를 이루기도 하였다.

5) 교과서

교과서(教科書)는 일반적으로 교육과정에 따라 편찬 또는 발간된 학생용 학습 자료를 의미한다. 따라서 교과서가 교육과정을 의미하지는 않는다. 우리나라 교육부에서 제정한 <교과용 도서에 관한 규정>에 따르면, 교과용 도서엔 교과서와 지도서(指導書)가 있다. 교과서란 학교에서 학생들의 교육을 위하여 사용되는 학생용의 서적, 음반, 영상 및 전자 저작물 등을 일컫는다. 지도서란 학교에서 학생들의 교육을 위하여 사용하는 교사용의 서적, 음반, 영상 및 전자 저작물 등을 말한다. 교과서에는 국정도서(교육부가 저작권을 가진 교과용 도서)와 검정도서(교육부장관의 검정을 받은 교과용 도서) 그리고 인정도서(국정도서나 검정도서가 없는 경우 또는 이를 사용하기 곤란하거나 보충할 필요가 있는 경우에 사용하기 위하여 교육부장관의 인정을 받은 교과용 도서) 세 종류가 있다. 이 중에서 초등학교는 국정도서와 검정도서만이 있다(권낙원 외, 2012).

요점 정리(summary)

- 교육의 정의에는 크게 규범적 정의, 기능적 정의, 조작적 정의로 구분되며, 교육의 정의에 따라 교육과정도 차이가 있을 수 있다.
- 교육과정의 정의는 다양하다. 교과 및 교과목으로서의 교육과정, 계획된 활동으로서의 교육과정, 실제 경험으로서의 교육과정, 의도한 학습결과로서의 교육과정, 문화적 재생산 도구로서의 교육과정 등으로 정의할 수 있다.
- 가정교육 혹은 사회교육 등과 구분되는 학교 교육의 특징은 의도성, 계획성, 체계성이 두드러진다.
- 교육의 본질적 영역에는 교육목표, 교육과정, 교수-학습방법, 교육평가를 포함한다.
- 교육과정의 유사개념에는 교과과정, 교수요목, 강의요목, 교과서 등이 있으며, 이들의 개념은 교육과정과 차이가 있다.

주요 용어(key word)

- 규범적 정의
- 기능적 정의
- 조작적 정의
- 교과 및 교과목으로서의 교육과정
- 계획된 활동으로서의 교육과정
- 실제 경험으로서의 교육과정
- 의도한 학습결과로서의 교육과정
- 문화적 재생산 도구로서의 교육과정
- 교육과정
- 교과과정
- 교수요목
- 강의요목
- 쿠레레

형성평가 및 연구과제 formation evaluation & research subject

1. 다음의 제시문에서 '이것'에 해당하는 것은?

제시문

- 이것의 정의는 교육을 보는 관점에 따라 다양하다.
- 이것은 학습자의 교육적 성취를 위한 모든 수준의 계획으로 정의되기도 한다.
- 이것은 유·무형의 형태를 지니며 다양한 자료를 통해 표현될 수 있다.

가. 교육목적 나. 교육개혁 다. 교육과정
라. 교육환경 마. 교육연구

2. 가정교육 혹은 사회교육 등과 구분되는 학교 교육의 특징이라고 할 수 있는 것은?

가. 가르치는 사람과 배우는 사람이 분명하다.
나. 일정한 시간과 공간에서 교육이 이루어진다.
다. 가르치고 배우는 내용이나 해결할 과제가 있다.
라. 의도성, 계획성, 체계성 등이 보다 두드러진다.

3. 다음 중 교육과정의 개념을 가장 광의로 정의하는 방식은 무엇인가?

가. 학생들이 학교생활을 하는 동안의 경험
나. 학습 결과의 구조체
다. 교육 활동을 위하여 계획한 문서
라. 학생들이 학습할 내용과 교과들

4. 실제 교수-학습활동을 중요한 개념적 요소로 포함하는 교육과정의 정의는? (06년 유치원/초등/특수학교 임용고시)

가. 교육과정은 의도된 학습 결과이다.
나. 교육과정은 학교의 지도하에 학생이 겪는 경험이다.
다. 교육과정은 교과 혹은 교과목에 담긴 내용이다.

라. 교육과정은 교육 활동을 위한 문서화된 계획이다.

5. '교육과정은 그 어원인 쿠레레(currere)에 복귀해야 한다'라는 주장이 최근에 일고 있다. 이러한 주장과 관련이 있는 것은? (01년 초등 임용고시)

가. 교육 경험을 통한 개개인의 의미형성 과정을 강조한다.
나. 교육과정 논의의 대상은 교육과정 설계와 개발이다.
다. 학교 교육이 이루어지는 과정을 전달과정에 비유한다.
라. 교육과정을 질 관리의 차원에서 교사의 책무성을 강조한다.

6. 교육과정의 개념 규정을 위한 준거로 적절하지 못한 것은? (01년 중등 임용고시)

가. 유·무형의 자료를 통해 보존되고 표현되어야 한다.
나. 학습자의 전인적 발달을 위한 경험의 총체이어야 한다.
다. 시·도 교육감이 지정하는 교육방침이어야 한다.
라. 교육의 방법적 원리를 적용할 수 있도록 조직되어야 한다.

7. 교육과정의 핵심적 질문과 가장 직접적인 관계가 있는 것은? (01년 중등 임용고시)

가. 사람은 왜 사는가?
나. 결혼은 해야 하는가?
다. 사회는 어떻게 변동하는가?
라. 어떤 지식이 가르칠 가치가 있는가?

8. 다음 중에서 교육의 정의에 해당하지 않는 것은?

가. 규범적 정의
나. 기능적 정의
다. 조작적 정의
라. 법규적 정의

9. 다음 중에서 교육과정의 핵심적 질문과 가장 직접적인 관계가 있는 것은?

가. 멀티미디어를 활용하면 수업의 효과성을 높일 수 있는가?
나. 필수와 선택과목의 조화를 어떻게 이룰 것인가?
다. 체벌은 학생에게 어떤 부작용을 일으키는가?

라. 교장의 리더십을 어떻게 개발할 것인가?

10. 학생 각자 교육과정의 개념을 정의해 보고, 그 이유가 무엇인지를 논리적으로 설명해 보시오.

11. 교육의 본질적 영역에는 어떤 것이 있으며, 본질적 영역이 교육과정에서 왜 중요한지를 작성해 보시오.

Memo

Chapter

02

교육과정의 성격과 구성요소

1. 교육과정의 분류
2. 교육과정의 성격
3. 교육과정의 구성요소

학습개요

이 장에서는 교육과정의 이론적 기초가 되는 교육과정의 분류, 교육과정의 성격, 교육과정의 구성요소에 대하여 살펴보고자 한다. 첫째, 교육과정의 분류에서는 기초성격에 의한 분류, 학교 교육 과정에 의한 분류, 교육과정 조직 수준에 의한 분류를 통해 교육과정의 종류를 정확히 구분할 수 있을 것이다. 둘째, 교육과정 성격에서는 포괄성 외 아홉 가지 성격의 정확한 이해를 통해 교육과정을 구성할 때 이들 성격을 충분히 반영할 수 있을 것이다. 셋째, 교육과정의 구성 요소에서는 교육목표, 교육내용, 교수-학습활동, 교육평가의 개념과 체계를 이해함으로써, 완성도 높은 교육과정을 구성할 수 있다는 확신을 가질 것이다. 이 장을 마치고 나면 여러분은 교육과정의 이론적 기초를 정확하게 다지고 적용할 수 있는 혜안을 갖게 될 것이다.

학습목표

학습목표 1. 교육과정의 다섯 가지 분류를 구분할 수 있다.

학습목표 2. 교육과정의 열 가지 성격을 설명할 수 있다.

학습목표 3. 교육과정의 구성 요소 네 가지를 설명할 수 있다.

1 교육과정의 분류

교육과정의 종류는 다양하게 분류될 수 있다. 여기서는 교육과정 분류의 큰 관점 세 가지만 제시한다. 기본 성격에 의한 분류, 학교 교육의 과정에 의한 분류 그리고 조직 수준에 의한 분류이다(권낙원 외, 2012; 손충기, 2006; Posner, 1992).

1) 기본 성격에 의한 분류

(1) 공식적 교육과정

공식적 교육과정(official curriculum)은 표면적 교육과정이라고도 일컫는다. 강의요목(syllabus)이나 교수요목(course of study) 및 초·중등학교 교육과정처럼 형식적인 문서 속에 기술된 교육과정을 말한다. 이는 교사와 학생의 상호작용을 매개하는 기본 자료가 된다.

(2) 실제적 교육과정

실제적 교육과정(operational curriculum)은 교사의 수업에 의하여 교실에서 학생들에게 가르치는 내용을 말한다. 교사가 수업에 포함시켜 강조하며 가르쳤던 내용 그리고 학생들이 실제로 획득한 학습 결과를 의미한다. 이는 교사가 자신의 지식이나 신념 및 태도를 중심으로 내용을 해석한다는 점에서 공식적 교육과정과는 차이가 있다.

(3) 영 교육과정

영(零) 교육과정(null curriculum)은 아이즈너(Eisner)가 독특하게 사용한 용어로, 가르칠만한 가치가 있는 지식, 태도 및 기능 등을 교육과정 결정과정에서 배제하거나 수업 시간에 간과되는 문화를 말한다. 이는 교사와 학생의 구체적인 상호작용과정에 포함되지 않는 문화들로 구성되며, 정규교육과정에서 배제된 상태의 내용들을 의미한다(2002). 예를 들어, 산업혁명 직후에 산업노동력이 필요로 할 때 학교에서는 읽기와 쓰기는 가르쳤으나 셈하기는 가르치지 않았다. 셈하기를 배우면 육체노동보다는 경리사원이 되려고 하므로 셈하기는 한때 영 교육과정이었다.

(4) 잠재적 교육과정

잠재적 교육과정(latent curriculum)은 비공식적 교육과정으로, 교사나 교직원에 의해 공개적으로 인정받지는 못하지만 학생들에게는 공식적 교육과정이나 실제적 교육과정보다 더 강하게 영향을 주는 규범이나 가치를 말한다. 이 교육과정은 교육과정을 결정하는 권력자나 집단이 의도하지 않았으며, 교사가 이를 의식하지 않은 가운데 학생들의 지식, 태도, 행동에 영향을 미치는 '교육 실천 및 환경'과 '그 결과'를 의미한다. 공식적 교육과정과 잠재적 교육과정의 차이를 제시하면 표 2-1과 같다(이지원, 2019).

표 2-1 공식적 교육과정과 잠재적 교육과정의 비교

	공식적(표면적) 교육과정	잠재적 교육과정
교육방법	학교의 의도적 계획 및 조직, 지도에 의해 이루어짐	학교에서 의도하지 않았으나 학교 자체가 갖는 성격으로 인해 은연중에 학습함
학습영역	주로 지적 영역과 관련됨	주로 정의적 영역(태도, 가치, 흥미)과 관련됨
학습경험	교과(의도된 가치체계, 공식적 문화)	학교의 문화 풍토(비공식적 문화)
학습시간	단기적으로 배우며 일시적임	장기적, 반복적으로 배우며 항구성을 지님
학습내용	바람직한 내용만 포함됨(규범적, 당위적 체계)	바람직한 내용뿐만 아니라 바람직하지 못한 내용도 포함됨(사실적 체계)
교사의 역할	지적, 기능적 영향	인격적 감화(학생의 동일시 대상)

(5) 특별활동

특별활동(extra curriculum)은 학교 교과목 이외의 모든 계획된 경험을 의미한다. 잠재적 교육과정과 달리 이는 학교에서 공식적으로 인정된 것으로, 학생들의 흥미나 욕구에 부응하거나 시민정신 및 잠재능력의 계발 등의 목적에 따라 운영되는 것이다.

2) 학교 교육의 과정에 의한 분류

(1) 의도된 교육과정

의도된 교육과정은 공약된 목표로서의 교육과정이라고도 말한다. 이는 교육부령으로서의 교육과정을 의미한다. 즉, 학교 단위에서 가르쳐야 할 내용의 기준을 국가적인 수준에서 결정한 것(교육부 고시 등)으로, 이는 학교 또는 교사에 의해 계획되는 교육과정이다.

(2) 전개된 교육과정

전개된 교육과정은 수업 속에 반영된 교육과정이라고도 말한다. 공약으로서 또는 규범으로서의 교육과정은 교육현장의 교사에 의해 재해석되고, 교사에 의하여 그의 수업 행위 속에서 재현되지 않으면 안 된다. 그러므로 여기에서는 교사와 학생들 간의 상호작용에 의한 교수-학습 활동이 강조된다.

(3) 실현된 교육과정

실현된 교육과정은 학습 결과로서의 교육과정이라고도 말한다. 이는 수업을 통하여 학생들에 의해 실제로 '실현된 교육과정'을 의미한다. 학생들의 학습능력 및 경험 배경이나 교육적 필요에는 커다란 개인차가 있다는 점을 고려할 때, 동일한 교육과정에 의하여 전개된 동일한 수업 조건 속에서도 우리는 천차만별의 교육과정을 기대할 수밖에 없다. 잠재적 교육과정도 바로 이러한 수준의 교육과정의 존재와 중요성을 의미한다. 이 같은 세 수준의 교육과정을 그림으로 제시하면 그림 2-1과 같다.

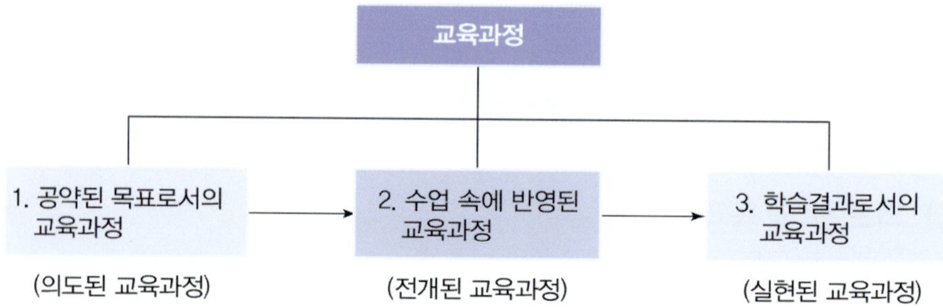

그림 2-1 학교 교육과정의 세 수준

3) 교육과정의 조직 수준에 의한 분류

(1) 국가수준 교육과정

국가수준 교육과정은 교육부가 공식적으로 고시하는 문서로서 교육의 방향을 제시하고 실제 교육 운영을 관리하는 중요한 기능을 수행하는 기준이며 지침이 된다. 교육부장관이 교육기본법을 근간으로 결정하여 유치원 및 초·중등학교에서 편성·운영해야 할 교육과정의 목표, 내용, 방법, 평가, 운영 등에 관한 기준과 기본 지침을 담고 있다. 국가수준 교육과정은 정치·사회·문화의 통합과 국가의 시대·사회적 욕구를 충족시키며 전문 인력, 큰 규모의 비용, 장기간의 투자로 만들어진다.

1 장점

① 전국적으로 통일된 교육과정

② 교육과정의 연계성(표준화) 충족

③ 질 높은 수준의 교육과정 개발
④ 대변혁 시기에 총체적 대응이 가능

2 단점

① 교육과정 운영의 획일화, 경직화
② 즉각적 수정이 제한
③ 권위주의적 교육풍토 가능성 높음
④ 교사의 전문성과 자율성 침해
⑤ 지역, 학교, 학습자의 특성에 적합한 다양한 교육과정 개발의 제한

(2) 지역수준 교육과정

교육에 대한 지역의 의도와 특수성을 반영한 문서 내용을 말하며, 국가수준의 기준과 학교수준의 교육과정을 연결하는 교량 역할을 한다. 각 시·도와 지역의 특성, 필요, 요구, 교육기반, 여건 등의 제 요인을 조사·분석하여 전국 공통의 일반적 기준인 국가수준 교육과정을 조정하고 보완하며, 그 결과를 학교 교육과정에 반영하는 데 목적이 있다.

1 장점

① 지역, 학교의 특수한 상황에 부응한 교육과정 개발 가능
② 급속한 변화에 대응하여 교육과정을 신속·유연하게 수정 및 운영 가능
③ 지역 교육청의 교육문제 해결능력 신장 가능
④ 교사의 '교육과정 사소화' 및 '교사 배제형 교육과정'을 막을 수 있음

2 단점

① 시간, 인력, 비용 등의 부족으로 교육과정의 질 저하

② 지역 간의 교육격차가 심화될 수 있음
③ 전국적으로 합의된 교육과정을 갖기 어려워지므로 학교 간 교육과정 연계 어려움 발생
④ 국가수준의 교육개혁 전파가 제한됨

(3) 학교수준 교육과정

학교수준 교육과정은 국가 교육과정에 명시된 학교의 임무에 따라 교육과정과 시·도 교육청 편성·운영 지침을 토대로 하여 단위학교에서 편성한 학교 교육과정을 말한다. 학교수준 교육과정은 학교의 실태를 반영하며 학부와 학생들의 특성과 요구를 고려하여 교육에 대한 학교의 의도를 담은 문서를 의미한다. 학교수준 교육과정 개발은 교육의 효율성, 교육의 적합성, 교사의 자율성과 전문성, 교육의 다양성, 학생중심 교육의 실현 등에 도움이 된다.

1 장점

① 지역, 학교, 학생의 특수성을 고려하여 다양한 교육과정 개발
② 지역 교육청, 학교, 교사들에게 교육문제 해결의 자율능력 신장
③ 교사의 현장 전문성 향상
④ 학생들의 필요에 따라 선택적인 교육과정 제공

2 단점

① 전국적으로 합의할 수 있는 교육의 목표와 내용을 갖기 어려움
② 질적 수준이 낮은 교육과정이 될 우려가 있음
③ 지역, 학교 간의 차이가 심화될 우려가 있음

국가수준 교육과정

교육부가 공식적으로 고시하는 문서로서 교육방향제시, 교육운영 관리의 중요한 기능을 수행하는 기준이며 지침을 의미

–성격–
1. 교육내용의 공통적, 일반적, 요강적 기준의 성격을 지님
2. 법적 구속성을 지닌 고시문서 기준의 성격을 지님
3. 폭과 탄력성이 인정된 표준적 기준의 성격을 지님

지역수준 교육과정

국가 교육과정에 명시된 각 시 · 도 교육청의 임무에 따라 교육청에서 작성한 각 시 · 도 교육과정 편성 · 운영 지침을 의미

–성격–
1. 국가 교육과정과 학교 교육과정을 연결하는 교량역할 담당
2. 지역의 특성을 반영

학교수준 교육과정

국가 교육과정에 명시된 학교의 임무에 따라 국가 교육과정과 지역교육과정의 지침을 토대로 단위학교에서 편성한 학교 교육과정을 의미함

–성격–
1. 각 학교의 특성 반영
2. 학생과 학부모들의 요구를 반영
3. 국가, 지역교육과정을 보완

그림 2–2 교육과정 조직수준의 기본개념 및 성격

2 교육과정의 성격

현대 교육과정이 개인과 사회 및 국가의 실질적인 발전에 도움이 되기 위해서는 몇 가지 성격을 갖추어야 하는데, 여기에서는 통합화·지역화·개별화·포괄성·수단성·사회성·생활중심성·가변성·민주화(자율화)·과학화로 범주화하였다(오만록, 2012: 22~25).

1) 통합화

교육과정은 학생들의 다양한 흥미들을 고려하여 구성되며, 자발적인 학습활동이 이루어지도록 마련되어야 하는 데 이를 위해 통합적인 교육과정의 운영이 요구된다. 여기에는 각 교과의 통합적 운영, 교과활동과 특별활동의 조화적 운영, 표면적 교육과정과 잠재적 교육과정의 조화 등이 포함된다. 교육과정의 통합화는 교육에 있어서 분과주의를 지양할 뿐

만 아니라 학생의 인지적·정의적·심리운동적 영역(기능적 영역)의 조화로운 성장 및 발달을 동시에 가능하게 한다.

2) 지역화

교육과정은 모든 지역이나 학교에서 동일할 수 없다. 각 지역이나 학교는 제각기 다른 환경 여건과 특성 및 요구를 갖고 있으므로 당연히 교육의 실제는 달라져야 한다. 따라서 교육과정은 중앙통제적이며 일률적인 구성에서 벗어나 각 지역사회와 학교의 특성을 고려하여 구성되고 실행된다. 특히 최근 들어 강조되고 있는 교육과정의 지역화는 중앙정부의 획일적이고 일률적인 교육과정의 구성과 운영 및 관리에서 벗어나, 해당 지역사회와 학교 및 학생의 특성을 고려하여 운영·관리됨으로써 교육의 효율성과 효과성을 제고시키고자 한다.

3) 개별화

교육과정은 학생들의 개인차를 고려하여 구성되고 실행되어야 한다. 민주사회에서는 각 개인이 스스로의 인격적 특성을 계발할 권리를 가지고 있으므로, 교육은 사회인으로서의 특성을 갖추게 함과 동시에 각 개인의 흥미와 능력 등에 따른 개인차를 고려해야 한다. 따라서 교육과정은 각 학생들이 그들의 개성과 능력에 따라 다양하게 구성되며, 개별화 교육 활동이 실천되어야 한다. 이러한 과정을 통하여 학생들의 창의성도 계발되도록 지도해야 한다. 모든 학생들에게 일정한 형태의 학습을 강요하는 것은 그들의 개성을 무시하는 교육이 되므로 학생들의 잠재력을 계발하고, 그들의 관심과 흥미를 불러일으켜 창의성을 계발하기 위해서는 교육과정의 개별화는 필수적인 조건이 된다. 이는 교육과정이 추구해야 할 중요한 문제가 아닐 수 없다.

4) 포괄성

교육과정은 넓고 포괄적인 성격을 가져야 한다. 종래의 교육과정은 주로 교과 지도에 편중되었으나, 현대에 있어서는 학교의 전체 교육계획으로서 학교생활의 모든 영역을 포함하는 교육과정으로 구성되어야 한다. 교육과정은 교사와 아동이 행하는 일의 전체이고, 거기에는 생활 그 자체와 같은 넓이가 반영되어야 한다.

5) 수단성

교육과정은 어디까지나 교육목적을 달성하기 위한 수단이 되어야 한다. 교육이념이나 교육목적이 어디까지나 교육과정에 반영되어야 하며, 교육목적이나 교육목표의 변화에 따라 교육과정도 그것에 알맞고 적절하게 변화되어야 한다.

6) 사회성

교육과정은 사회적 요구와 필요를 충족시키는 것이어야 한다. 교육은 개인들의 사회화를 촉진시키는 의도적인 활동이다. 즉, 개인들이 사회에 보다 잘 적응하고, 나아가 그 사회를 더욱 발전시킬 수 있는 자질을 갖추도록 돕는다. 교육은 바로 사회의 유지 및 발전을 위해 반드시 실천되어야 할 하나의 사회적 기능이라고 할 수 있다. 이렇게 본다면 교육은 사회의 제반 실태에 민감해야 하며, 이를 토대로 그 사회의 각계각층에서 생활하게 될 인간의 양성에 도움이 될 교육과정을 마련해야 한다.

7) 생활중심성

교육과정은 학생들의 생활(경험)을 중심으로 구성되고 실행되어야 한다.

이때의 생활에는 물론 현재와 미래뿐만 아니라 과거의 생활도 포함되지만, 무엇보다도 현재의 생활과 관련된 교육내용을 마련함으로써 추상적인 경험이 아닌 실질적인 경험(체험) 중심의 교육 활동을 전개해야 한다.

8) 가변성

교육과정은 고정불변하는 것으로 인정하기보다는 시대나 사회 등 상황의 변화와 학생 및 학부모들의 요구에 따라 부단히 재검토되고 개정되어야 한다. 현대와 같이 끊임없는 진보와 발전이 급속히 이루어지는 시대에는 더더욱 교육과정의 혁신이 계속적으로 요구된다. 학생들이 이러한 사회변화에 쉽게 적응하고 생활의 필요에 적응해 나가도록 돕기 위해서 교육과정은 부단히 변화되어야 한다. 이러한 맥락에서 우리나라 교육과정의 개편도 그 주기가 더 짧아지고 있다.

9) 민주화(자율화)

교육은 특정계층이나 집단을 위한 것이 아니므로 그에 관한 결정과 실행에는 모든 관련자들이 함께 참여하여야 한다. 그러므로 교육과정은 민주적인 협의 과정에 의하여 계획되고 실행되어야 한다. 즉, 교육과정에 대한 계획과 운영 간에 관련자들의 의견을 충분히 반영하여야 함을 의미한다.

10) 과학화

교육과정은 학습자에 대한 이해뿐만 아니라 교육과정 자체에 대한 과학적 접근이 이루어져야 한다. 우선 교육과정은 어디까지나 학습자의 성장과 발달을 촉진하기 위한 것이 되어야 하므로, 학습자들에 대한 연구를 통해 그들의 흥미, 요구, 능력, 준비도, 학습양식, 개인차 등에 대한 과학적 이해를 바탕으로 마련되어야 한다. 교육의 효과는 학습자들에 의해 나타나므로 교육과정이 학습자들에게 적합하게 구성되어야 한다. 그리고 이러한 견해를 토대로 교육목적·교육내용·교육방법(교수-학습지도)·교육평가가 논리적 체계성을 갖추는 등의 과학적 접근이 취해져야 한다.

이상의 교육과정 성격은 교육이념과 교육목적에 적합한 좋은 교육과정을 구성하는데 근원적인 물음이 될 수 있다. 즉, 교육과정의 성격이 교육과정 구성 요소에 잘 녹아들어 갈 때 교육과정은 좋은 교육과정이 되고 긍정적 시너지가 나타날 수 있다. 이들 관계를 제시하면 그림 2-3과 같다.

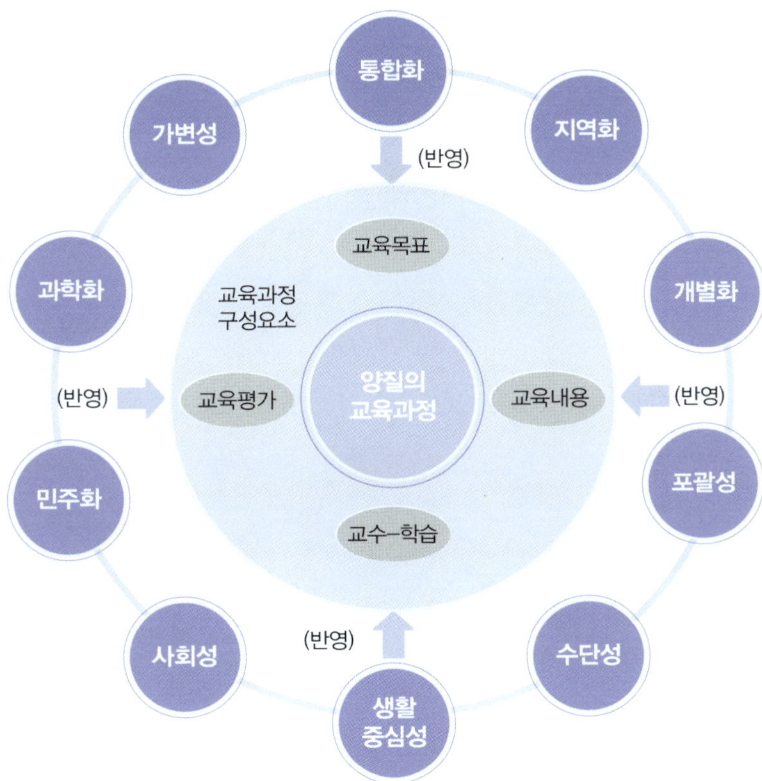

그림 2-3 교육과정 성격과 교육과정 구성요소의 관계

3 교육과정의 구성요소

'교육과정을 구성하는 요소들은 무엇인가?'에 대한 답은 다양하다. 교육과정 구성요소들에 대하여 학자마다 견해를 조금씩 달리하기 때문이다. 타일러(Tyler)는 목표, 학습경험의 선정 및 조직, 평가로 보았고, 타바(Taba)는 목적 및 목표, 내용 및 학습경험 선정, 교육평가로 구분하였고, 글레이저(Glaser)는 교수목표, 출발점 행동, 교수절차, 성취도평가로 보았다. 또 우리나라의 정범모(1956)는 교육목표 설정, 학습경험 선정, 학습경험 조직, 학습지도 그리고 교육평가의 다섯 가지로 제시하였고, 이영덕(1981)은 교육목표, 내용(선정 및 조직), 학습경험(지도방법, 자료, 상호작용, 분위기) 그리고 학습결과(평가)의 네 가지 요소로 제시하였다.

이상의 견해를 종합해보면 학교 교육과정을 구성하는 요소들을 교육목표, 교육내용(선정과 조직), 교수-학습활동, 교육평가로 구분할 수 있다. 교육과정의 4대 구성요소를 그림으로 제시하면 그림 2-4와 같다.

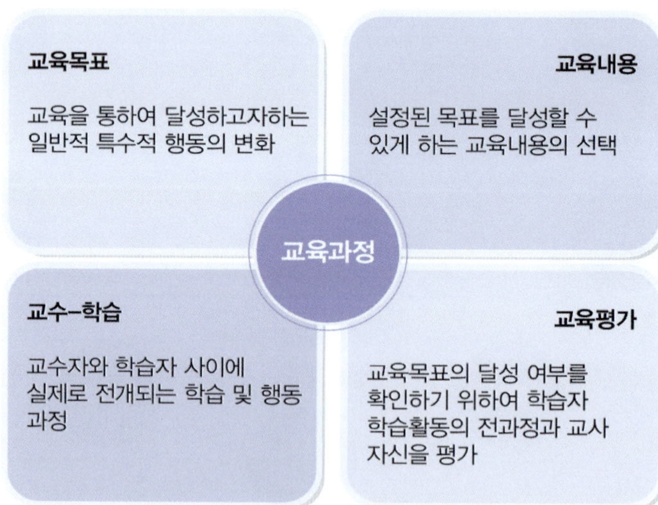

그림 2-4 교육과정의 4대 구성요소

1) 교육목표

교육목표(educational objectives)란 교육을 통하여 달성하고자 하는 학생 행동 특성의 변화상태를 말한다. 교육목표가 구체적이고 명세적이지 못하면 교육내용이나 방법 또는 평가 기준이 모호해질 수밖에 없다. 따라서 교육과정에서 교육목표는 교육내용, 교수-학습활동, 교육평가를 고려하여 구체적으로 작성하여야 한다.

2) 교육내용

교육내용은 설정된 교육목표를 달성할 수 있게 하는 그 무엇이다. 따라서 이미 설정된 교육목표를 달성하게 해줄 것으로 예상되는 많은 교육내용 중에서 실제로 가장 가치 있고 효율적인 것으로 입증된 교육내용을 선택해야 하고, 선택된 교육내용들은 체계적으로 조직하여 학생들에게 제시해야 한다. 교육을 통해서 달성해야 할 바를 교육목표라고 한다면, 그러한 교육목표를 달성하게 해주는 강력하고 효율적인 수단을 교육내용이라고 할 수 있다. 즉, 교육목표와 교육내용의 관계는 목적과 수단의 관계라고 볼 수 있다.

3) 교수-학습활동

교수-학습활동은 학습지도로 표현되어 온 개념이다. 즉, 교수자와 학습자 사이에 실제로 전개되는 학습 및 행동과정이다. 이러한 교수-학습활동은 학습자의 심리적 특성, 교사의 인성과 자질, 지도능력, 목표와 내용, 교수 여건 및 방법, 학교 또는 학급의 분위기, 물리적 환경 등의 제 요인들이 역동적으로 상호작용하여 이루어지는 과정이다.

4) 교육평가

교육평가는 교육목표의 달성 여부를 확인하기 위하여 학생 학습활동의 전 과정과 교사 자신을 평가하는 것을 말한다. 즉, 교육평가는 더욱 나은 교육적 향상과 발전을 위하여 체계적이고 계획적인 교육적 노력의 계속 과정으로서, 평가대상은 학생의 학습성과, 학습을 지도하는 교사 자신의 평가, 교육과정 그 자체의 평가를 포함한다. 학생의 평가는 단순히 나타난 학습 결과만으로 끝나는 것이 아니고 학생의 학습활동 전 과정을 평가해야 한다. 교사 자신의 평가는 교사의 지도계획, 지도과정, 지도방법, 목표의식, 평가계획 등과 같은 모든 것까지 평가해야 한다. 이와 같이 평가는 교육과정의 구성 및 전개와는 동떨어진 별도의 활동이라기보다는 교육과정 속에 포함되는 활동이라고 할 수 있다(김진규, 2015).

결론적으로, 교육과정의 구성요소와 관련하여 타일러(Tyler)는 다음과 같은 네 가지 질문에 답할 수 있어야 한다고 생각하며, 이들 각 질문에 대해 답하는 방법을 제시하고 있다. 그가 제시한 네 가지 질문은 다음과 같다.

① 학교는 어떠한 교육목적을 달성해야만 하는가?
② 그러한 교육목표를 달성하기 위하여 어떠한 학습경험들을 제공해야 하는가?
③ 이러한 학습경험들은 어떻게 효과적으로 조직될 수 있는가?
④ 그러한 교육목적이 달성되었다는 것을 어떻게 알 수 있는가?

요점 정리(summary)

- 교육과정의 분류에는 기초 성격에 의한 분류(공식적 교육과정, 실제적 교육과정, 잠재적 교육과정, 영 교육과정, 특별활동), 학교 교육 과정에 의한 분류(의도된 교육과정, 전개된 교육과정, 실현된 교육과정), 교육과정의 조직 수준에 의한 분류(국가수준 교육과정, 지역수준 교육과정, 학교수준 교육과정)가 있다.
- 교육과정의 성격에는 통합화, 지역화, 개별화, 수단성, 사회성, 포괄성, 가변성, 민주화(자율화), 과학화, 생활중심성이 있다. 이들 교육과정의 성격은 교육과정의 구성 요소와도 밀접한 관련이 있다.
- 교육과정을 구성하는 요소들을 교육목표, 교육내용(선정과 조직), 교수-학습활동, 교육평가로 구분할 수 있다. 이들 구성 요소에 대하여 다음의 네 가지 질문을 통해 교육과정의 질을 높일 수 있다. ① 학교는 어떠한 교육목적을 달성해야만 하는가?, ② 그러한 교육목표를 달성하기 위하여 어떠한 학습경험들을 제공해야 하는가?, ③ 이러한 학습경험들은 어떻게 효과적으로 조직될 수 있는가?, ④ 그러한 교육목적이 달성되었다는 것을 어떻게 알 수 있는가?

주요 용어(key word)

- 공식적 교육과정
- 잠재적 교육과정
- 실제적 교육과정
- 영 교육과정
- 의도된 교육과정
- 전개된 교육과정
- 실현된 교육과정
- 통합화
- 개별화
- 수단성
- 민주화
- 포괄성
- 사회성
- 가변성
- 과학화
- 교사 배제형
- 교사 사소화

형성평가 및 연구과제 formation evaluation & research subject

1. 교육과정을 지방 자치적으로 운영하던 나라들이 국가수준의 교육과정 기준을 채택하게 된 이유와 거리가 가장 먼 것은? (02년 중등 임용고시)

가. 교사의 전문성과 자율성을 향상시킬 수 있다.
나. 교육의 책무성 강화를 통해 국가 경쟁력을 높일 수 있다.
다. 지역 교육과정 개발을 위한 비용과 시간을 절감할 수 있다.
라. 학생의 거주지 이동에 관계없이 교육의 계속성을 보장할 수 있다.

2. 교사들이 교육과정 개발에서 적극적인 역할을 수행하지 못할 경우, 교육과정을 중요하게 생각하지 않는 '교육과정의 사소화' 현상이 종종 일어난다. 〈보기〉에서 이러한 문제를 최소화하기 위한 적절한 방안을 골라 바르게 묶은 것은? (05년 초등 임용고시)

보기

1) 단위 학교 내 학교 교육과정위원회의 기능을 활성화한다.
2) 전문가의 연구개발보급 과정을 거쳐 현장에 적용하는 교육과정 개발 방식을 강화한다.
3) 국가는 교사 배제형 교육과정을 개발하여 단위학교에 보급한다.
4) 일반 원리에 따른 절차보다는 구체적인 실천 사례의 반성을 통해 교육과정을 개발한다.

가. 1), 2)
나. 2), 3)
다. 1), 4)
라. 3), 4)

3. 다음 중 학교수준 교육과정의 편성에서 가장 중요하게 고려할 것은? (00년 중등 임용고시)

가. 교사들의 적극적인 참여
나. 지역성을 배제한 보편성 추구
다. 교과서 중심의 진도계획 작성
라. 교육과정 및 교과서에 제시된 배열 순서 준수

4. 다음 중 교육과정을 구성하는 핵심적인 요소와 관련성이 가장 적은 질문은?

가. 학교는 어떤 교육목적을 달성하기 위하여 노력해야 하는가?
나. 학교는 학생들의 요구를 어느 정도로 수용해야 하는가?
다. 중학생에게 필수로 이수시켜야 할 교과는 무엇인가?
라. 특별활동을 효과적으로 운영하는 방법은 무엇인가?

5. 다음 중 교육과정 구성요소를 가장 잘 나타내고 있는 것은?

가. 교사의 현장연구는 어떤 가치가 있는가?
나. 학교장의 지도성은 학교구성원의 인간관계에 어떤 영향을 미치는가?
다. 교사평가를 주장하는 사람들은 어떤 교육관을 지닌 사람들인가?
라. 학년 간 과학교과 내용이 관련성을 가져야 하는 이유는 무엇인가?

6. 〈제시문〉에 나타난 교육과정 성격에 해당하는 것은?

제시문

1) 학생들의 생활을 중심으로 구성되고 실행되어야 한다.
2) 현재와 미래뿐만 아니라 과거의 생활도 포함되어야 한다.
3) 추상적인 경험이 아닌 실질적인 경험 중심의 교육 활동을 전개해야 한다.

가. 가변성　　나. 과학화　　다. 생활중심성
라. 수단성　　마. 통합화

7. 다음 중 국가수준 교육과정의 장점이 아닌 것은?

가. 교육과정의 연계성(표준화)을 충족한다.
나. 질 높은 수준의 교육과정 개발이 가능하다.
다. 대변혁 시기에 총체적 대응이 가능하다.
라. 교사의 '교육과정 사소화' 및 '교사 배제형 교육과정'을 막을 수 있다.

8. 교육과정 구성요소 중 교육목표에 대한 설명이 적합하지 않은 것은?

가. 교육목표는 구체적이고 명세적이어야 한다.
나. 교육목표는 교육평가를 고려하여 작성한다.
다. 교육목표는 교육내용을 고려하여 작성한다.
라. 교육목표는 교수자의 활동을 고려하여 작성한다.

9. 학생들에게 가르칠 가치가 있음에도 불구하고 학교 교육에서 다루어지지 않는 교육과정은 무엇인가? 또 그 내용은 무엇인가?

10. 공식적 교육과정(표면적 교육과정)과 잠재적 교육과정의 차이를 비교해 보시오.

11. 국가수준 교육과정과 학교수준 교육과정의 장・단점을 세 가지씩만 제시해 보시오.

Memo

Chapter 03

교육과정의 유형

1. 교과중심 교육과정
2. 경험중심 교육과정
3. 학문중심 교육과정
4. 인간중심 교육과정

학습개요

이 장에서는 교육과정의 유형에 대하여 살펴보고자 한다. 교육과정의 유형에는 여러 가지로 구분할 수 있지만, 여기에서는 교육과정 유형 중 대표적인 교과중심 교육과정, 경험중심 교육과정, 학문중심 교육과정, 인간중심 교육과정만 살펴볼 것이다. 첫째, 교육과정의 유형별로 교육과정 조직형태가 무엇이 있는지 그리고 어떻게 적용되는지를 살펴볼 것이다. 또 조직형태를 대표하는 분과형, 상관형, 융합형, 광역형, 생성형, 교과중핵형, 균형형을 집중적으로 조명해 볼 것이다. 둘째, 교육과정 유형별의 특징, 교육철학적 배경, 교육목적, 교육내용, 교육방법, 평가방법의 장·단점 등을 살펴볼 것이다. 이를 토대로 교육과정 유형별로 시기, 정의, 실체, 사상적 배경, 개념의 폭 등의 차이를 명확하게 비교·설명할 수 있을 것이다. 여러분은 이 장을 마치고 나면 교육과정 유형별의 차이, 장·단점, 특징 등을 정확하게 이해할 수 있을 것이다.

학습목표

학습목표 1. 교육과정의 유형별 차이를 비교·설명할 수 있다.

학습목표 2. 교육과정의 유형별 장·단점을 비교·설명할 수 있다.

학습목표 3. 교육과정의 유형별 특징을 비교·설명할 수 있다.

이 장에서는 교육과정 유형 중 가장 일반적인 교과중심 교육과정, 경험중심 교육과정, 학문중심 교육과정, 인간중심 교육과정에 대하여 주요 특징, 교육철학적 배경, 교육목적, 교육내용, 교육방법, 평가방법, 조직형태, 장·단점에 대하여 살펴보고자 한다(김희수, 2015; 권낙원 외, 2012; 손충기, 2006).

1 교과중심 교육과정

교과중심 교육과정(subject-centered curriculum)은 '지식의 체계'를 중시하는 교육과정으로서 학교에서 학생들이 배우게 되는 모든 교과와 교재를 포함한다. 이 교육과정은 지식의 습득과 이성 계발을 가장 중요시하는 입장이다. 각 교과는 그 자체의 논리와 체계를 가지고 있으므로 교과를 체계적으로 학습하게 하는 것이 가장 중요한 방법이라고 생각한다.

전통적 교육사상에서 본 교육과정으로 교수요목(教授要目) 그 자체를 교육과정으로 간주한다. 이는 학생들 입장에서 본다면 학습해 나가야 할 과정이며, 교사 입장에서 본다면 교육내용을 가르쳐야 할 내용의 체계를 의미한다.

1) 주요 특징

① 인류의 문화유산이 교육의 주된 내용이다.

② 교사중심의 교육과정이다. 교사는 학생보다 월등히 많은 지식과 기술을 알고 있어야 하며, 학생에게 효과적으로 전달할 수 있어야 한다.

③ 설명 위주의 교수법을 요구하는 경우가 많다. 교사는 교과내용의 전문가로서 수업은 자연스럽게 교사의 설명이 핵심이 된다.

④ 한정된 교과영역 안에서만 교수-학습활동이 이루어진다. 자신의 영

역을 넘으면 다른 교과를 침범하는 것으로 간주된다.

2) 교육철학적 배경

① 이상주의(idealism)를 교육철학의 배경으로 한다.

현실보다는 초현실적인 것을 실재로 여기고 현실적으로 존재하지 않는 가치를 의지적으로 지향하는 것이 인간이다. 진리 및 판단 준거는 인간에 내재되어 있으며, 진리의 불변성과 일관성을 신념하고, 인식 결과로서의 지식관, 교사권위, 인간성의 천부성과 고유성을 강조한다.

② 본질주의(essentialism)를 교육철학의 배경으로 한다.

가장 본질적인 것을 교육을 통해 다음 세대에 전승시킴으로써 역사는 진전한다고 신념한다.

3) 교육목적

교과중심 교육과정이 추구하는 교육목적은 중요한 교과내용 학습을 통하여 이성과 인격(신념의 통합성, 실천적 행동의 일관성, 신조에 충실성, 신념의 도덕성 등)을 도야하고, 본질적인 문화유산의 전달과 전통적으로 중시해 온 지식의 습득이다.

4) 교육내용

서양에서 7자유과, 동양의 유교 경전, 고전 과목들, 문화유산으로부터 정선된 내용 그리고 현재 우리나라의 주요 교과목들이 교육중심 교육과정의 주요 내용이다.

5) 교육방법

교육방법은 주로 교사의 내용 설명과 전달이며, 학습방법은 기억과 지식 습득 및 반복연습 방법이 중시된다.

6) 평가방법

주로 교과내용을 얼마나 잘 습득하고 기억하고 있는가를 확인하기 위해 규격화된 평가도구(시험지 등)에 의해 객관적인 점수를 산출하는 방법이 적용된다.

7) 조직형태

(1) 분과형 교육과정

분과형(分課型) 교육과정은 모든 교과가 서로 분리되어 상호 연관성을 지니지 않도록 편성한 교육과정이다. 국어, 수학, 영어, 사회, 화학, 생물 등이 독립적인 내용체계를 이루며 구성된 것이 그 예이다.

(2) 상관형 교육과정

상관형(相關型) 교육과정은 일반적으로 형식은 분과형을 취하지만, 관련 교과의 내용들이 서로 관련성을 갖고 교수-학습할 수 있도록 편성한 교육과정이다. 국어와 사회, 수학과 물리, 도덕과 사회 등의 교과를 독립적으로 편성하되, 어떤 내용(국어의 문학작품과 역사의 작품이 쓰여진 시대적 배경은 교과 간에 서로 관련지어)은 교수-학습이 가능하도록 교육과정이 편성된다.

(3) 융합형 교육과정

융합형(融合型) 교육과정은 상관형에서 광역형으로 이행하는 과정에서 시도되는 일종의 과도기적인 교과중심 교육과정이다. 교육내용상 서로 결합이나 통합할 수 있는 것들을 하나의 교과로 편성하는 교육과정이다. 예를 들어, 식물학과 동물학을 결합시켜 '생물학'으로 편성하거나, 생물과 화학을 결합시켜 '생화학'으로 편성하는 것을 말한다.

(4) 광역형 교육과정

광역형(廣域型) 교육과정은 융합형에 비해 결합시키는 관련 교과목들의 범주가 더 넓다. 예를 들어, 과학(생물, 화학, 물리, 지구과학 등 결합)이나 일반사회(정치, 사회, 경제, 문화 등 결합) 등의 교과가 여기에 해당한다.

(5) 교과중핵형 교육과정

교과중핵형(敎科中核型) 교육과정이란 과목들을 그대로 유지하면서 중핵적인 교과, 가장 중심적인 내용을 다루고 있는 교과를 중심부에 두고, 다른 교과들을 동심원적으로 편성하는 교과중심 교육과정의 한 형태이다. 사회과가 중심에 놓이게 되면, '사회과 중핵교육과정'이 되며, 과학이 중심이 되는 경우 '과학과 중핵교육과정'이 된다.

8) 장·단점

(1) 장점

① 교육과정이 간단명료하게 구조화되어 이해하기가 쉽다.
② 교수-학습결과의 평가가 용이하며 객관적인 측정이 가능하다.
③ 교육과정 개정의 수월성이 있다.

④ 교육과정에 대한 중앙집권적 통제가 수월하다.
⑤ 전통적으로 교과중심 교육은 익숙해져 있으므로 교사, 학생, 학부모에게 심리적인 안정감을 준다.

(2) 단점

① 학생의 욕구와 흥미가 무시되고 교사의 가치를 강요할 가능성이 높다.
② 학생의 개인차를 무시한 학습지도가 이루어질 수 있고, 교사중심의 일방적인 수업이 되기 쉬우므로 학생의 피동적인 수업 참여가 이루어질 가능성이 높다.
③ 단편적이고 분절적으로 조직되기 때문에 통일성과 연계성이 결여되기 쉽다.
④ 문화유산을 담았으므로 과거 지향적인 수업이 되기 쉽고 현실 문제를 해결하는 데 소홀해질 수 있다.
⑤ 학생의 민주적인 가치와 태도를 기르는 데 한계가 있다.

2 경험중심 교육과정

경험중심 교육과정(experience-centered curriculum)이란 경험의 계열을 존중하는 과정을 말하는 것으로, 학교의 지도하에 아동 및 학생들이 체험하게 되는 모든 경험을 말한다. 경험중심 교육과정에서는 교재보다는 생활을, 지식보다는 행동을, 분과보다는 종합을, 미래의 준비보다는 현재의 생활을, 교사의 가르침보다 학습자의 활동을 중요시하는 입장을 취한다.

경험중심 교육과정은 교과중심 교육과정에 회의를 갖기 시작한 1930년대 전후로 출발하였으며, 듀이(Dewey)의 진보주의 교육사조에 맞추어 전통적 교과중심 교육과정으로는 급변하는 사회에 아동과 학생들이 적응할 수 없다고 보았다. 즉, 현실생활과 합일되는 새로운 교육과정의 필요성이 요구되었다. 이에 교과중심 교육과정을 대체할 새로운 교육과정이 검토되었는데, 그것이 바로 경험중심 교육과정이다.

1) 주요 특징

① 교과활동 못지않게 과외활동을 중요시한다. 교과중심의 교육과정이 교실에서의 학습을 위주로 하는 것이라면 경험중심 교육과정은 교실 학습 못지않게 여행, 견학, 자치 활동, 동아리 활동, 체험학습, 전시회 등을 중요시한다.
② 생활인의 육성을 목표로 한다. 학습을 통한 사회성, 공민적 책임, 자아실현 등의 가치를 부여한다.
③ 현실 생활 속에서 직면하게 되는 문제를 해결하는 능력을 기른다.
④ 교재를 학습의 장에서 결정하며 학습자의 협력과 참여를 중요시한다.
⑤ 아동의 흥미 및 욕구를 기초로 교육과정을 구성한다.
⑥ 아동의 개인차를 고려하여 교육과정을 구성한다.

2) 교육철학적 배경

(1) 자연주의 및 진보주의

자연주의(naturalism)란 자연 그 자체에 질서가 있으며, 질서를 따를 때 삶이 가장 올바르고 행복하다는 입장이다. 여기에는 루소(Rousseau)를 중심으로 한 주관적 자연주의가 있는데, 이는 개별 학생의 개성에 따라 교육을 제공해야 한다는 것이고, 코메니우스(Comenius)를 중심으로 한 객관적 자연주의는 자연 속에서 일반적 원리를 찾아내어 교육에 적용해야 한다는 입장이다. 진보주의(progressivism)는 인간의 진정한 성장과 발달 그리고 진보는 개인에게 성장할 수 있는 충분한 기회를 부여하고, 적합한 환경을 조성해주는 게 중요하다는 입장이다. 따라서 교육과 생활은 둘이 아닌 하나로 본다.

(2) 실용주의

실용주의(pragmatism)란 인간이 생물학적, 사회적, 심리적 진화의 과정을 통하여 발달하며, 가치관은 생활경험 속에서 형성되고 지식의 절대성보다는 상대성을 신념한다. 인식의 주체인 인간은 환경과의 부단한 상호작용을 통하여 발달하는 존재이며, 현재성과 활동성을 띤 생활을 영위하는 성질을 지니고 있고, 모든 사상은 부단히 변한다고 믿는다.

3) 교육목적

경험중심 교육과정이 추구하는 교육목적은 학생의 덕성을 비롯한 선천적인 본성을 고양하도록 개인적 경험을 재구성하고 확장시키는 것이며, 생활상에서 부딪치는 문제를 스스로 해결할 수 있는 문제해결력을 가르는 것이다. 단순한 지식의 습득에 머무르지 않고 전인적 생활인의 육성을 강조한다.

4) 교육내용

학생의 생활 속에서 교육내용을 선정한다. 학생의 생활영역, 생활문제, 흥미와 필요 등을 기초로 교육내용('학습경험'이라는 용어가 더 적합하다)을 선정한다. 교과는 학생의 생활 경험의 세계로 전환될 때에만 그 의미를 지니며, 교과과정 못지않게 교과 외 과정을 중시한다.

5) 교육방법

학생 중심의 실질적인 경험, 경험한 내용의 개인적·집단적 발표와 토론, 교육내용과 학습경험의 성격에 따라서 교수-학습과정의 개별화 강조, 학습 활동 집단 조직의 다양성이 강조되며, 교사는 학생의 학습 활동을 활성화시키는 방법을 개발·적용한다.

6) 평가방법

교과형과는 달리 교과별 시험점수 확인이나 집단 내 순위 정하기보다는 학생의 개인별 경험의 확장 상태의 진전도, 문제해결능력의 개선 정도, 지적·정의적·신체 기능적 특성의 발달 상황 등을 가능한 종합적·포괄적으로 평가하는 데 주안점을 둔다.

7) 조직형태

(1) 생활영역 교육과정

생활영역 교육과정은 인간 생활의 중요한 영역을 밝히고, 각 영역에서 중요한 지식이나 기능, 수행과제 등을 추출하여 편성한 교육과정이다. 생활영역을 가정 및 결혼 생활, 건강 생활, 직업 생활, 여가 생활, 인간관계 생활 등으로 정하고 각각의 생활에 도움이 되는 내용과 경험을 선정하여 교육과정을 편성할 수 있다.

(2) 활동형 교육과정

활동형 교육과정은 학생들이 현재 흥미를 느끼거나 필요로 하는 바를 분석하여 이를 토대로 편성한 교육과정이다.

(3) 생성형 교육과정

생성형 교육과정은 현성(現成) 교육과정이라고도 하며, 교육내용이나 학습경험을 미리 선정·조직하지 않고 교수-학습의 장에서 학습자들의 의견을 들어 구성하는 교육과정이다.

(4) 중핵 교육과정

중핵(中核) 교육과정은 학생들이 가장 필요로 하는 것, 사회생활에서 가장 핵심적인 주제를 중심부에 두고, 중심적인 주제를 학습하는 데 도움이 되는 내용들을 주변 과정에 설치하여 편성하는 교육과정이다. 예를 들어, 학생들의 진로개발과 진로선택 능력을 육성하는 것이 중요한 교육의 목적으로 설정했다면 진로개발과 진로선택 과정을 중심부에 두고, 이를 중심으로 인간의 이해, 사회의 이해, 자연현상의 이해, 생태학, 미래학 등과 같은 과정을 주변 과정으로 설정하여 교육과정을 편성할 수 있다. 이를 학생 필요 중핵 교육과정이라고 한다.

8) 장·단점

(1) 장점

① 학습자의 흥미나 욕구를 고려하여 교육과정을 구성하기 때문에 학습자의 학습활동을 촉진시킨다.
② 학생 스스로가 세운 목표와 계획에 따라 자신의 문제를 해결할 수 있는 능력을 기르는 데 효과적이다.
③ 현실 문제를 공동으로 해결하는 과정 안에서 사회성, 책임감, 협동심 등 민주적인 태도와 생활방식을 기르는 데 효과적이다.
④ 개인차를 고려한 학습이 가능하므로 학생의 학습효과를 높일 수 있다.

⑤ 다양한 형태의 학습이 전개되므로 경험의 폭을 넓힐 수 있다.

(2) 단점

① 교직에 대한 소양과 지도요령이 부족한 교사는 실패할 가능성이 높다.

② 학습자의 흥미 및 욕구에 입각하여 구성하게 되면 교육을 과소평가하는 결과를 낳기 쉽다.

③ 행정적으로 통제하기가 어렵고 통일성을 갖기가 어렵다.

④ 구체적 사항이나 경험에 관심이 많은 학생들의 수준에서는 경험중심 교육과정이 유리하지만, 일반적 경험이나 원리적 지식에 관심이 많은 학생들에게는 적합하지 않다.

⑤ 교육과정의 기본적인 분류가 명확하지 않다. 교과중심 교육과정은 각 교과를 중심으로 교육과정을 편성하지만, 경험중심 교육과정에서는 학습자들의 흥미나 욕구를 고려한 것이므로 명확한 분류를 하기가 어렵다.

3 학문중심 교육과정

학문중심 교육과정(discipline-centered curriculum)은 20세기 후반에 이르러 과학과 기술의 발달로 지식의 폭발적인 증가와 1957년 구소련의 스푸트니크(sputnik) 발사의 충격으로 경험주의(진보주의)를 비판하는 움직임이 시작되었다. 그리하여 1960년 이후 브루너(Bruner)를 중심으로 기초 학문에 충실하자는 자성이 일어났다. 그리고 교과를 충실하게 가르치되, 단순한 사실 전달과 암기방식이 아닌 탐구과정을 통해 지식의 구조를 파악하도록 해야 한다는 주장이 제기되었다. 즉, 학습자 스스로 교과내용의 핵심이 되는 기본 구조를 찾아내고 그것을 스스로 탐구해갈 수 있도록 조직하는 것이었다. 이러한 교육과정을 학문중심 교육과정이라고 한다.

1) 주요 특징

① 지식의 구조를 중심으로 교육과정을 조직한다. 교육과정은 각 교과의 전문가들이 각 교과에서 찾을 수 있는 <지식의 구조>를 분명하게 나타내어 교과 지식을 체계적으로 조직해 놓은 것이다.

② 나선형(螺旋形) 교육과정으로 구성한다. 나선형 교육과정은 교과에 담긴 핵심개념이나 기본 원리를 학습자들이 사고방식에 알맞게 가르치며, 학년의 진전에 따라 점차 심화·확대해 나가는 교육과정을 의미한다.

③ 탐구과정을 중시한다. 교사는 주어진 개념, 원리 등을 제시하고 주입하는 것이 아니라 전공 분야의 학자가 탐구한 것과 같은 방식으로 학생이 스스로 탐구하여 원리를 찾아내도록 한다.

④ 내적 보상을 통해 학습동기를 유발하도록 강조한다. 외적 보상에 의한 학습동기보다 성공적인 문제해결에 따르는 희열과 성취감 등 보상을 중시한다.

2) 교육철학적 배경

실재주의(實在主義, realism)에 기반한다. 실재주의란 외적 객관적인 세계는 인간의 의식이나 입장을 떠나 독립적으로 실재하며, 참다운 인식은 객관적 실재 파악을 통하여 가능하다는 입장이다.

3) 교육목적

학문중심 교육과정이 추구하는 교육목적은 학생이 탐구정신을 습득하고 탐구능력을 배양하는 것이다. 즉, 학생으로 하여금 여러 가지 문제를 탐구하고 조사하거나 이를 해결하는 데 있어서 가장 유익한 개념, 원리, 아이디어를 사용하고 효율적인 과정을 거치도록 훈련하는 것이다. 학교 교육을 마친 후에도 학교에서 학습한 원리나 아이디어를 넓고 변화무쌍한 사회에서 계속 활용할 줄 아는 능력을 육성하는 것이 교육목적이다.

4) 교육내용

학교 교육에서 다루게 되는 교과는 무수히 많으며, 각 교과 내에서도 다루어야 할 지식은 개념, 사실, 원리, 법칙 등 상당히 많다. 학생이 수많은 지식을 한정된 교육과정 내에서 습득하기란 불가능하다. 따라서 지식들 중에서 가장 기본적인 것, 기초적인 것, 근원적인 것을 선별하여 가르쳐야 한다. 이러한 지식의 핵심적인 것을 학문중심 교육과정에서는 지식의 구조라고 말한다. 지식의 구조란 각 교과에 내재되어 있는 핵심적인 개념과 아이디어, 원리 그리고 학문하는 방법 등이 중요한 교육내용이 된다. 지식의 구조의 가치가 학문(교과) 간의 차이를 나타내주는 준거이다.

5) 교육방법

학문중심 교육과정이 중요시하는 교육방법은 발견과 탐구이다. 학생은 탐구 주제를 정하거나 부여받아 학자가 연구를 수행하듯 탐구과정을 거쳐 일종의 결론을 도출해내는 교수-학습이 강조된다. 교과형 교육과정과는 달리 학생이 교과의 기본개념과 원리의 의미를 탐구하고 발견해내는 과정을 중시하는 셈이다. 즉, 교과중심 교육과정에서 교사가 결론을 전달해주는 교사중심의 교수-학습방법을 탈피한다.

6) 평가방법

교육평가의 방법은 각 교과의 성격과 목표에 따라 결정된다. 공통적인 것은 결과보다 과정중심의 평가방법이 강조된다는 점이다. 선택형 문항에의 정답찾기보다는 논술형 문항에 자신의 견해를 표현하는 방식인 일정한 절차에 의거 문제를 해결하는 능력 등을 주로 평가한다.

7) 조직형태

(1) 분과별 교육과정

분과별(分課別) 교육과정은 교과의 선은 그대로 두고 그 내용을 교과의 기본개념이나 과정(課程) 혹은 탐구방법 중 어느 하나를 중심으로 구조화하여 편성한 교육과정을 의미한다. 예를 들어, 교과 내에서 실험관찰을 하는 내용, 조사연구를 해야 할 내용, 문제해결을 해야 할 내용들을 구조화하여 편성한 교육과정을 말한다.

(2) 다과정 교육과정

다과정(多課程) 교육과정은 교과에 따라서 어떤 교과는 일반학급에서 교수-학습하고, 어떤 교과는 학습자들의 능력에 따라 2~3개의 학습반을 편성하여 교육과정을 운영하도록 조직하는 것을 의미한다.

(3) 나선형 교육과정

나선형(螺旋形, spiral) 교육과정이란 달팽이 껍질에서 볼 수 있듯이 작은 원으로부터 점차 연속적으로 큰 원을 그려가며 교수-학습하는 교육과정을 편성하는 것을 말한다. 다시 말해 교육과정을 이 구조처럼 동일한 내용(동일한 개념이나 원리)을 학년이 올라갈수록 심화·확대되어 반복적으로 가르쳐질 수 있도록 하는 것이다. 이는 교육내용 조직의 원리 중 계속성과 계열성을 취한다.

8) 장·단점

(1) 장점

① 기본적이고 핵심적인 개념과 원리를 학습하기 때문에 기억이 쉽고 전이가 용이하다.

② 스스로 탐구하는 능력을 습득함으로써 학문 탐구방법을 체득할 수 있고, 학문 자체에 대한 즐거움과 행복감을 느낄 수 있다.

③ 체계화된 지식을 교육내용으로 선정하여 교육과정을 구성하기 때문에 능률적인 교수-학습이 가능하다.

(2) 단점

① 지적 능력이 뛰어난 학생들에게는 유리하지만, 지적 능력이 낮거나 부진한 학생들에게는 불리한 경향이 있다.

② 지적인 측면으로 편중하여 교육과정을 조직, 운영하기 때문에 정의적인 측면이 자칫 소홀할 수 있다.

③ 단절된 교과목 수가 늘어날 가능성이 많고 그 결과 통합성이 상실될 수 있다.

④ 각 학문에 내재한 지식의 구조를 학생들이 학습하기란 쉬운 일이 아니며, 실생활과 유리된 내용은 별로 실용성을 갖지 못하는 편이다.

⑤ 학생의 욕구와 흥미를 경시할 가능성이 높다.

4 인간중심 교육과정

1970년대에 들어 로저스(Rogers)와 실버만(Silberman) 등과 같은 인본주의 학자들에 의해 제기되었으며, 인본주의 사상에 근거하여 교육과정을 '학교에서 학생들이 갖게 되는 모든 경험과 활동의 총체'로 보려는 입장이다. 즉, 교육과정을 학생의 입장에서 바라보며 전인적 인간을 양성하는 데 목적을 둔다. 현대 산업사회의 거대화, 조직화, 관료화가 가져온 비인간화, 인간소외, 물화 현상을 바라보면서 수단화된 학교의 기능을 신랄하게 비판하고 교육을 인간화할 것을 강조하였다.

1) 주요 특징

① 인간존중을 핵심으로 한다.
② 학생의 자아실현을 실현하기 위한 내용으로 조직되고 구성되어야 한다.
③ 전인적 인간을 육성하는 데 있다.
④ 인간적인 학교 환경을 위해 노력한다.
⑤ 교육평가에서 교육의 결과보다는 과정을 더 중시한다.

2) 교육철학적 배경

(1) 인본주의

인본주의(人本主義)는 행동주의적이며 자연과학적 방법을 존중하는 연합주의(聯合主義)와 인간을 지나치게 분석적·결정론적으로 보는 정신분석학적 입장에 반대하는 학자들의 심리학적 조류이다. 즉, 연합주의와 정신분석학은 주로 동물이나 비정상인을 대상으로 인간을 반응객체(反應客體)로 보고 인간 현상을 기술하려 했음에 반하여, 인본주의심리학은 건전한 인간 자체를 대상으로 삼았으며 인간을 능동적인 성장 가능 잠재력을 가지고 있는 주체로 보았다. 또한 인간은 보다 자기 조절적·자기통제적이며, 자기 선택적(self-choice)이기 때문에 강요와 통제를 지양하고, 그보다는 자발성과 자율성을 더욱 강조해야 한다는 입장이다.

(2) 실존주의

고대 그리스 철학자 플라톤 이후 유럽의 철학은 인간을 눈에 보이지 않는 '본질'에서부터 이해하려는 관념론이 전통을 이루었고, 19세기 후반 서유럽에서는 콩트(Comte)를 중심으로 초월적이고 형이상적인 사변을 배격하고 관찰이나 실험 등 경험적으로 검증 가능한 인식론적 실증주의가 주를 이루었다. 실존주의(實存主義)는 이러한 합리주의적 관념론이나 실증주의에 반대하여 개인적인 인간의 주체적 존재성을 강조하는 철학이다. 실존이란 말은 원래 철학 용어로서 어떤 것의 본질이 그것의 구체적인 조건을 배제한 일반적 본성을 의미한 것으로, 그것이 개별자로서 존재하는 것을 의미한다. 즉, 실존주의라 함은 본질 존재가 아니라 개별적인 '현실' 존재라는 뜻이다. 따라서 실존주의는 개인이 처해 있는 현실적 세계의 상황 속에 단독으로 존재하는 현실 존재의 파악에서 출발하며, 주체적 관점에서 인간의 완전한 자유와 책임을 강조한다.

3) 교육목적

인본주의자들은 교육목적을 개인의 성장과 통합 및 자율성을 길러주는 것으로 보고 있다. 예를 들면, 자아실현을 궁극적인 교육목적으로 삼고 있다. 자아실현의 이상을 실현하는 것이 인간중심 교육과정의 핵심이다. 이와 같은 관점에서 그들은 교육과정의 주요 기능을 개인의 자유와 발달을 도모할 수 있는 내적 보상 경험을 제공하는 것으로 보았다. 따라서 인간 중심의 교육과정에서는 학생이 자아실현 욕구를 실현할 수 있도록 고무하여야만 한다.

4) 교육내용

인간중심 교육과정의 큰 강점이자 특징은 통합이다. 여기서 통합이란 인지적 영역과 정의적 영역을 통합하는 것이다. 예를 들면, 학생 행동의 통일을 의미한다. 학생들이 배운 교과내용에 개인적인 정서, 사고, 행동을 접목할 수 있게끔 교육과정을 조직하고 편성하는 것이다. 따라서 교육과정은 학생들에게 무엇을 느끼게 하고, 어떠한 태도를 가져야 하는지를 가르치는 것이 아니라, 학생들에게 다양한 대안을 제시하고, 그들 스스로 대안을 선택할 수 있게끔 하며, 그 결과를 수용하고 책임질 수 있는 능력을 길러주는 것이 중요하다.

5) 교육방법

교육방법은 학생 스스로의 경험 재구성과 학습과정을 직접 수행해 나가도록 환경을 구성 및 제공하는 방법이 강조된다. 교수-학습의 주체는 학생이며, 교사는 촉진자, 지원자의 역할을 수행한다. 따라서 자기 감각을 통한 경험 학습, 만남의 집단(encounter groups), 명상 및 소집단 토론 등 교사와 학생 간 상호신뢰에 바탕을 둔 개인 성장방법이 동원된다.

6) 평가방법

평가방법은 인본주의 관점에 기반을 두고 있으므로 성과보다는 과정을 강조한다. 학생들의 학습활동이 보다 개방적이고 독립적인 인간으로 성장해나가는 데 도움이 되는지 여부에 관심을 둔다. 인본주의자들은 학습활동 그 자체를 가치롭게 보며, 미래의 가치에 공헌할 수 있다고 본다. 또한 학생이 자신과 다른 사람에 대해서 더욱 잘 깨닫고, 자신들의 잠재력을 개발하는 데 도움이 되는 교실 상황을 중시한다. 이에 교사들이 선호하는 평가방법도 학생의 주관적 감정을 중시한다. 예를 들어, 교사와 학생은 학생의 그림이나 시를 평가할 때 평가 수치를 제시할 수 있으며, 학생의 행동과 태도에 관한 현저한 진전에 대하여 말할 수도 있다.

7) 조직형태

(1) 균형형

균형형(均衡型)은 인간의 타고난 잠재가능성을 고루 계발할 수 있도록 신체적, 지적, 사회적, 정서적 내용을 통합적으로 균형 있게 조직한 교육과정을 의미한다.

(2) 개인형

개인형(個人型)은 학생의 개인적 능력과 필요에 적합하도록 교육과정을 개별화한 것을 의미한다.

(3) 연관형

연관형(聯關型)은 교과의 핵심내용을 학습자의 심리적 특성 및 생활과 밀접하게 관련지어 편성한 교육과정을 의미한다.

8) 장·단점

(1) 장점

① 타인과의 원만한 인간관계를 유지함으로써 타인을 존중하고 수용할 수 있는 건전한 가치관을 형성하는 데 도움을 준다.
② 학습자들에게 자신에 대한 긍정적인 태도 및 자기계발의 능력을 부여해 준다.
③ 학습자 간의 신뢰로 인간관계를 형성하는 데 도움이 된다.

(2) 단점

① 교육과정이 추상적이고 미체계화되어 있어 적용이 곤란하다.

② 기존의 학교 체제를 전면 부인하는 경향이 있어서 현실성이 떨어진다.
③ 개인의 경험 차이를 중요시하지만, 개인에게 적합한 경험이 무엇인지에 대하여 구체적인 대안을 제시하지 못하고 있다.

이상에서 언급한 교과중심 교육과정, 경험중심 교육과정, 학문중심 교육과정, 인간중심 교육과정을 시기, 정의, 실체, 사상적 배경, 개념의 폭을 정리하여 제시하면 표 3-1과 같다.

표 3-1 교육과정 유형별 비교

교육과정	시기	정의	실체	사상적 배경	개념의 폭
교과중심	1920~현재	교수요목	문서	이상·본질주의	매우 좁다
경험중심	1930~현재	지도된 경험	경험	진보·실용주의	넓다
학문중심	1960~현재	지식의 구조	문서	본질·실재주의	좁다
인간중심	1970~1980	경험의 총체	경험	실존·인본주의	매우 넓다

요점 정리(summary)

- 교육과정의 유형에는 교과중심 교육과정, 경험중심 교육과정, 학문중심 교육과정, 인간중심 교육과정이 있으며, 이 외에도 다문화 교육과정, 구성주의 교육과정 등이 있다.
- 교육과정 유형별로 대표적인 조직형태는 분과형, 상관형, 융합형, 광역형, 생성형, 교과중핵형, 균형형 등이 있으며, 이와 같은 교육과정 조직형태는 교육과정 유형별의 특성에 맞게 운영된다.
- 교육과정 유형별의 특징, 교육철학적 배경, 교육목적, 교육내용, 교육방법, 평가방법, 조직형태, 장·단점 등을 이해하고, 이를 토대로 교육과정 유형별의 시기, 정의, 실체, 사상적 배경, 개념의 폭의 차이를 구분한다.

주요 용어(key word)

- 교과중심 교육과정
- 경험중심 교육과정
- 학문중심 교육과정
- 인간중심 교육과정
- 분과형
- 상관형
- 융합형
- 광역형
- 생성(현성)형
- 교과중핵형
- 균형형
- 본질주의
- 이상주의
- 진보주의
- 실용주의
- 실재주의
- 실존주의

형성평가 및 연구과제 formation evaluation & research subject

1. 역사, 지리, 정치, 경제 등의 내용을 '사회'로 통합하듯이, 여러 과목들 중에서 서로 유사하고 관련성이 큰 과목들을 한데 묶음으로써 교육내용과 활동을 재조직하는 통합 유형은?

가. 중핵형　　나. 광역형　　다. 상관형
라. 융합형　　마. 분과형

2. 다음 〈보기〉와 같은 특징을 지닌 교육과정은? (06년 중등 임용고시)

> **보기**
>
> 1) 과학교과에서는 초등학교에서 배운 광합성의 원리를 중등학교에서도 심화·반복한다.
> 2) 경제 단원에서 자원의 희소성, 수요와 공급 등의 기본개념과 원리를 교과 구조 속에서 강조한다.
> 3) 교사가 결과적 지식을 먼저 제시하기보다 학생들로 하여금 탐구과정을 통해 일반화된 원리를 발견하게 한다.

가. 인간중심 교육과정　　나. 경험중심 교육과정
다. 교과중심 교육과정　　라. 학문중심 교육과정

3. 다음 〈보기〉와 같이 비판받고 있는 교육과정은? (04년 초등 임용고시)

> **보기**
>
> 1) 사회가 당면한 문제나 학생이 흥미를 갖는 주제에 관심이 적다.
> 2) 교육과정 개발에서 교사의 실천적 지식을 잘 반영하고 있지 않다.
> 3) 학년이 올라감에 따라 동일 주제가 심화·확대되면서 교과내용이 지나치게 어려워질 가능성이 있다.

가. 경험중심 교육과정　　나. 인간중심 교육과정
다. 학문중심 교육과정　　라. 공학중심 교육과정

4. 브루너(J. Bruner)의 지식 구조 이론이 가장 잘 드러나는 사례는? (04년 중등 임용고시)

가. 영문법에서 문장 5형식은 기본 원리이므로 암기하도록 한다.
나. 자석의 원리에 대하여 설명해 준 다음 자석놀이를 통하여 이해하게 한다.
다. 삼권분립의 원리를 입법부, 사법부, 행정부의 요소별로 구조화하여 가르친다.
라. 물과 알코올을 섞는 실험을 통하여 물체의 분자구조에 따라 부피가 달라지는 현상을 깨닫게 한다.

5. 사전에 계획을 하지 않고, 교사와 학생들이 학습현장에서 함께 학습주제를 정하고 내용을 계획하여 교육이 이루어지는 교육과정은?

가. 영 교육과정
나. 중핵 교육과정
다. 현성 교육과정
라. 상관형 교육과정
마. 광역형 교육과정

6. 학생의 흥미나 요구를 중심으로 하여 교육내용을 통합하되 통합 이전 교과의 구분이 완전히 사라진 채 조직되는 통합 유형은? (04년 중등 임용고시)

가. 광역형
나. 중핵형
다. 분과형
라. 상관형
마. 균형형

7. 다음 <보기>에 제시된 특징을 지니고 있는 교육과정은?

보기

1) 자아실현을 목표로 함
2) 학교환경의 인간화
3) 학습선택권의 최대한 보장
4) 잠재적 교육과정의 중시

가. 교과중심 교육과정
나. 경험중심 교육과정
다. 학문중심 교육과정
라. 인간중심 교육과정
마. 생활중심 교육과정

8. 학문중심 교육과정에 대한 설명으로 가장 적절한 것은?

가. 외적 보상을 통한 학습동기 유발을 중시한다.
나. 학교 교육의 중요 역할을 경험의 획득에 둔다.
다. 학습자의 지적 수월성을 개발하는 데 목적을 둔다.
라. 학생의 필요를 충족시킬 수 있는 교육내용을 중시한다.
마. 지식 습득에 있어 탐구의 방법보다 암기를 중시한다.

9. 학문중심 교육과정을 지지하는 사람의 주장에 가장 가까운 것은? (00년 중등 임용고시)

가. 학습은 흥미를 바탕으로 이루어져야 한다.
나. 교사와 학습자의 상호작용을 중시해야 한다.
다. 초등학생도 학자들이 하는 것과 동일한 성격의 지적 탐구활동을 할 수 있다.
라. 학교 교육은 일상생활에서 직면하는 문제의 해결과 관련되는 것이어야 한다.

10. 교과중심 교육과정과 학문중심 교육과정의 공통점으로 볼 수 있는 것은?

가. 인성교육을 강조한다.
나. 학생들의 지적 성장을 강조한다.
다. 교과내용은 '지식구조'를 중심으로 조직한다.
라. 생활 개선에 직접적인 의미가 있는 교육을 중시한다.
마. 학습을 경험의 총합으로 보고, 학생의 흥미를 중시한다.

11. 학문중심 교육과정 이론과 가장 밀접하게 관련된 것은? (00년 초등 임용고시)

가. 학습자 자신의 이해에 입각하여 핵심 개념이나 원리 등을 파악하도록 한다.
나. 교육은 사회적 불평등의 재생산이 영속되지 않는 방식으로 이루어져야 한다.
다. 교육은 학생 경험의 계속적인 성장을 추구해야 한다.
라. 교육은 체계적이고 효율적인 절차를 존중하여 이루어져야 한다.

12. 교과중심 교육과정과 학문중심 교육과정의 교육철학적 배경이 순서대로 옳게 연결된 것은?

가. 본질주의-실재주의
나. 본질주의-실용주의
다. 실재주의-실용주의
라. 실재주의-실존주의

13. 다음 중에서 인간중심 교육과정의 특징과 거리가 먼 것은?

가. 전인적 인간을 육성하는 데 있다.
나. 교육의 결과보다는 교육의 과정을 중시한다.
다. 학생의 자아실현을 위한 내용으로 구성한다.
라. 인간적인 학교 환경을 위해 노력한다.
마. 생활인의 육성을 목표로 한다.

14. 다음 빈 칸에 적합한 내용을 작성해 보시오.

구분	시기	정의	실체	사상적 배경	개념의 폭
1) 교과중심 교육과정					
2) 경험중심 교육과정					
3) 학문중심 교육과정					
4) 인간중심 교육과정					

15. 교육과정 유형 중에서 교사가 학생과의 상호작용을 위해 가장 노력해야 하는 교육과정 유형은 무엇이라고 생각하는가? 그 이유는 무엇인가?

16. 인간중심 교육과정은 매슬로우(Maslow)의 욕구 위계를 근간으로 하고 있다. 매슬로우의 욕구 위계를 작성해 보고, 왜 그러한지 그 이유를 제시해 보시오.

Memo

Chapter

04

우리나라 교육과정의 역사적 변천

1. 교육과정의 변천사
2. 유치원 교육과정의 변천사

학습개요

이 장에서는 교육과정의 역사적 변천 과정 및 각 시기마다의 주요 특성을 파악함으로써 교육과정의 역사를 이해하고, 이를 토대로 교육과정을 바라보는 안목을 키워 교육과정의 미래를 설계하는 능력을 길러주고자 한다. 이를 위해 첫째, 시기별의 교육적/제도적 특성을 살펴볼 것이다. 특히 국가주도형 교육과정으로서 전국 표준교육과정이 형성된 시기와 교육과정의 지역화나 각급 학교 특성 및 여건을 반영한 시기의 개정배경과 특성을 살펴보고자 한다. 둘째, 우리나라 교육과정의 지역화와 더불어 학교중심 교육과정이 강화된 시기와 배경 등도 살펴볼 것이다. 마지막으로 유치원 교육과정 중에서도 2009 개정(8차) 교육과정부터 유치원과 어린이집을 일원화하는 표준교육과정 즉, 누리과정에 대하여 살펴볼 것이다. 영아인 0~2세 과정과 초등학교 교육과정과 연계성을 살펴보기 위해서다. 여러분은 이 장을 마치고 나면 우리나라의 교육과정 변천사와 유치원 교육과정 변천사에 대하여 각 시기별의 주요 개념과 특징을 올바르게 이해할 수 있을 것이다.

학습목표

학습목표 1. 교육과정의 변천사를 이해하고 설명할 수 있다.

학습목표 2. 유치원 교육과정의 변천사를 이해하고 설명할 수 있다.

1 교육과정의 변천사

1) 개관

우리나라 교육과정의 변천과정을 개정시기별로 알아보기 전에 전체적으로 이해를 돕기 위해 요약하여 제시하면 표 4-1과 같다(권낙원 외, 2012, 이지원, 2019).

표 4-1 우리나라 교육과정의 변천사

교육과정기	주요 특징
긴급 조치기 (1945~1946)	• 당면한 교육 문제에 대한 미 군정의 응급조치 • 초·중등학교의 교과 편제 및 시간 배당 발표
교수 요목기 (1946~1954)	• 각급 학교의 교수요목 발표 • 교과중심의 분과주의 채택 • 진보주의 교육 영향 • 학습지도에 따른 아동중심의 새 교육 운동 전개
제1차 교육과정기 (1954~1963)	• 주요 배경 이론: 교과중심 교육과정 • 체제 면에서는 분과형 교육과정 유지 • '도의'교육을 처음 적용함 • 내용 면에서는 부분적으로 생활중심 교육과정을 반영함 • 교육과정 영역을 교과활동, 특별활동으로 구분
제2차 교육과정기 (1963~1973)	• 주요 배경 이론: 경험중심(생활중심) 교육과정 • 교육과정을 학교의 지도하에 학생들이 갖는 경험의 총체로 간주 • 자주성, 생산성, 유용성 강조 • 교육과정 영역을 교과활동, 반공·도덕생활, 특별활동으로 구분
제3차 교육과정기 (1973~1981)	• 주요 배경 이론: 학문중심 교육과정 • 지식의 구조, 기본 개념과 원리를 중시, 탐구학습 강조 • 도덕과 신설 • 교육과정 영역을 다시 교과활동, 특별활동으로 구분
제4차 교육과정기 (1981~1987)	• 주요 배경 이론: 인간중심 교육과정(타 교육과정 이론이 복합적으로 적용되었으나 주된 이론은 인간중심 교육과정이었음) • 국민정신교육, 전인교육, 과학기술교육 강조 • 초등학교에서 교과의 통합적 운영으로 통합 교육과정이 싹틈

교육과정기	주요 특징
	• 교육과정 영역을 교과활동, 특별활동으로 구분 • 문교부 주도에서 연구기관 중심의 위탁형 교육과정 개발 시작
제5차 교육과정기 (1987~1992)	• 주요 배경 이론: 교과, 경험, 학문, 인간중심 교육과정의 조화(단일 교육과정 이론 적용을 지양) • 초등학교의 통합교육과정 개정(교과통합 → 교육과정통합) • 기초교육, 미래사회 대비교육 지향 • 교육과정 운영의 효율성 강조 • 다양한 교육과정 자료개발 및 보급 • 컴퓨터교육과 경제교육을 강화 • 시·도 단위의 교과서 편찬 가능 • 교육과정 영역을 교과활동, 특별활동으로 구분
제6차 교육과정기 (1992~1997)	• 주요 배경 이론: 다양한 교육과정 이론의 복합적 적용 • 교육과정 결정의 분권화, 교육과정 구조의 다양화, 교육과정 내용의 적정화, 교육과정 운영의 효율화 지향 • 초등학교 교육과정 영역을 교과활동, 특별활동, 학교 재량시간으로 구분 • 중학교 교육과정에 선택교과 설정 • 교육과정 결정과 운영의 중앙집중화 탈피, 지방분권화 지향
제7차 교육과정기 (1997~2007)	• 주요 배경 이론: 다양한 교육과정 이론의 복합적 적용 • 국민공통 기본 교육과정, 수준별 교육과정, 재량활동, 고교 2, 3학년의 선택중심 교육과정 도입 • 교육과정 영역을 교과활동, 재량활동, 특별활동으로 구분
2007 개정 교육과정 (2007~2010)	• 제7차 교육과정의 골격을 유지하면서 부분적으로 수정 • 수업시수를 일부 축소 • 과학과 역사교육을 강화 • 단위학교 교육과정 운영의 자율권 확대 • 고등학교 선택중심 교육과정 개선
2009 개정 교육과정 (2011~2014)	• 2007 개정 교육과정의 공통 교육과정과 선택 교육과정을 재설정 • 학년군 및 교과군의 개념을 도입하여 집중 이수를 활성화하고자 하였으며, 이에 따라 이수과목 수를 8개 이내로 제한함 • 교과(군)별 수업시수를 단위학교의 여건과 학생의 진로 등을 감안하여 20% 자율 증감 가능 • 기존의 특별활동과 창의적 재량활동을 통합해 창의적 체험활동 도입
2015 개정 교육과정 (2014~현재)	• 주요 배경 이론: 통합형 교육과정 운영체계 적용 • 초등학교 1~2학년(군)에 한글교육 강조, 유아교육과정(누리과정)과 연계 강화, 창의적 체험활동 중시 • 중학교 교육과정의 자율성과 유연성 확보를 위한 자유학기제 적용 • 고등학교 교육과정의 문이과 구분 없이 공통과목 이수 • 2018년부터 특성화 고등학교와 산업수요 맞춤형 고등학교를 대상으로

교육과정기	주요 특징
	NCS(국가직무능력표준, National Competency Standards) 기반 교육과정 도입

2) 교육과정기

(1) 긴급 조치기(1945~1946)

1 배경

1945년 8·15에 일제로부터 벗어난 우리나라는 미국의 신탁통치에 따라 교육도 미군정의 통치를 받았다. 미 군정청은 교육을 담당하는 부서로 학무국을 두었다. 이 시기에는 일본어 대신 한국어로 교육할 것을 강조하였고, 조선의 이익에 반하는 교과목을 가르치지 못하게 하였다. 평화와 질서유지를 교육목표로 하여 일본 제국주의적 색채를 일체 말살하도록 하는 교육의 일반방침이 시달되었다. 교육에 대한 정체성이 형성되지 못한 말 그대로 교육에 대한 긴급 조치기에 불과하였다.

2 주요 특징

① 당면한 교육 문제에 대한 미 군정청의 응급조치기이다.
② 초·중등학교의 교과 편제 및 시간 배당이 처음으로 이루어졌다.
③ 일본어 중심의 국어가 우리말과 글 중심의 국어로 바뀌었다.
④ 일본 역사가 폐지되고 우리 국사가 시행되었다.

(2) 교수 요목기(1946~1954)

1 배경

교수 요목기는 1946년부터 1954년 4월 20일에 공포된 '교육과정 시간 배당 기준량'(문교부령 제35호)이 나오기 전까지를 말한다. 이 시기에는 교육과정이나 교과서가 미처 마련되지 않았으며, 개념상 교수요목과 교육과정을 엄밀하게 구분하지도 않은 상태였다. 미 군정청 편수당국의 교과별 편수사들이 교수요목 제정위원회를 조직하여 교수요목을 제정하는 한편, 교과서를 편찬하는 일에 착수하였다.

2 주요 특징

① 모든 면에서 일제의 잔재를 척결하는 데 초점을 두었다.
② 교과는 분과주의를 채택하였다.
③ 미국의 진보주의 교육의 영향을 받아 초중학교에 사회 생활과가 신설되었다.
④ 우리나라 교육이념은 홍익인간 정신에 따라 애국애족 교육을 강조하였다.

(3) 제1차 교육과정기(1954~1963)

1 배경

1954년 4월에 공포된 「교육과정 시간 배당 기준령」과 1955년 8월에 공포된 「교과과정」으로서, 1963년에 공포된 교육과정이 적용될 때까지 시행된 교육과정이다. 1차 교육과정은 한국전쟁으로 인해 혼란스러운 상황 속에서 공포된 것으로 당시의 시대적 상황을 많이 반영하고 있다. 교수요목기부터 유입되기 시작한 미국의 아동중심 교육사조는 한국전쟁 동안 교육과정에 대한 연구에 영향을 주었다. 이후 일부 교육자들 사이에서 교육운동을 개혁하고자 하는 움직임이 나타나는데, 이것을 '새교육운동'이라고 한다.

2 주요 특징

① 진보주의 교육의 영향으로 '특별활동'이 시간배당표에 처음 기재되었다.
② 현재의 '도덕'에 해당하는 '도의' 교육이 시대적 요구로서 강조되었다.
③ 내용 면에서는 부분적으로 생활중심 교육이 반영되었다.
④ 체제 면에서는 분과형 교육체제를 중시하는 교과중심 교육과정을 적용하였다.

이 교육과정은 우리가 만든 최초의 교육과정이며, 교수요목기에 완성하지 못했던 각 과 교수요목의 작업을 마무리하는 정도에만 그친 점에서 다소 아쉬움이 남았다.

(4) 제2차 교육과정기(1963~1973)

1 배경

1963년 3월 초등학교 교육과정이 공포된 이후 1973년 제3차 교육과정이 적용될 때까지 시행된 교육과정이다. 제1차 교육과정에서 미국의 영향을 받아 경험중심 교육과정이 일부 반영되어 있었는데, 이 시기에는 교과목으로 조직된 내용보다 학생들의 경험을 중요하게 생각하는 교육의 개념을 전적으로 받아들인 경험중심 교육과정이 대폭 적용되었다,

2 주요 특징

① 생활중심의 경험중심 교육과정이 교과내용을 조직하는 데 충실히 반영되었다.
② 초등학교와 중학교에서 '반공·도덕'이 하나의 교육과정 영역으로 새롭게 설정되었다.

③ 교육과정의 내용에서 자주성, 생산성, 유용성을 강조하였다.
④ 교육과정의 운영 면에서는 지역성을 강조하였다.

(5) 제3차 교육과정기(1973~1981)

1 배경

이 교육과정은 교육의 방향 면에서는 1968년 선포된 '국민교육헌장'의 이념 및 1972년 선언된 유신 이념의 구현을 그리고 교육방법 및 원리 면에서는 1960년대부터 미국에서 새롭게 대두된 학문중심 교육과정의 도입을 배경으로 하여 개정되었다.

2 주요 특징

① 초등학교와 중학교에 있어서 교육과정의 하나로 독립된 영역이었던 '반공·도덕' 영역이 교과 활동에 포함되면서 '도덕'이라는 교과가 새롭게 등장하였다.
② '국사', '자유 선택 교과목'과 같은 교과가 신설되었다.
③ 학문중심 교육과정을 토대로 하여 학년이 올라갈수록 점차 심화·확대해 나가는 나선형 교육과정의 조직형태를 취하였다.
④ 교육방법 면에서는 발견학습이나 탐구학습을 강조하였다.

이 교육과정은 학문적 성격을 지나치게 강조함으로써 몇 가지의 문제점을 발생시켰다. 학습내용 면에서 '수학'이나 '과학'과 같은 일부 교과에서 시간이 과다 편성되고 학습내용이 어려워졌다. 또한 아동의 흥미와 무관한 교과목 위주의 교육, 전인 교육을 도외시하는 등의 문제점이 발생하였다.

(6) 제4차 교육과정기(1981~1987)

1 배경

제3차 교육과정의 문제점을 보완하고, 5공화국 출범에 따른 교육개혁 조치를 반영하며, 급변하는 정치·사회적 현실과 여기서 파생되는 요구를 반영하기 위해 개정되었다. 전체적으로 볼 때 어느 한 사조나 이념만을 반영하는 것은 아니고 종합적이고 복합적인 성격을 지니고 있었으며, 제3차 교육과정은 어느 한 측면에 치우치지 않고 개인, 사회, 학문을 고루 강조한 교육과정으로 해석된다.

2 주요 특징

① 초등학교 1, 2학년에 처음으로 통합적 교육과정이 도입되었다.
② 국민정신교육, 전인교육, 과학기술교육이 되었다.
③ 교육과정 영역을 교과활동과 특별활동으로 구분하였다.
④ 문교부 주도하에 연구기관에 위탁형 교육과정 개발이 시작되었다.
⑤ 인간중심 교육과정을 반영한 전인교육을 강조하였다.

이 교육과정은 미래사회의 인간상을 그리면서 전인교육을 강조한 것으로 보이나 실제로는 큰 변화를 가져오지는 못하였다. 학생의 부담을 줄이려고 과목도 축소하고 주당 수업 시간도 줄였으나, 실제로 각급 학교에서는 입시 과목을 위주로 하는 교육과정을 운영하였으며, 특히 중·고등학교의 경우는 자율학습을 밤늦게까지 진행하기도 하였다.

(7) 제5차 교육과정기(1987~1992)

1 배경

제5차 교육과정은 제4차 교육과정의 기본적인 성격을 유지하면서 개선이 필요한 부분만 개정하는 것을 원칙으로 하여 개정되었다. 개정의 특별한 명분 없이 교과용 도서 사용 유효기간만 최대 6년을 넘을 수 없다는 규정이 개정되었다. 이 교육과정은 어떤 특정한 교육과정이라기보다는 종합적인 성격을 띠었다.

2 주요 특징

① 교과, 경험, 학문, 인간중심 교육과정이 조화를 이루며 단일 교육과정의 이론적 적용을 지양하였다.
② 초등학교 교육과정에서 교육과정 사상 처음으로 '일 교과 다 교과서 체제(교과통합 → 교육과정 통합)'를 도입했다.
③ 기초교육, 미래사회 대비교육을 지향하였다.
④ 컴퓨터교육과 경제교육을 강화하였다.
⑤ 시·도 단위의 교과서 편찬을 처음 적용하였다.
⑥ 교육과정 영역을 교과활동과 특별활동으로 구분하였다.

제5차 교육과정은 초등학교 일부 교과단원에 지역 특성을 반영한다든지 중·고등학교에서 학교 여건에 따른 선택교과의 운영을 실질적으로 적용할 수 있는 길을 열어주었다. 지역 간 학교수준의 특성을 살리는 교육 운영의 계기를 마련하였다.

(8) 제6차 교육과정기(1992~1997)

1 배경

이 교육과정은 민주주의의 공동체 의식 함양과 시대적 변화에 대한 창조적 대응력 배양에 중점을 두고 개정되었다. 교육과정 결정의 분권화와 자율화, 즉 중앙집권형에서 지방분권형으로 전환하여 학습자 경험의 질을 높일 필요성이 대두되었다.

2 주요 특징

① 교육과정 결정의 분권화: 교육내용의 획일성, 경직성, 폐쇄성을 해소하고 자율성과 재량권을 확대하였다.

② 교육과정 구조의 다양화: 다양한 이수과정을 설치하고 필수과목을 축소하며, 선택과목을 확대하여 시대적 요구를 교육내용에 반영하였다.

③ 교육과정 내용의 적정화: 학습부담을 경감하기 위하여 학습량과 수준을 조정하고 이수내용의 성차별을 철폐하였다.

④ 교육과정 운영의 효율화: 학생의 적성, 능력, 진로를 중시하고 교육방법 및 평가의 개선을 도모하였다.

⑤ 다양한 교육과정 이론을 복합적으로 적용하였다.

⑥ 초등학교 교육과정 영역을 교과활동, 특별활동, 학교 재량시간으로 구분하였다.

(9) 제7차 교육과정기(1997~2007)

1 배경

이 교육과정은 정보화·세계화 시대에 세계를 주도하는 경쟁력 있는 인간을 효과적으로 양성해 내는 것을 목적으로 개정하였다. 여태까지의 교육과정 이론이나 학교 현장에서 구체적으로 실현되지 못했던 많은 이상들을 국가적 수준에서 표방하거나 보장해 주는 성격을 지니고 있다.

2 주요 특징

① 모든 국민에게 동일한 기간 동안 동일한 내용을 가르치기 위해서 국민 공통 기본 교육과정을 도입하였다.

② 수준별 교육과정이 도입되었다. 수준별 교육과정이란 '학생들의 능력 수준에 따라 교육내용이나 방법을 달리하는 교육과정을 의미

한다.

③ 학생의 주도적 학습능력을 신장하고, 학교 교육과정 편성과 운영의 자율성 및 학생의 선택권을 부여하기 위해 '재량활동'을 하나의 교육과정 영역으로 학교에 따라 신설 또는 확대하였다. 이것이 설정됨으로써 학교는 교과를 심화, 보충하거나 학교 나름의 창의적 활동을 할 수 있는 시간을 확보하게 되었다.

④ 고등학교 2, 3학년의 학생을 대상으로 선택중심의 교육과정이 도입되었다.

⑤ 교육과정 영역을 교과활동, 재량활동, 특별활동으로 구분하였다.

(10) 2007 개정 교육과정기(2007~2010)

1 배경

이 교육과정은 2007년 2월 28일에 교육인적자원부 고시 제2007-79호로 발표된 것으로, 제7차 교육과정을 급변하는 시대 상황에 맞게 개정·보완하는 수시 개정작업의 일환으로 추진되었다. 제7차 교육과정의 기본철학과 체제를 유지하되 운영상의 문제점을 보완하는 수준에서 개정을 최소화하였다.

2 주요 특징

① 제7차 교육과정의 골격을 유지하면서 부분적으로 수정하였다.

② 2006년 3월부터 주 5일 수업을 월 2회 실시함에 따라 수업시수를 일부 축소·조정하였다.

③ 과학과 역사 교육을 강화하였다.

- 주변국의 역사왜곡에 대응하고 국제화시대에 적합하도록 중·고등학교 사회 교과에서 역사 교과를 독립시켰다.
- 고등학교 1학년 역사 과목 시간을 주당 2시간에서 3시간으로 증

대하였다.

④ 단위학교 교육과정 운영의 자율권을 확대하였다.

⑤ 고등학교 선택중심 교육과정을 개선하였다.

- 입시위주의 편중 선택을 예방하고 전인 교육에 중점을 두었다.
- 특히 체육, 음악, 미술 선택을 중시하고, 평가방법도 대폭 개선하였다.

(11) 2009 개정 교육과정기(2011~2014)

1 배경

이 교육과정은 당초 대통령 직속 '국가교육과학기술자문회의'에서 선진교육체제를 구상하여 '미래형 교육과정'이라는 이름으로 개정하였다. 이후 교육과학기술부에서 받아들여 기초연구 및 공청회와 심의회 등을 거쳐 구체화하여 추진계획을 발표(2009.9.10.)하였으며, 공식 명칭은 2009 개정 교육과정이라고 하였다. 개정 업무의 효율성을 높이기 위하여 교육과학기술부 내에 '2009 개정 교육과정추진단'을 설치·운영하였다.

2 주요 특징

① 공통 교육과정(1~9학년)과 선택 교육과정(고등학교 전 과정)을 재설정하였다.

- 초·중학교는 기초·기본교육을 강화하였다.
- 고등학교는 진로에 적합한 교과목 선택 및 학생의 핵심역량을 강화하였다.

② 교육과정 운영의 자율권을 확대하였다.

- 교과(군)별 시수 20% 증감을 허용하였다.
- 교과(군)의 수업시수는 '최소 수업시수'가 아닌 '기준 수업시수'를

도입하였다.

③ 학년군, 교과군을 적용하여 집중이수제를 도입하였다.

④ 교과활동에서 창의·인성교육 활성화 방안을 제시하였다.

(12) 2015 개정 교육과정기(2014~현재)

1 배경

이 교육과정은 '문·이과 통합형 교육과정'의 추진에서 출발하였고, 이후 정책연구와 다각적인 논의를 거쳐 2015 개정 교육과정으로 발표하였다. 기본 취지는 모든 학생들이 인문·사회·과학기술에 대한 기초 소양을 함양하여 인문학적 상상력과 과학기술 창조력을 갖춘 창의·융합형 인재로 성장할 수 있도록 교육의 근본적인 패러다임을 전환하는 데 두었다. 주안점으로는 미래사회가 요구하는 핵심역량을 기를 수 있는 교과 교육과정을 개발하는데 두었고, 각 교과는 단편 지식보다 핵심개념과 원리를 제시하고, 학습량을 적정화하여 토의·토론 수업·실험 및 실습 활동 등 학생들이 수업에 직접 참여하면서 역량을 함양할 수 있도록 하였다. 평가는 과정 중심의 평가를 확대하였다.

2 주요 특징

① 초등학교 1~2학년(군)에 한글교육 강조, 유아교육과정(누리과정)과 연계 강화, 창의적 체험활동을 중시하였다.

② 중학교 교육과정의 자율성과 유연성 확보를 위한 자유학기제를 도입하였다.

③ 고등학교 교육과정의 문·이과 구분 없이 공통과목을 이수토록 하였다.

④ 2018년부터 특성화 고등학교와 산업수요 맞춤형 고등학교를 대상으로 NCS(국가직무능력표준, National Competency Standards) 기반 교육과정을

도입하였다.

2 유치원 교육과정의 변천사

우리나라 유치원 교육과정의 변천과정을 개정시기별로 배경 및 주요 특징을 요약하여 제시하면 다음과 같다(교육과학기술부, 2013; 김진규, 2015; 오만록 2012).

1) 제1차 유치원 교육과정기(1969~1979)

(1) 배경

제1차 유치원 교육과정은 1969년 2월 19일 문교부령 제207호로 제정·공포되었다. 제1차 유치원 교육과정 제정의 취지는 유아의 바람직한 인격 형성을 위하여 유아의 욕구와 흥미에 알맞은 환경을 만들어 주려는 데 목적이 있었다. 제1차 유치원 교육과정은 건강한 신체와 건전한 정신으로 생활할 수 있는 유능한 한국인 양성을 유치원 교육목적으로 설정하였다.

(2) 주요 특징

① 공포·고시: 문교부령 고시(1969년 2월 19일)
② 제정배경: 외적으로 유치원 시설 기준령 공포, 교육 내적 정비를 위해 제정·공포함
③ 교육목적: 건강한 신체와 정신으로 생활할 수 있는 한국인 양성
④ 교육구성: 5개 생활영역(건강, 사회, 자연, 언어, 예능)
⑤ 교육운영: 연간 200일 이상(주 6일제), 일일 3시간(180분) 이상 기준
⑥ 교육특징

- 교육법을 통해 처음으로 유치원의 교육목적, 목표, 대상을 구체적으로 명시함
- 세부운영지침 및 자료의 불충분으로 교육과정 취지가 구현되기 어려움

2) 제2차 유치원 교육과정기(1979~1981)

(1) 배경

제2차 유치원 교육과정은 1979년 3월 1일 문교부 고시 제424호로 개정·공포되었다. 이 교육과정은 당시 각급 학교 교육과정에서 강조하던 국민교육헌장 이념, 1972년의 유신 이념 등을 기초로 국민적 자질의 함양, 인간교육의 강조, 지식·기술교육의 쇄신을 기본방침으로 하였다.

유치원 교육과정의 목표로는 다른 사람들과 잘 어울리고 더불어 생활하는 것을 즐기며, 표현하는 능력·습관·태도를 기르고, 탐구능력, 언어구사력, 기초적인 운동능력, 건강 및 안전생활 습관을 기르는 데 중점을 두었다.

(2) 주요 특징

① 공포·공시: 문교부 고시(1979년 3월 1일)

② 제정배경: 유신 이념을 바탕으로 초등교육과 연계성이 없으므로 문교부 고시로 개정·고시함

③ 교육목적: 자아실현, 국가발전, 민주적 가치를 강조

④ 교육구성: 4개의 발달영역(사회정서발달, 인지발달, 언어발달, 신체발달 및 건강영역)

⑤ 교육운영: 연간 200일, 주당 18~24시간, 하루 3~4시간 기준

⑥ 교육특징

- 인지발달을 강조하고 교사용 지도서를 개발하여 보급하기 시작함

3) 제3차 유치원 교육과정기(1981~1987)

(1) 배경

1981년 12월 31일 고시된 제3차 유치원 교육과정은 5공화국이 들어서면서 유신 말기의 정책 의지가 강하게 반영되어 있던 기존의 교육과정을 새롭게 전면 개정하려는 의도로, 제2차 교육과정이 개정된 지 2년 만에 개정되었다. 이 교육과정은 처음으로 초·중등학교 교육과정의 개정과 함께 상호연계성 속에서 이루어졌다. 또 종래와는 달리 문교부가 전문연구기관인 한국교육개발원에 교육과정의 연구·개발을 위탁하여 유아교육 전문가, 심리학자, 현장교사 등이 교육과정 개발과정에 참여하였다.

(2) 주요 특징

① 공포·고시: 문교부 고시(1981년 12월 31일)

② 개정배경: 유신 말기의 정책 의지가 반영된 교육과정 전면 개정, 초·중등 상호연계성이 필요함

③ 교육목적: 유아에게 적합한 교육환경을 마련하여 전인적인 성장을 조력

④ 교육구성: 5개 발달영역(신체발달, 정서발달, 언어발달, 인지발달, 사회성발달)

⑤ 교육운영: 연간 180일 이상(주 5일 수업 또는 주 6일 수업), 하루 3~4시간 기준

⑥ 교육특징

- 인간중심 교육과정 운영
- 통합교육과정에 대한 중요성 강조
- 평가에 대한 지침 제시(최초)

4) 제4차 유치원 교육과정기(1987~1992)

(1) 배경

1987년 6월 30일 고시된 제4차 유치원 교육과정은 문교부의 위탁을 받은 한국교육개발원에서 개정하였다. 이 교육과정은 개정의 구체적 방향을 교육목표의 재구성 및 조정, 교육내용 설정 및 구성의 융통성 확대, 교육자료의 풍부화와 다양화, 평가 활동의 정상화 등에 두었다. 교육목적은 인격을 완성하고 자주적 생활능력과 민주시민으로서 자질을 갖추어 민주국가 발전에 봉사하며, 인류공영의 이상실현에 기여하도록 하는 것이었다.

(2) 주요 특징

① 공포·고시: 문교부 고시(1987년 6월 30일)

② 개정배경: 교육목표의 재구성 및 조정, 교육내용 설정 및 구성의 융통성 확대, 교육자료의 풍부화와 다양화, 평가 활동의 정상화 등의 개선 필요

③ 교육목적: 건강한 사람, 자주적인 사람, 창조적인 사람, 도덕적인 사람을 육성

④ 교육구성: 5개 발달영역(신체발달, 언어발달, 인지발달, 정서발달, 사회성발달)

⑤ 교육운영: 연 180일 이상, 일일 3시간 기준

⑥ 교육특징

- 영역별 내용을 제시하지 않고 교육목표 수준만 제시하여 교사들에게 자율적 선정 권한을 부여함
- 유아의 흥미·놀이중심 교육의 중요성 강조

5) 제5차 유치원 교육과정기(1992~1998)

(1) 배경

1992년 9월 30일에 고시된 제5차 유치원 교육과정은 교육부가 처음으로 한국유아교육학회에 연구·개발을 위촉하여, 전문 연구원의 연구와 수차례의 각 시도별 유치원 교육관계자 협의회를 통하여 개정·고시한 교육과정이다. 이 교육과정의 특징은 1991년에 교육법이 개정되어 유치원 입학 연령이 기존의 4~5세에서 만 3~5세로 조정됨으로써 1992년 3월부터 만 3세 유아의 유치원 입학이 합법화되었고, 이에 따라 교육과정의 내용이 I수준과 II수준으로 구분되어 제시되었다. 또 제5차 교육과정이 적용되기 시작한 1995년부터는 지방자치제에 의한 교육자치가 실시되었기 때문에 그러한 사회적 추세가 교육과정 개정에도 반영되었다.

(2) 주요 특징

① 공포·고시: 교육부 고시(1992년 9월 30일)

② 개정배경: 유치원 취학연령 변경 및 유치원 교육과정 지역화에 따른 관련 법 개정이 필요함. 교육부가 처음으로 한국유아교육학회에 연구·개발을 위탁함

③ 교육목적: 각 지역의 실정에 적합한 교육 강조

④ 교육구성: 5개 생활영역(건강생활, 사회생활, 표현생활, 언어생활, 탐구생활)

⑤ 교육운영: 연 180일 이상, 일일 교육시간 180분 기준으로 하되 조정·운영 가능

⑥ 교육특징

- 발달영역과 생활영역의 통합
- 구체적인 평가내용과 방법 제시
- 종일반 운영 규정이 마련됨

6) 제6차 유치원 교육과정기(1998~2007)

(1) 배경

1998년 6월 30일에 고시된 제6차 유치원 교육과정 개정의 기본방향은 초·중등학교 교육과정과 같이 '21세기의 세계화·정보화시대를 주도할 자율적이고 창의적인 한국인 육성'으로 설정하고, 기초·기본 교육의 충실, 자기 주도적 능력의 신장, 유아중심 교육의 실천, 지역 및 유치원의 자율성 확대에 중점을 두었다.

(2) 주요 특징

① 공포·고시: 교육인적자원부 고시(1998년 6월 30일), 유아교육법 제정

② 개정배경: 유아교육의 공교육체제 확립, 보편화된 교육체제로 발전을 위함

③ 교육목적: 21세기 세계화·정보화시대를 주도할 창의적인 한국인 육성

④ 교육구성: 5개 생활영역(건강생활, 사회생활, 표현생활, 언어생활, 탐구생활)

⑤ 교육운영: 연 180일 이상, 일일 180분 기준으로 하되 교육환경을 고려하여 조정·운영 가능

⑥ 교육특징

- 수준별 적절한 교육
- 기본적인 생활습관 및 협동적인 생활태도 중시
- 감성계발 교육을 강조
- 특수 유아교육을 강조
- 놀이중심의 교육활동 및 균형 있는 교육활동을 제시

7) 2007 개정(7차) 유치원 교육과정기(2007~2011)

(1) 배경

2007 개정 유치원 교육과정은 2007년 12월 19일에 교육인적자원부 고시 제2007-153호로 고시된 교육과정을 말한다. 교육과정 개정의 배경은 제6차 교육과정 고시(1998.6.30.) 이후 9년이 경과함에 따라 사회 환경의 변화를 반영한 교육내용 개편이 필요하게 된 점, 종일제 운영의 확대 실시와 유아교육법 제정(2004.1)을 계기로 각계각층에서 제기한 교육과정 개정 요구를 반영할 필요가 생긴 점 그리고 2007년 2월에 고시된 초·중등학교 2007 개정 교육과정과의 연계를 도모해야 한다는 점 등으로 요약된다. 2007 개정 유치원 교육과정 개정의 기본 방향은 제6차 교육과정의 기본 철학과 체계 유지, 초·중등학교 교육과정과의 연계성 강화 그리고 단위 유치원의 자율성 강화로 설정하였다.

(2) 주요 특징

① 공포·고시: 교육인적자원부 고시(2007년 12월 19일)

② 개정배경: 유아교육법이 초등학교법에서 독립, 유치원에 대한 다양한 요구, 초등학교와의 연계성 강화를 위함

③ 교육목적: 유아에게 적합한 교육환경을 제공하여 심신의 조화로운 발달을 조장

④ 교육구성: 5개 생활영역(건강생활, 사회생활, 표현생활, 언어생활, 탐구생활)

⑤ 교육운영: 연간 180일 이상, 1일 최소 180분 기준, 종일반 운영

⑥ 교육특징

- 읽기와 쓰기 전 단계로서의 기초교육 강화
- 교육과정의 문서체계를 통일함

8) 2009 개정(제8차) 유치원 교육과정기(2011~2012)

(1) 배경

2009 개정 유치원 교육과정은 2011년 9월 5일에 교육과학기술부 고시 제2011-30호로 고시된 교육과정을 말한다. 생애 초기 단계인 영유아기의 교육·보육에 대한 국가지원의 필요성이 제기됨에 따라 정부는 2011년 5월 2일 '만 5세 공통과정'을 시행한다고 발표하였다. 만 5세 공통과정은 당시 교육과학기술부 소관 유치원과 보건복지부 소관의 어린이집 관리체제를 유지하면서 만 5세 유아의 교육과 보육내용을 통합하여 하나의 과정으로 만드는 것이다. 만 5세 공통과정은 2011년 7월 14일 명칭 공모를 통하여 '5세 누리과정'으로 확정·공포하였다. 그 당시 이원화되어 있던 유치원 교육과정과 어린이집 표준보육과정을 '5세 누리과정'으로 일원화하게 되었다.

(2) 주요 특징

① 공포·고시: 교육과학기술부 고시(2011년 9월 5일)

② 개정배경: 생애 초기 단계인 영유아기의 교육·보육에 대한 국가지원의 필요성이 제기됨

③ 교육목적: 유아에게 필요한 기본 능력과 바른 인성을 기르고 민주시민의 기초를 형성

④ 교육구성: 5개 영역(신체운동·건강, 의사소통, 사회관계, 예술경험, 자연탐구)

⑤ 교육운영: 연 180일 이상, 일일 3~5시간 교육

⑥ 교육특징

- 기본 생활습관과 창의인성교육 강조
- 유치원 교육과정과 어린이집 표준교육과정 중 유치원과 동일한 연령대인 만 5세 유아에게 필요한 기본능력 선별하여 수정 및 보

완함

- 5세 누리과정은 보육계와 유아교육계가 합심하여 국가수준의 공통과정을 마련함

9) 2009 개정(제9차) 유치원 교육과정기(2012~현재)

(1) 배경

2009 개정 유치원 교육과정은 2012년 7월 10일에 교육과학기술부 고시 제2012-16호로 고시된 교육과정을 말한다. 이 교육과정은 '3~5세 연령별 누리과정'으로 제정된 유치원과 어린이집이 공통으로 적용하는 교육과정이다. 누리과정이 만 3, 4세까지 확대됨에 따라 5세 누리과정과 연계한 3, 4세 누리과정의 개발이 필요하게 되었다. 이에 교육과학기술부와 보건복지부는 육아정책연구소에 위탁하여 2012년 3월부터 3, 4세 누리과정 제정 전담팀을 구성·운영하였다. 기존 교육·보육과정을 근간으로 3, 4세 누리과정을 제정하고, 이미 고시한 5세 누리과정의 내용 중 추가, 삭제, 수정 등이 필요한 내용을 보완하였다. 그 결과 동년 6월에 3, 4세 누리과정 및 5세 누리과정 개정 시안을 마련하였으며, 공청회를 거쳐 과학기술부장관과 보건복지부장관이 3~5세 대상의 교육과정과 보육과정을 동일하게 '3~5세 연령별 누리과정'으로 동년 7월에 고시하였다.

(2) 주요 특징

① 공포·고시: 교육과학기술부 고시(2012년 7월 10일)

② 개정배경: 누리과정이 만 3, 4세까지 확대됨에 따라 5세 누리과정과 연계한 3, 4세 누리과정의 개발이 필요하게 됨

③ 교육목적: 취학 전 교육의 질을 보장하고 생애 초기의 공정한 출발선 보장

④ 교육구성: 5개 영역(신체운동·건강, 의사소통, 사회관계, 예술경험, 자연탐구)

⑤ 교육운영: 연 180일 이상, 일일 3~5시간 이상 정규교육

⑥ 교육특징

- 초·중등학교 교육과정 및 0~2세 표준보육과정과의 연계성을 고려함
- 기본생활습관과 인성교육을 지속적으로 강조함
- 3~5세 연령별 누리과정은 총론과 연령별 누리과정의 각론으로 구분함

요점 정리(summary)

- 교육과정의 역사적 변천 과정 및 각 시기마다의 주요 특성을 파악함으로써 교육과정의 역사를 이해하고, 이를 토대로 교육과정을 바라보는 안목을 키우고, 교육과정의 미래를 설계하는 데 시사점을 찾을 수 있어야 한다.
- 교육과정의 유형을 종합해 볼 때, 제1차 교육과정은 교과중심 교육과정, 제2차 교육과정은 경험중심 교육과정, 제3차 교육과정은 학문중심 교육과정, 제4차 교육과정 이후부터는 통합교육이 이루어지면서 교육과정의 유형이 구분되지 않았다.
- 제5차 교육과정까지는 국가주도형 교육과정으로서 전국 표준적인 교육의 과정을 중시하였다. 이는 교육과정의 지역화나 각급 학교 특성 및 여건을 고려하는 교육과정과는 거리가 먼 것이었다.
- 제6차 교육과정부터 시작하여 제7차 교육과정에서는 각 시·도 교육청과 지역 교육청이 교육과정 편성 및 운영의 지침을 개발하거나 장학자료를 개발하여 각급 학교에 제시하는 역할분담이 구체화됨으로써 장차 교육과정의 지역화 방향은 강화되었다.
- 학교중심 교육과정은 제5차 교육과정에서 태동하고, 제6차 교육과정에서 강화되었으며, 제7차 교육과정부터 본격화되었다. 우리나라 교육과정의 지역화와 더불어 학교중심 교육과정이 더 강화될 것이다.
- 유치원 교육과정은 2009 개정(8차) 교육과정부터 유치원과 어린이집의 표준교육과정인 누리과정의 법적 보완을 통해 기존 5세에서 3~5세로의 연령 확대를 가져왔고, 영아인 0~2세 과정과 초등학교 교육과정과도 연계성을 가져왔다.

주요 용어(key word)

- 종일반
- 집중이수제
- 재량활동
- 자유학기제
- 누리과정
- 특별활동
- 편제
- 선택중심 교육과정
- 교과중심 교육과정
- 경험중심 교육과정
- 학문중심 교육과정
- 인간중심 교육과정
- 통합교육과정

형성평가 및 연구과제 formation evaluation & research subject

1. 시기별 교육과정의 특징에 대한 설명으로 바르지 않는 것은? (06년 유치원/초등/특수학교 임용고시)

가. 제2차 교육과정은 경험중심 교육과정을 표방하였다.
나. 제3차 교육과정은 인간중심 교육과정을 표방하였다.
다. 제6차 교육과정은 교육과정 결정의 분권화를 표방하였다.
라. 제7차 교육과정은 학생중심 교육과정을 표방하였다.

2. 우리나라 교육과정의 변천과정을 볼 때 다음에 지시한 내용과 관련이 있는 교육과정은?

> 1) 고등학교에서의 단위제 채택　　2) 교과활동, 반공도덕, 특별활동으로 구성
> 3) 자주성, 생산성, 유용성 강조　　4) 생활중심 교육과정 개발

가. 제1차 교육과정　　나. 제2차 교육과정
다. 제3차 교육과정　　라. 제4차 교육과정
마. 제5차 교육과정

3. 우리나라에서 '시 · 도교육청 교육과정 편성 · 운영 지침' 작성권이 시 · 도교육청에 부여된 시기는 언제부터인가? (02년 중등 임용고시)

가. 제3차 교육과정기　　나. 제4차 교육과정기
다. 제5차 교육과정기　　라. 제6차 교육과정기
마. 제7차 교육과정기

4. 다음에서 알 수 있는 우리나라 교육과정 변천과정의 경향은? (04년 초등 임용고시)

> 1) 초등학교 사회과에서 지역별 교과서를 만들도록 하고 있다.
> 2) 시·도교육청에 교육과정 편성·운영 지침 작성권을 부여하고 있다.
> 3) 학교의 실정이나 학생의 요구에 따른 교육과정을 편성·운영할 수 있도록 하고 있다.

가. 교육과정 결정의 분권화　　나. 교육과정 결정의 구조화
다. 교육과정 결정의 표준화　　라. 교육과정 결정의 집중화

5. 학교의 교육과정에 국사 교과가 신설된 교육과정 시기는?

가. 제1차 교육과정　　나. 제2차 교육과정
다. 제3차 교육과정　　라. 제4차 교육과정
마. 제5차 교육과정

6. 제7차 교육과정의 기본방향에 가장 잘 부합하는 것은? (00년 중등 임용고시)

가. 교육내용의 증대　　나. 교육정보화 확산
다. 자기주도적 학습능력 신장　　라. 학부모의 교육과정 결정 참여 확대

7. 제7차 교육과정의 국민공통 기본 교육과정이 적용되는 범위는? (01년 중등 임용고시)

가. 초등학교 1학년-중학교 1학년
나. 초등학교 1학년-중학교 3학년
다. 초등학교 1학년-고등학교 1학년
라. 초등학교 1학년-고등학교 3학년

8. 제7차 교육과정에 편성된 재량활동 시간의 운영방법을 바르게 설명한 것은? (01년 중등 임용고시)

가. 학교가 임의적으로 운영하지 않을 수 있다.
나. 학생의 희망에 따라 배정 시간을 증감할 수 있다.
다. 교과의 심화·보충 학습 시간을 활용할 수 있다.

라. 배정된 시간을 모두 교과 재량활동에 투입할 수 있다.

9. 다음의 내용 중에서 제7차 교육과정의 개정중점으로만 묶인 것은?

1) 국민공통 기본 교육과정의 이수	2) 재량시간 신설 및 확대
3) 교육과정 내용의 구조화	4) 교육과정 결정의 분권화
5) 수준별 교육과정의 도입	6) 상대적 평가 확대로 수월성 지양

가. 1), 2), 3)
나. 2), 3), 4)
다. 1), 2), 5)
라. 2), 3), 6)

10. 제7차 교육과정의 특별활동 영역만으로 묶인 것은?

가. 자치활동, 적응활동, 단체활동, 학급활동, 봉사활동
나. 행사활동, 적응활동, 단체활동, 봉사활동, 계발활동
다. 자치활동, 계발활동, 단체활동, 봉사활동, 적응활동
라. 적응활동, 단체활동, 봉사활동, 학급활동, 계발활동
마. 자치활동, 적응활동, 계발활동, 봉사활동, 행사활동

11. 다음은 어떤 교육과정에 대한 설명인가?

> 이것은 학생의 자기주도적 학습능력을 기르고, 학교 교육과정 편성 및 자율성을 확대하며, 학생의 교과 혹은 교육프로그램의 선택권을 보장하기 위한 과정이다.

가. 재량활동과정
나. 특기·적성교육 활동
다. 특별활동
라. 선택중심 교육과정

12. 종일반 운영의 규정이 마련된 유치원 교육과정기는?

가. 3차 교육과정
나. 4차 교육과정
다. 5차 교육과정
라. 6차 교육과정

13. 누리과정 5세 과정이 시작된 유치원 교육과정기는?

가. 6차 교육과정	나. 7차 교육과정
다. 8차 교육과정	라. 9차 교육과정

14. 초등학교, 중학교 혹은 고등학교 교육과정을 전면적으로 일시에 개정하는 방식과 개정의 필요가 발생하는 경우 부분적인 개정 방식 간의 장·단점을 제시해 보시오.

15. 제7차 교육과정은 일종의 수준별 교육과정인 셈이다. 이와 같은 수준별 교육과정은 학생들의 학력차를 확대·재생산하는 교육기제이며, 사교육을 조장하는 교육과정이라는 지적이 있다. 이에 대한 학생의 견해는 무엇인지를 제시해 보시오.

Memo

Part
02

교육과정 개발 및 운영

Chapter

05

교육과정 개발모형

1. 교육과정 개발의 의미
2. 교육과정 개발모형의 분류
3. 교육과정 개발모형

학습개요

이 장에서는 교육과정 개발의 의미와 개발모형에 대하여 다음과 같은 점에 관심을 두고 수업에 임해야 한다. 첫째, 교육과정 개발은 요구사정(요구분석, 상황분석)의 결과와 이론적·현실적 배경을 토대로 교육 활동(교육목적·목표 설정, 교육내용 선정 및 조직, 교과지도 및 생활지도·상담, 교육평가)에 대한 종합적인 계획을 세우는 활동의 기초이므로 정확한 개념 이해가 있어야 한다. 둘째, 학교에서의 모든 교육 활동의 기본 지침은 국가수준에서 개발됨을 이해하고, 이어 각 지역에서는 국가수준의 교육과정을 근간으로 그 지역적 특성을 반영한 지역수준의 교육과정이 개발되어, 각급 학교에 전달되면 단위학교는 그 내용을 토대로 학교수준, 학년수준, 교과수준 등 보다 실제적이고 구체적인 교육과정을 개발하여 운영한다는 사실을 파악할 필요가 있다. 셋째, 교육과정 개발과정에서는 어떤 절차나 활동의 개요로서 모형을 적용한다. 모형 중에는 합리적/목표 모형, 순환적 모형, 역동적/상호작용 모형 등이 있다. 이들 모형은 교육과정 개발자의 가치나 선호도 등에 따라 달리 적용할 수 있다. 여러분은 모형의 특징, 절차, 구성요소, 장·단점 등을 분석 적용할 수 있어야 한다. 여러분은 이 장을 마치고 나면 교육과정 개발의 의미와 개발모형을 현장에서 적용할 능력을 기를 수 있을 것이다.

학습목표

학습목표 1. 교육과정 개발의 의미에 대하여 설명할 수 있다.

학습목표 2. 교육과정 개발모형을 유형별로 분류할 수 있다.

학습목표 3. 교육과정 개발모형의 유형별 장·단점을 구분할 수 있다.

1 교육과정 개발의 의미

교육과정 개발(curriculum development)이란 요구사정(요구분석, 상황분석)의 결과와 이론적·현실적 배경을 토대로 교육 활동(교육목적·목표 설정, 교육내용 선정 및 조직, 교과지도 및 생활지도·상담, 교육평가)에 대한 종합적인 계획을 세우는 활동을 말한다. 학교에서의 모든 교육 활동의 기본 지침이 되는 문서로서의 교육과정은 맨 먼저 국가수준에서 개발된다. 이어 각 지역에서는 이러한 국가수준의 교육과정을 근간으로 그 지역적 특성을 반영한 지역수준의 교육과정이 개발된다. 그리고 이러한 교육과정이 각급 학교에 전달되면 해당 학교는 그 내용을 토대로 학교수준, 학년수준, 교과수준 등의 보다 실제적이고 구체적인 교육과정을 개발하여 운영함으로써 소기의 교육목적과 목표를 달성하게 된다(오만록, 2012).

이렇게 개발된 교육과정은 학교 현장에서 시행된 후 일정 기간 유지되지만, 또 새로운 변화와 혁신의 압력에 직면하게 되면 이러한 절차를 반복하게 된다. 이러한 계속적인 순환적 과정이 교육과정 개발 활동과정을 의미하는 것이다(권낙원 외, 2012).

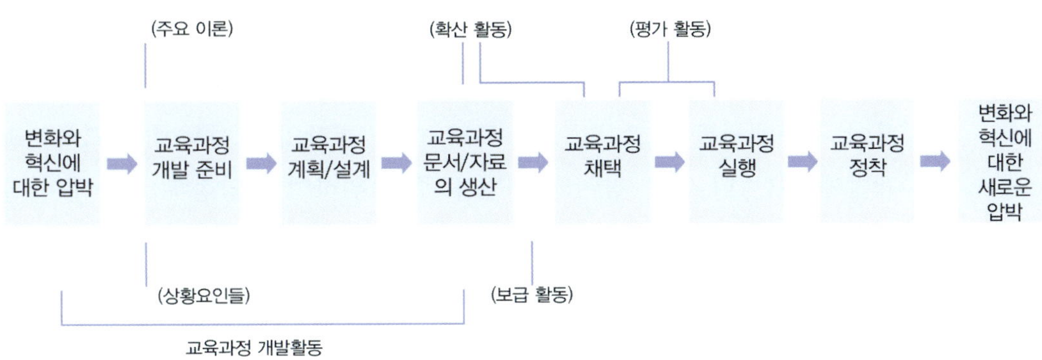

그림 5-1 교육과정 개발활동의 체계(Marsh & Willis, 1999)

이러한 교육과정 개발 활동 수준은 그 나라의 교육과정 결정체제에 따라 달라진다. 즉, 국가에서 교육과정을 개발하여 지역이나 학교에서 교육과정 운영 역할을 담당하는 중앙집권형 교육과정 체제와 교육과정의 개발, 운영, 평가의 모든 활동이 지역이나 학교를 중심으로 이루어지는 지방분권형 교육과정 체제로 나뉜다. 이러한 두 가지 교육과정 결정체제의 장 · 단점을 비교하면 표 5-1과 같다(권낙원 외, 2012).

표 5-1 교육과정 결정체제 비교

구 분	중앙집권적 결정체제	지방분권형 결정체제
장점	• 전국적으로 통일된 교육과정을 가짐 • 학교 급, 학교 간 교육과정의 연계성을 충족시킬 수 있음	• 지역과 학교의 특수한 상황에 부응하는 교육과정을 개발할 수 있음 • 교사들이 교육과정 개발에 주인의식을 갖게 됨 • 급격한 변화에 대응하여 교육과정을 신속하게 수정할 수 있음
단점	• 교육과정 운영이 획일화, 경직화되기 쉬움 • 권위주의적인 교육 풍토를 조성할 가능성이 높음 • 교사가 교육과정으로부터 소외되기 쉬움	• 학교 급, 학교 간 교육과정의 연계가 어려움 • 지역 간 교육과정의 질에 있어서 수준 차이가 있을 수 있음

오늘날은 중앙집권적 결정체제와 지방분권형 결정체제의 단점을 보완하여 절충체제를 갖고 있으며, 특히 학교 현장의 교사들에게 교육과정 개발에 대한 더 많은 참여와 책임을 주기 위하여 중앙정부 수준에서 결정된 교육과정의 지침과 지역수준의 교육방침을 토대로 학교수준의 교육과정을 개발하도록 허용하고 있다. 이러한 추세는 학교중심 교육과정 개발(school-based curriculum development: SBCD)이라는 이슈로 확대되었다.

2 교육과정 개발모형의 분류

학교에서 학생들에게 무엇을 가르칠 것인가를 결정하는 것은 매우 중요하면서도 복잡한 과정을 거친다. 교육과정의 개발과정은 일반적으로 교육목표의 설정과 진술에서 시작하여, 교육내용(학습경험)을 선정하고 조직하며, 교육목표의 달성도를 확인하는 절차를 밟는다. 교육과정 개발모형에는 관점에 따라 다양하게 제시할 수 있으나, 여기서는 크게 세 가지로 구분한다.

첫째, 1950~60년대 초에 미국에서 출현한 전통적 교육과정 개발모형인 '합리적/목표모형'으로서 ① 타일러(Tyler)의 모형, ② 타바(Taba)의 모형이다.

둘째, 1960~70년대 주로 영국이나 호주를 중심으로 크게 환영을 받았던 '순환적 모형'으로서 ① 휠러(Wheeler)의 모형, ② 니콜스와 니콜스(Nicholls & Nicholls)의 모형이다.

셋째, 1970년대 이후 교육과정 개발에 있어서 실제적이고 상호작용적·역동적 측면을 강조하는 '역동적/상호작용모형'으로서 ① 워커(Walker)의 모형, ② 스킬벡(Skilbeck)의 모형이다.

이 외에도 아이즈너(Eisner)의 예술적 교육과정 개발모형, 백워드(Backward)의 교육과정 설계모형, 올리바(Oliva)의 교육과정 개발모형 등이 많이 있지만, 여기서는 주요 세 가지 관점의 교육과정 개발모형에 국한하여 분류하고 대표되는 학자들만 표 5-2와 같이 제시하고자 한다.

표 5-2 교육과정 개발모형의 분류

합리적/목표모형	순환적 모형	역동적/상호작용모형
타일러(Tyler) 타바(Taba)	휠러(Wheeler) 니콜스와 니콜스(Nicholls & Nicholls)	워커(Walker) 스킬벡(Skilbeck)

3 교육과정 개발모형

1) 합리적/목표모형

(1) 타일러의 교육과정 개발모형

타일러(Tyler, 1949)는 그의 저서 「교육과정과 수업의 기본원리」(*Basic Principles of Curriculum and Instruction*)에서 합리적 교육과정 개발모형을 강조하였다. 타일러가 교육과정 개발에 있어 중요하게 고려한 내용은 크게 네 가지로 요약할 수 있다.

① (교육목표) 학교는 어떤 교육목적을 달성하려고 노력해야 하는가?
② (학습경험 선정) 이 목표를 달성하기 위하여 어떤 교육적 경험이 선정되어야 하는가?
③ (학습경험 조직) 선정된 학습경험은 어떻게 조직해야 교육목표를 달성하는 데 도움이 되는가?
④ (학습성과 평가) 설정된 교육목표가 어느 정도 달성되었는가를 어떻게 확인할 수 있는가?

타일러는 이와 같은 일련의 과정이 제대로 이루어질 때 적절한 교육내용을 선정·조직할 수 있고, 수업활동을 원활히 펼칠 수 있을 뿐만 아니라, 평가의 근거와 기준을 토대로 학습성과를 제대로 확인할 수 있다고 강조하였다. 특히 타일러의 교육과정 개발모형은 개발의 어떤 요소들보다 목표를 우선시한다는 점에서 목표우위모형이며, 목표가 평가할 방향을 안내한다는 점에서 평가중심모형이다. 그리고 개발의 단계가 목표설정에서부터 평가방법에 이르기까지 직선적인 계열을 따라 진행하는 것으로 조망한 점에서 직선적 모형이며, 모형을 누구나 쉽게 이해할 수 있고 적용할 수 있다는 점에서 합리적 모형이며, 교육과정 개발자가 각 단계에서 수행해야 할 바가 무엇인가를 구체적으로 제시해 준다는 점에서 처방적 모형이다. 또한 전체로부터(전체 교과) 부분으로(각 교과의 단원으로) 진행된다는 점에서 연역적 모형이라고 할 수 있다(손충기, 2006). 타일러의 교육과정 개발모형에 관한 일련의 절차를 제시하면 그림 5-2와 같다.

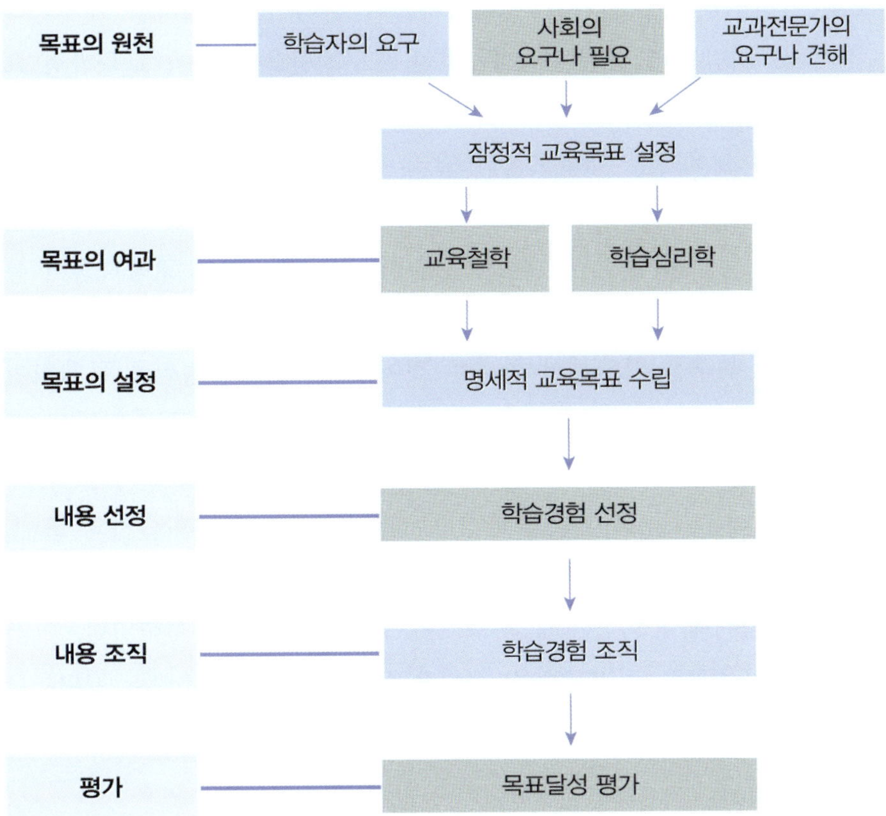

그림 5-2 타일러(Tyler)의 모형

(2) 타바의 교육과정 개발모형

타바(Taba, 1962)는 「교육과정 개발; 이론과 실제」(*Curriculum Development; Theory and Practice*)라는 저서에서 교육과정 개발과정에 대한 접근방법을 제시함으로써, 학교수준에서의 교육과정 개발에서 고전적 모형이라고 할 수 있는 타일러의 교육과정 개발모형을 수정하였다. 타바의 교육과정 개발모형은 타일러와 마찬가지로 개발자들이 따라야 할 절차를 제시했다는 점에서 '처방적 모형'이며, 계속적인 요구진단을 통하여 교육과정 요소들의 상호작용을 강조한다는 점에서 역동적인 모형이기도 하다. 하지만 타일러의 교육과정 개발모형과 달리 단원개발에서 출발하여 교과구성으로 진행된다는 점에서 '귀납적 모형'의 특징을 갖고 있어 교사 수준에서 실천 가능하며 현장지향적인 모형이기도 하다. 이에 교육과정이 유용한 학습경험이 되어야 하고, 이를 위해서는 교육과정 설계자가 우선적으로 학생의 욕구를 확인해야 한다는 것이다. 또한 학습경험은 구체적이고 분명한 것에서 출발하여 차츰 더 추상적인 것들로 접근해 나가는 교수로의 학습(단원개발에서 교과 전체로)이어야 한다고 주장하였다.

이를 종합해볼 때 타바는 타일러가 강조한 전체적인 학습자의 요구, 사회의 요구나 필요, 교과전문가의 요구나 견해를 분석한 것에 비해서 보다 좁은 범위에서 학습자에게 무엇이 요구되는가를 분석하였다. 이러한 타바의 교육과정 개발모형을 그림으로 제시하면 그림 5-3과 같다.

단계	내용
(1단계) 학습자의 요구 진단	학습자의 필요와 요구를 조사 및 분석
(2단계) 교육목표의 명세화	요구 진단에 근거하여 달성할 교육목표를 명세적 작성
(3단계) 내용 선정	목표 달성에 적합한 교육내용 작성
(4단계) 내용 조직	선정한 교육내용을 체계적으로 조직
(5단계) 학습경험 선정	교육내용 중 학습자의 학습경험에 필요한 내용 선정
(6단계) 학습경험 조직	선정한 학습경험을 체계적으로 재조직
(7단계) 평가내용과 평가방법 결정	교육목표 달성도를 확인할 평가내용과 평가방법 결정

그림 5-3 타바(Taba)의 교육과정 개발모형

(3) 합리적/목표중심 교육과정 개발모형의 장·단점

이상에서 살펴본 합리적/목표중심 교육과정 개발모형의 주요 장·단점을 살펴보면 다음과 같다(손충기, 2006).

1 장점

① 합리적/목표중심모형은 교육과정 개발과정을 단순하고 단계적으로 접근하는 방법을 제시함으로써 상식에 부합하며 이해가 용이하다.

② 교육목적 혹은 목표를 강조함으로써 교육과정 개발의 방향을 명확히 하고 개발상의 혼란을 막을 수 있다.

③ 교사들이 학교 현장에서 용이하게 적용할 수 있다.

④ 시간-효능의 접근 방법을 제공해 주고 있다. 교육과정 개발과정을 매우 체계적이고 순차적인 것으로 기술하기 때문에 순서에 입각하여 단계적인 활동을 전개해 나가면 시간을 절약할 수 있고, 효과적으로 교육과정을 개발할 수 있다.

2 단점

① 교육과정 개발 작업이 합리적 모형의 장점인 단계적이고 체계적인 순서대로만 이루어지는 것은 아니다. 다소 창의적이고 역동적으로 사고하는 교사들에게는 교육과정 개발이 기계적인 메커니즘(mechanism)에 다소 어려움을 느낄 수 있다.

② 설정한 목표와 교수-학습 상황이 상호 일치하지 않을 수 있으며, 이 문제에 대하여 합리적/목표중심모형은 적절하게 다루지 못하고 있다. 교수-학습 상황은 항상 예측 가능한 것이 아니다.

③ 합리적/목표중심모형은 교육목표의 행동 진술을 지나치게 강조함으로써 목표의 행동적 진술이 어렵거나 불가능한 경우가 있음을 간과하고 있다. 또 교사들로 하여금 목표설정에 너무 많은 시간을 투입하도록 함으로써 상대적으로 다른 교육과정 개발 요소를 소홀히 다루도록 만들 가능성이 있다.

2) 순환적 모형

(1) 휠러의 교육과정 개발모형

휠러(Wheeler, 1967)는 그의 저서 「교육과정 개발과정」(*curriculum process*)에서 교육과정의 각 구성 요소들이 상호 관련되어 있고, 상호의존적이며 순환적 형태를 띠고 있으므로 교육과정 개발자들은 순환적 개발과정을 사용해야 한다고 주장하였다. 그는 타일러와 타바의 아이디어를 더욱 발전·확장시켰으며, 교육과정 개발과정에서 목적 및 목표설정, 학습경험의 선정, 내용의 선정, 학습경험과 내용조직 및 통합, 평가의 다섯 가지 단계를 제시하였다. 그림 5-4와 같이 교육과정 개발자들은 1단계에서부터 5단계까지의 계열적 순서에 따라 교육과정을 개발해야 한다는 것을 보여 주고 있으며, 이들 단계가 교육 활동 외부의 다양한 변화에 대처하는 연속적인 순환과정에 있다는 점을 보여 주고 있는 점이 특징적이다(권낙원 외, 2018). 그럼에도 불구하고 휠러 모형의 각 단계들은 계열적으로만 진행되므로 큰 틀에서 보면 합리적 접근방식을 취하고 있다.

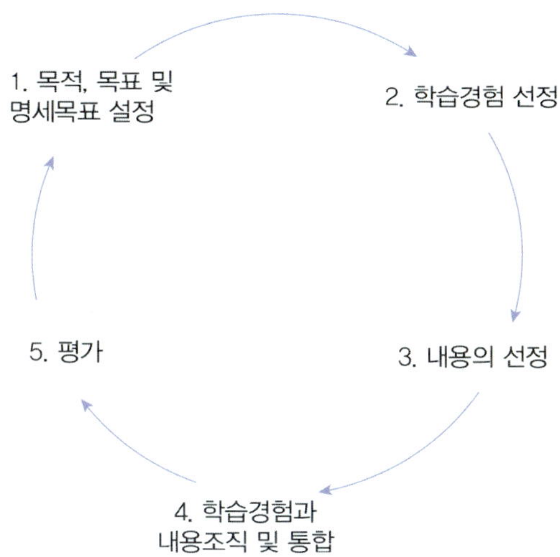

그림 5-4 휠러(Wheeler)의 교육과정 개발모형

(2) 니콜스와 니콜스의 교육과정 개발모형

니콜스와 니콜스(Nicholls & Nicholls, 1976)는 그의 저서 「교육과정 개발: 실제적 지침」(*Development a curriculum: A practical guide*)에서 새로운 순환적 접근 방법을 제안하였다. 이들은 교육과정 개발의 순환적 성질의 예비단계, 즉 상황분석을 강조함으로써 타일러, 타바, 휠러의 아이디어를 더욱 확장·세련화하였다. 이들 모형의 구성 요소는 상황분석, 목표의 선정, 내용의 선정·조직, 방법의 선정·조직, 평가로 되어 있다. 따라서 니콜스와 니콜스는 상황분석으로부터 표출된 지식과 통찰을 활용하여 전체적 상황을 구성하는 모든 요인들을 진단·분석할 수 있는 포괄적인 접근방법을 주장하였다. 상황분석 단계는 앞서 살펴본 타바의 요구분석 단계와 유사한 부분이 있다. 그림 5-5는 니콜스와 니콜스의 교육과정 개발모형이다.

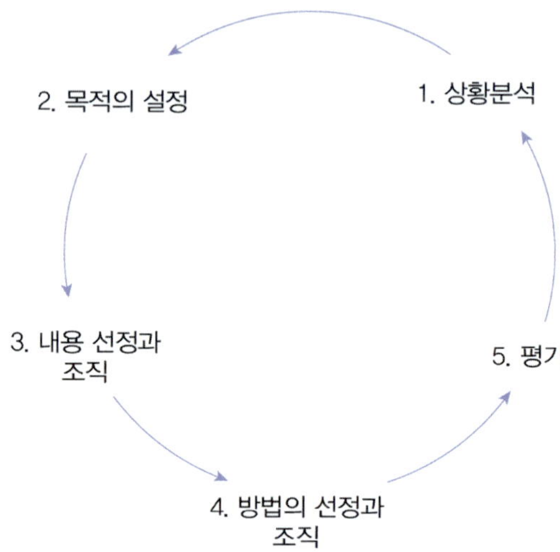

그림 5-5 니콜스와 니콜스(Nicholls & Nicholls)의 교육과정 개발모형

(3) 순환적 교육과정 개발모형의 장 · 단점

이상에서 살펴본 순환적 교육과정 개발모형의 주요 장·단점을 살펴보면 다음과 같다(손충기, 2006).

1 장점

① 목적, 목표, 명세목표의 역할을 강조함으로써 교육과정 개발자로 하여금 개발과정이 진행되기 이전에 그 과제들을 개념화하도록 요구한다. 이것은 합리적 사고를 촉진시켜 보다 효과적인 교육과정을 개발할 수 있는 확률을 높여 준다.

② 상황분석은 하나의 출발점으로 삼기 때문에 효과적인 목표가 설정될 수 있는 기초 자료를 제공해 준다.

③ 상황분석은 교육과정 개선 상황이 발생하면 신축성 있게 변화하는 것을 전제로 하므로, 상황의 변화에 능동적으로 대처할 수 있는 가능성을 확대시켜 준다.

④ 모형에 대한 이해가 용이하기 때문에 학교 교사들이 적용하기 쉽다.

2 단점

① 순환적 모형은 상황분석으로부터 개발 작업이 시작된다는 것을 가정한다. 하지만 상황분석이 일단 이루어진 후에는 어느 교육과정 요소에서라도 또 다른 변화를 야기할 수가 있다.

② 효과적인 상황분석을 위해서는 많은 시간이 소요된다. 이는 귀찮고 힘든 일이므로 대부분의 교사들은 '경험에서 생긴' 직관에 의존하려는 경향이 있다.

3) 역동적/상호작용모형

(1) 워커의 교육과정 개발모형

워커(Walker)의 교육과정 개발모형은 합리적·순환적 모형이 교육기관에서 교육과정 개발의 실제를 제대로 반영하지 못한다고 주장하였다. 이에 반해 역동적 모형은 교육과정을 개발할 때 나타나는 교사와 개발자들의 행동을 연구자들이 관찰하여 이 관찰 결과로부터 주요 구성 요소와 단계를 추출하였으므로 기존의 모형에 대한 새로운 대안적 모형임을 강조한다. 특히 그는 '숙의모형'이 교육과정을 개발하고 설계하는 참여자들 간의 다양한 견해를 반영할 수 있게 한 부분이 가장 특징적이라고 하였다. 워커의 교육과정 개발모형을 제시하면 그림 5-6과 같다.

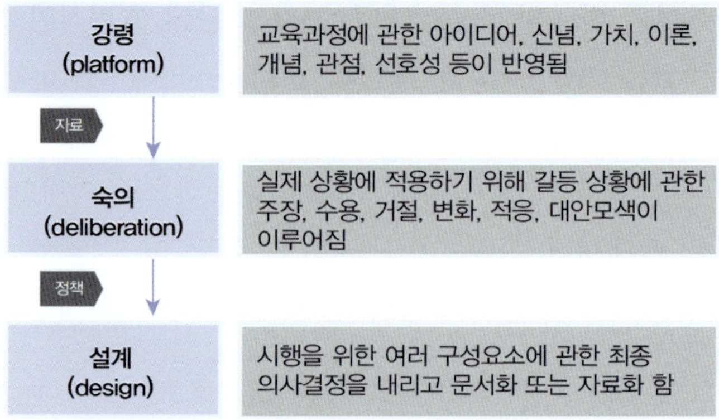

그림 5-6 워커(Walker)의 교육과정 개발모형

1 강령 단계

출발점 단계인 강령(platform)이란 교육과정의 의사결정자가 가지고 있는 믿음과 가치체계를 의미한다. 교육과정의 의사결정자는 자신의 관점을 실현시키기 위해서 어떤 고민을 내릴 것인지를 고민할 때 이 강령의 도움을 받는다. 즉, 교육과정 개발 활동에 참여하는 사람들이 지닌 교육적 신념, 가치, 각종 교육 이론, 교육목적, 교육과정 구상, 교육과정 개발 절차, 아이디어, 자기가 소속된 집단의 이해관계 전략, 자신의 숨은 의도 및 선호도 등을 나타낸다. 이 단계에서 개인들은 자신의 플랫폼을 방어하고 순간적인 아이디어를 내놓게 된다. 이와 더불어 개발자들은 자신의 아이디어를 명확히 하고, 합의를 이끌어낼 수 있는 장면을 형성하기 시작한다. 일단 개인 간의 상호작용이 시작되면 '숙의' 단계로 넘어간다.

2 숙의 단계

숙의(deliberation) 단계란 본질적으로 적절한 대안들, 대안적 지각들, 대안적 문제들과 대안적 해결들을 찾아내고 고려하기 위한 체계적인 활동이다. 숙의의 목적은 강령 단계의 대안들 간의 충돌을 제거하는 데 있다. 숙의 단계에서 학생들의 요구가 무엇이고 그들은 어떻게 배우며, 교사의 수업 방법과 절차에 대한 허심탄회한 토론을 통해 실행 가능한 해결책을 찾는 것이다. 즉, 서로 상치되거나 갈등이 되는 의견들을 조정하며 주장→수용→거절→변화→적응→대안 모색 등 일련의 과정들을 거쳐 명료성을 이루어내는 결과를 얻는다. 숙의 단계에서 고려해야 할 사항은 다음과 같다.

① 숙의는 교육과정 문제를 가장 설득력 있고 타당한 방법으로 논의해야 한다.
② 숙의는 가장 유망한 교육과정 실천 대안을 검토해야 한다.
③ 숙의는 대안을 내세우면서 거론과 관련 지식을 고려하고, 그 지식에 대한 적절한 논쟁과 장·단점을 따져봐야 한다.
④ 숙의는 작은 결정 하나에도 관련된 모든 집단의 입장과 가치를 탐색해야 한다.
⑤ 숙의는 공정하고 균형 잡힌 판단에 이르도록 해야 한다.

3 설계 단계

마지막 단계인 설계(design)란 실제 교육과정의 상세한 계획을 수립하는 정책과정을 말한다. 정책은 장차 전개될 의사결정을 안내하기 위한 주어진 여러 대안 가운데서 선정된 '행동과정'이나 '행동방법'이다. 예를 들면, 교육과정 개발자들이 교육과정 문서화 혹은 구체적인 자료화를 이루어내는 단계이다.

(2) 스킬벡의 교육과정 개발모형

스킬벡(Skilbeck, 1976)은 교육과정 개발모형의 이름을 학교중심 교육과정 개발(School Based Curriculum Development; SBCD)모형으로 제안하였다. 역동적 혹은 상호작용모형에 의하면 교육과정 개발자는 어떤 교육과정 요소로부터 개발 활동을 시작할 수도 있고, 어떠한 수준의 계열성을 따라 진행할 수도 있다, 스킬벡의 교육과정 개발모형은 다섯 단계로 구분되며, 어느 단계에서부터라도 계획을 시작할 수 있으며, 어떠한 순서도 허용된다. 이전의 합리적·순환적 모형과는 가장 대조를 이루는 것이 특징이다. 스킬벡의 교육과정 개발모형을 제시하면 그림 5-7과 같다.

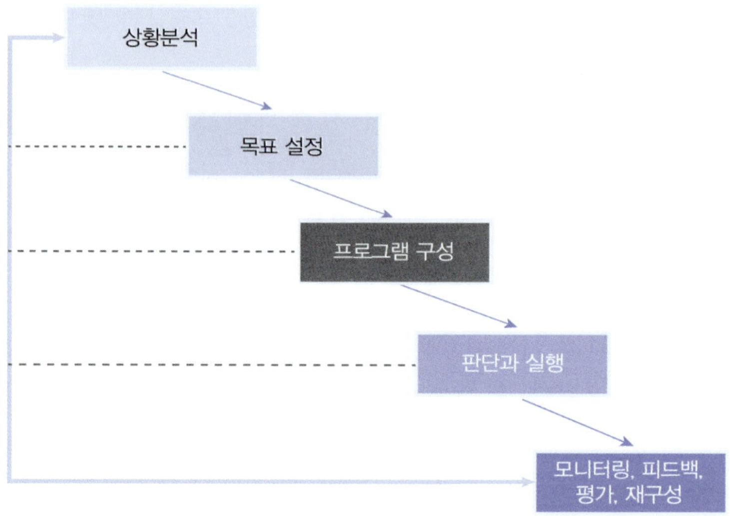

그림 5-7 스킬벡(Skilbeck)의 교육과정 개발모형

이 모형은 학생, 교사, 지역환경, 학부모들의 요구와 필요에 따라 발전적으로 수정할 수 있기 때문에 매우 융통적이고 역동적인 교육과정 개발방식으로 평가받기도 한다. 스킬벡의 개발모형에 대한 각 단계를 제시하면 다음과 같다.

1 상황분석: 학교의 상황을 구성하는 내·외적 요인분석

① 외적 요인: 학부모의 기대, 지역사회의 가치와 사회·문화적 변화, 이데올로기 등이 이에 속한다.

② 내적 요인: 학생의 적성·능력·교육적 요구, 교사의 가치관 및 태도

· 기능 · 지식 · 경험, 학교의 환경과 정치적 구조, 시설 · 설비, 교육과정 내의 문제점 등이 이에 속한다.

2 목표설정: 상황분석에 기초하여 교육목표 설정

① 예견되는 학습 결과를 진술함으로써 교사와 학생의 행동을 강화하는 목표를 설정한다.

② 상황분석에 기초하여 교육 활동의 방향을 제시하기 위한 가치와 판단을 포함한다.

3 프로그램 구성: 교육목표 설정을 기초로 교수-학습 활동의 설계 등

프로그램 구성은 교수-학습 활동의 설계, 필요한 수단과 자료의 기술, 적절한 제도적 장치와 현장 연구 장면의 설계, 교직원의 역할분담, 시간표 및 규정 등을 계획한다.

4 판단과 실행: 문제들을 규명 및 해결

교육과정의 변화를 일으킬 수 있는 문제들을 중심으로 과거의 경험을 검토하고, 교육과정 변화에 대한 연구와 관련 이론을 분석하며, 예측을 통하여 미리 해결한다.

5 모니터링, 피드백, 평가, 재구성: 상황 파악, 피드백 평가, 재구성 등의 활동

교육과정 개발에 대해 계속적으로 모니터링하고, 그에 따른 피드백 평가를 수행할 뿐만 아니라, 그 결과를 토대로 교육과정을 재구성하는 일련의 활동이 이루어진다.

(3) 역동적/상호작용 교육과정 개발모형의 장 · 단점

이상에서 살펴본 역동적/상호작용 교육과정 개발모형의 주요 장 · 단점을 살펴보면 다음과 같다(손충기, 2006).

1 장점

① 행동목표 진술에 어려움과 회의를 갖는 교사들이 현실적으로 적용 가능한 모형이다.

② 융통성 있는 모형으로서 개발자들의 자율성과 창의성을 인정하며 이를 교육과정 개발과정에서 발휘할 수 있다.

③ 학교 교육과정 개발의 실제를 잘 반영한다. 학교 교육적 상황을 잘 반영하고 있으므로, 교육과정 개발과제를 학습하는 자들에게 매우 적절하다.

2 단점

① 교육과정 개발 작업절차가 뒤섞여 방향성이 다소 부족하다.

② 운영 실제에 있어서 개발자들의 역할상의 혼란이 야기될 가능성이 있으며, 전체를 충분히 반영하지 못하는 점이 있다.

③ 목표를 설정해 두는 일을 소홀히 하므로 어디로 나가고 있는가를 분명하게 이해하기 어렵다.

④ 시간 낭비가 클 가능성이 있다. 특히 숙의 단계에서 종료시간을 설정해 두지 않으면 시간을 많이 소요하게 될 가능성이 높다.

요점 정리(summary)

- 교육과정 개발이란 요구사정(요구분석, 상황분석)의 결과와 이론적·현실적 배경을 토대로 교육 활동(교육목적·목표 설정, 교육내용 선정·조직, 교과지도 및 생활지도·상담, 교육평가)에 대한 종합적인 계획을 세우는 활동을 말한다.
- 학교에서의 모든 교육 활동의 기본지침이 되는 문서로서의 교육과정은 맨 먼저 국가수준에서 개발된다. 이어 각 지역에서는 이러한 국가수준의 교육과정을 근간으로 그 지역적 특성을 반영한 지역수준의 교육과정이 개발된다. 그리고 이러한 교육과정이 각급 학교에 전달되면 해당 학교는 그 내용을 토대로 학교수준, 학년 수준, 교과 수준 등의 보다 실제적이고 구체적인 교육과정을 개발하여 운영함으로써 소기의 교육목적과 목표를 달성하게 된다.
- 교육과정 개발과정에서는 어떤 절차나 활동의 개요로서 모형을 적용한다. 모형 중에는 합리적/목표모형, 순환적 모형, 역동적/상호작용모형 등이 있다. 이들 모형은 교육과정 개발자의 가치나 선호도 등에 따라 달리 적용할 수 있다. 즉, 모형의 특징, 절차, 구성 요소, 장·단점 등을 고려하여 선택할 수 있다.

주요 용어(key word)

- 교육과정 개발
- 중앙집권적 교육과정
- 지방분권형 교육과정
- 합리적/목표 개발모형
- 순환적 개발모형
- 역동적/상호작용 개발모형
- 타일러(Tyler)
- 타바(Taba)
- 휠러(Wheeler)
- 니콜스와 니콜스(Nicholls & Nicholls)
- 워커(Walker)
- 스킬벡(Skilbeck)

형성평가 및 연구과제 formation evaluation & research subject

1. 다음 중에서 교육과정 개발과정에서 중앙집권적 결정체제의 단점이 아닌 것은?

가. 교육과정의 운영이 획일화 및 경직화되기 쉽다.
나. 권위주의적인 교육적 풍토를 조성할 가능성이 높다.
다. 학교 급, 학교 간 교육과정의 연계성이 높다.
라. 교사가 교육과정으로부터 소외되기 쉽다.

2. 타일러(Tyler)가 제시한 교육과정 구성 요소로서 부적당한 것은?

가. 교육목표 설정
나. 교육경험의 선정
다. 교육경험의 조직
라. 요구사정
마. 교육자료 개발

3. 워커(Walker)의 교육과정 개발모형에서 여러 대안 중 가장 현실적인 대안을 찾아내는 단계는?

가. 설계 단계
나. 강령 단계
다. 숙의 단계
라. 평가 단계

4. 교육과정 개발모형을 발전시킨 학자와 개발모형이 올바르게 짝지어진 것은?

가. 워커(Walker)-순환적 모형
나. 휠러(Wheeler)-합리적 모형
다. 타바(Taba)-합리적 모형
라. 스킬벡(Skilbeck)-순환적 모형

5. 다음은 교육과정 개발모형 중에서 어떤 모형의 단점에 해당하는가?

> 설정한 교육목표를 달성하는 데 부적합 교수-학습 상황이 벌어질 수 있다. 교수-학습 상황은 항상 예측 가능하지 않다. 이 모형은 교육목표와 교수-학습 상황의 연계성을 충분히 고려하지 못하고 있다.

가. 순환적 모형 나. 상호작용적 모형
다. 합리적 모형 라. 예술적 모형

6. 교육과정 개발에서 상황분석을 가장 강조한 모형은 어느 것인가?

가. 타바의 절차적 모형 나. 니콜스의 순환적 모형
다. 아이즈너의 예술적 모형 라. 워커의 자연주의적 모형

7. 다음 중 워커(Walker)의 교육과정 개발모형의 숙의 단계에서 고려할 사항이 아닌 것은?

가. 숙의는 교육과정 문제를 가장 설득력 있고 타당한 방법으로 논의해야 한다.
나. 숙의는 가장 유망 있는 학자의 의견을 교육과정 실천 대안으로 검토한다.
다. 숙의는 대안을 내세우되 관련 지식에 대한 적절한 장·단점을 따져봐야 한다.
라. 숙의는 작은 결정 하나에도 관련된 모든 집단의 입장과 가치를 탐색한다.
마. 숙의는 공정하고 균형 잡힌 판단에 이르도록 함께 노력해야 한다.

8. 다음의 교육과정 개발모형에서 역동적/상호작용 개발모형의 단점이 아닌 것은?

가. 교육과정 개발 작업절차가 뒤섞여 방향성이 다소 애매하다.
나. 운영 실제에서 개발자들의 역할상의 혼란이 야기될 가능성이 있다.
다. 목표설정이 지나치게 세부적이어서 방향성을 이해하기 어렵다.
라. 숙의 단계에서 시간을 제한하면 시간 낭비가 줄어든다.

9. 다음 중 타일러(Tyler)의 교육과정 개발모형의 특징이 아닌 것은?

가. 합리적 나. 귀납적
다. 처방적 라. 직선적

10. 다음 그림은 마쉬와 윌리스(Marsh & Willis)의 교육과정 개발 활동의 체계도이다. (　　)안에 들어갈 절차를 써 넣으시오.

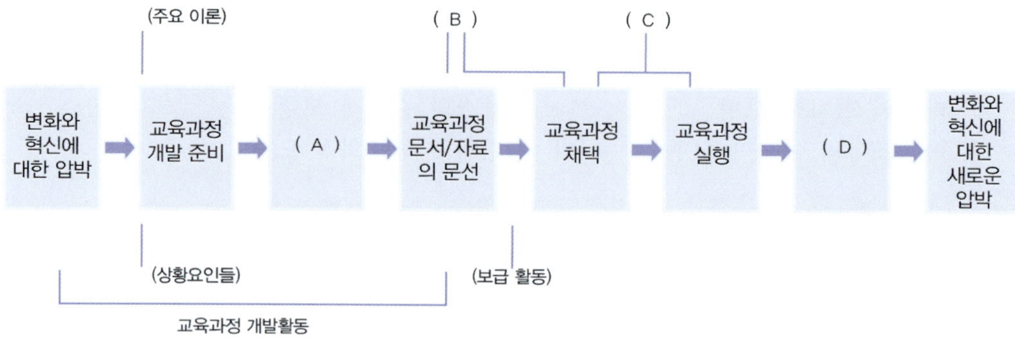

정답: A (　　), B (　　), C (　　), D (　　)

11. 다음은 워커(Walker)의 교육과정 개발모형이다. (　　)안에 들어갈 내용을 써 넣으시오.

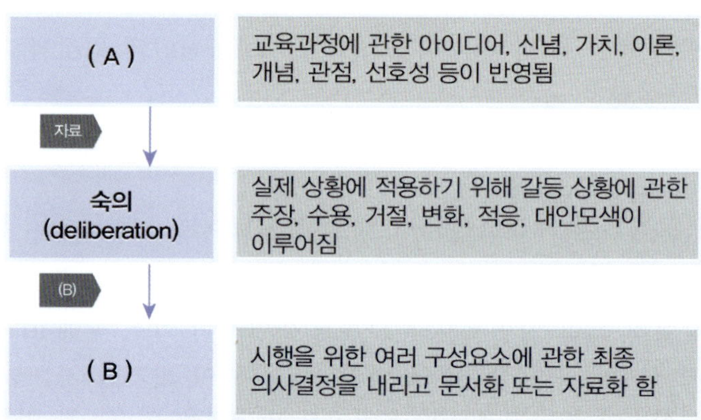

정답: A (　　), B (　　)

12. 여러분은 교육과정 개발모형 중에서 어떤 모형에 대하여 선호도가 높은가? 그 이유는 무엇인가?

13. 교육과정 개발모형 중 순환적/목표 개발모형의 장·단점을 기술해 보시오.

Memo

Chapter

06

교육과정 개발의 절차

1. 국가수준의 교육과정 개발
2. 지역수준의 교육과정 개발
3. 학교수준의 교육과정 개발

학습개요

이 장에서는 교육과정의 개발 주체에 따른 개발 절차를 세 가지로 구분하여 살펴보고자 한다. 첫째, 국가수준의 교육과정이다. 국가수준의 교육과정은 지역수준의 교육과정과 학교수준의 교육과정과 연계되어 있으며, 교육과정을 결정하는 주체에 따른 분류로서 그 성격 및 역할이 구분된다. 국가수준의 교육과정이란 한 국가의 초·중등교육의 기본설계도이며 국가의 의도를 담은 문서내용을 이해하고, 개발 절차와 개정 방식에 대하여 살펴볼 것이다. 둘째, 지역수준의 교육과정이다. 지역수준의 교육과정이란 국가수준의 교육과정을 시·도 단위 혹은 시·군·구 단위에서 지역의 특성과 실정, 필요, 요구 등을 반영하여 지침의 형태로 구체화한 것임을 이해하고, 교육과정의 개발 절차와 확대 가능성에 대하여 상세히 살펴볼 것이다. 셋째, 학교수준의 교육과정이다. 학교수준의 교육과정이란 국가수준이나 지역수준의 교육과정에 의거하여 지역의 특성과 학교의 실정, 학생의 실태에 알맞게 편성한 단위학교의 구체적인 교육과정임을 이해하고, 교육과정의 개발 절차와 단위학교 역할의 중요성을 살펴볼 것이다. 여러분은 이 장을 마치고 나면 교육과정 개발 주체에 따른 교육과정 개발 절차에 대하여 이해할 수 있을 것이다.

학습목표

학습목표 1. 국가수준의 교육과정 개발의 절차를 설명할 수 있다.

학습목표 2. 지역수준의 교육과정 개발의 절차를 설명할 수 있다.

학습목표 3. 학교수준의 교육과정 개발의 절차를 현장에 적용할 수 있다.

1 국가수준의 교육과정 개발

1) 국가수준 교육과정 개발의 의미

국가수준의 교육과정은 지역수준의 교육과정과 학교수준의 교육과정과 연계되어 있으며, 교육과정을 결정하는 주체에 따른 분류로서 그 성격 및 역할이 구분된다. 국가수준의 교육과정이란 한 국가의 초·중등교육의 기본 설계도이며, 국가의 의도를 담은 문서내용을 말한다. 이는 초·중등교육법에 기초하여 적용된다. 교육과정 관련 법의 위계체제를 제시하면 그림 6-1과 같다.

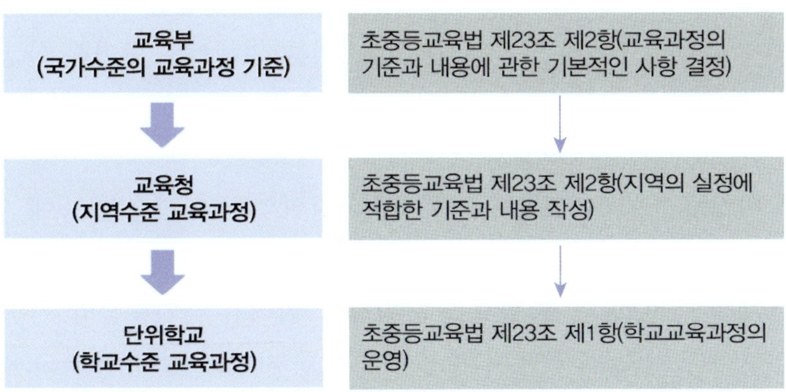

그림 6-1 교육과정 관련 초·중등교육법의 위계체제

국가수준의 교육과정은 전국의 모든 학교에서 편성·운영해야 할 교육내용의 공통적이며 일반적인 기준이므로, 각 지역의 특수성과 각 학교의 다양한 교육적 요구와 여건을 모두 고려하기는 사실상 어려운 일이다. 그럼에도 불구하고 중앙 정부에서 국가수준의 교육과정 기준을 제시하고 있는 주된 근거는 다음과 같다(권낙원 외, 2011: 136~138).

① 초·중등의 학교 교육은 보통 교육이기 때문에 국민으로서 필요한 공통적이고 일반적인 기준이 국가수준에서 설정되어야 한다. 특히 국민으로서의 기본적인 자질과 생활 태도를 기르는 것을 목적으로 하는 초·중등의 학교 교육이 자유방임적이고 무궤도적인 운영이 되지 않도록 하기 위해서는 국가가 교육적인 측면에서 일정한 표준을 설정해야 하는 책임이 따르게 된다. 따라서 현재 대부분의 국가는 국가수준 혹은 지방정부수준에서 국민들의 위임을 받아 교육내용에 관한 기준 설정권을 가지고 있다.

② 전국의 어느 학교에서나 같은 수준과 질의 교육 혜택을 받을 수 있도록 교육의 질적 기회를 균등하게 보장하기 위해서 전국 공통의 기준이 필요하다. 모든 국민은 어느 지역, 학교, 교원 및 교육환경에서도 동일한 질과 수준의 보통 교육을 보장받을 수 있을 때에 교육의 기회균등은 실현될 수 있다. 이를 위해서는 당연히 학생의 발달 단계에 적합하고, 타당한 교육내용의 전국적인 공통 기준이 국가수준에서 설정되어야 한다.

③ 단계별 교육은 교육내용의 영역, 범위, 수준, 학습량 등에 있어서 계통성과 일관성을 필요로 하기 때문에 교육내용의 학년 또는 단계적인 체계 및 일관성을 유지하기 위해서 국가수준의 기준이 필요하다. 어느 나라든지 일정한 학제를 가지고 있어 학교 교육은 단계적으로 이루어진다. 단계별 학교 교육은 교육내용의 영역, 수준, 범위, 학습량 등의 계통성, 일관성을 필요로 한다. 학제의 전체적인 구조 속에서 교육내용의 국가적인 기준을 요구하게 되는 것이다. 이에 대한 혼란이 생기면 각 단계별 학교 교육 간의 연계와 교육이수 및 학습에 장애가 생기고, 위계적이고 계열적인 교육이 불가능해지기 때문이다.

④ 각 학교에서 이루어지는 교육이 공교육의 입장에서 객관적으로 관리가 가능하도록 하고, 교육의 일정 수준을 유지, 향상시키기 위해

서는 국가수준의 기준이 필요하다. 한 나라의 교육수준은 그 나라의 발전과 국력수준의 중요한 지표가 된다. 모든 국가는 그 나라의 교육수준을 향상, 발전시키기 위해서 노력하고 있으며, 국가적, 사회적, 개인적, 학문적으로 적정한 교육내용의 수준을 정하고 유지하는 일을 각 학교에만 맡길 수 없기 때문에, 국가에서 타당한 수준의 교육내용 기준을 결정·제시하여야 한다.

⑤ 교육에 가해질 우려가 있는 부당한 압력이나 간섭, 편향된 교화, 선전 등을 방지하여 교육의 중립성을 확보하기 위해서는 국가수준의 기준이 필요하다. 우리나라는 교육의 중립성 확보를 교육의 정치적, 종교적 중립을 법으로 규정하고 있다. 공교육이 이러한 중립성을 확보하기 위해서는 교육 외적 체제로부터의 부당한 간섭, 압력, 편향된 교화, 선전 등을 방지하기 위한 방파제로서의 기준이 필요하게 된다.

⑥ 초·중등학교의 교육을 통해 기르고자 하는 인간상을 구현하는 일은 궁극적으로 국가의 책임이기 때문에 이를 위한 기준이 필요하다. 각국은 제각기 교육 관계법에 초·중등 교육을 통해 성취하고자 하는 교육이념을 제시하고 있다. 우리나라는 교육기본법 제2조에 교육이념을 제시하고 있으며, 이러한 교육이념을 바탕으로 추구하는 인간상과 학교 급별 교육목표를 교육과정에 제시하고 있다.

이러한 국가수준 교육과정의 구성은 크게 총론과 각론으로 구분된다. 총론에서는 '교육과정 편성과 운영' 관련 교육과정 구성의 방향, 학교 급별 교육목표, 편제와 시간(단위) 배당 기준, 교육과정 편성 운영 지침을 제시하고 있으며, 각론에서는 각 교과별로 성격, 목표, 내용(내용 체계와 학년별 내용), 교수-학습방법, 평가 등이 제시되어 있다.

2) 국가수준 교육과정 개발의 절차

국가수준 교육과정 개발의 절차는 일반적으로 교육부에서 개정의 기본계획을 수립하고, 기초 연구를 수행하며, 교육과정 개정 시안을 개발하고, 교육과정 전문가와 각계각층의 요구를 반영하여 수정·보완과정을 거친다. 이어서 전문가 집단의 심의회 결과를 반영한 개정안을 마련하고, 이 개정안에 대한 공청회를 거쳐 다시 수정·보완한 다음 확정·고시하는 절차를 밟고 있다.

이와 같은 국가수준 교육과정의 개발이 구체적으로 어떠한 절차를 통하여 이루어지는가를 이해하기 위해 우리나라 '국가수준의 교육과정 개발 절차'를 제시하면 그림 6-2와 같다.

단계	업무 추진내용	소요시간
(1) 교육과정 개정 기본 계획 수립	• 개정 기본방향 설정 • 관계 전문가와의 협의 및 종합 검토 • 실무 작업반 구성·운영 • 기본 계획 수립, 결제	1개월
(2) 기초 연구 및 체제·구조 개선 연구의 위탁	• 연구개발 위탁 협의 및 기관 선정 • 연구개발 세부 계획서 및 국고 보조금 신청서 제출 • 연구개발 책임자 협의회 • 연구진, 협의진 등 실무추진팀 구성 • 연구개발비 국고 보조	2개월
(3) 교육과정 개정 기초 연구	• 위탁과제별 기초 연구 • 현행 교육과정의 분석, 평가 • 교육과정 국제 비교, 연구 • 학생·교원·학부모의 요구 및 의견 조사 • 국가·사회적인 요구 및 학교 교육의 전망 조사연구 • 교육과정 운영실태조사 • 추진상황 검토 협의회 • 위탁과제별 협의회 • 위탁과제별 기초 연구 결과 답신보고서 제출 • 국고 보조금 집행 정산서 제출	6개월

단계	내용	기간
(4) 교육과정 총론 개정 시안의 개발	• 교육과정 체제·구조개선 연구 • 추진상황 검토 협의회 • 종합세미나, 공청회 • 시안작성 및 검토협의회 • 수정·보완 1차 집중작업 • 수정안 작성 및 검토 협의회 • 수정·보완 2차 집중작업 • 심의자료 제출 • 제1차 심의 • 총론 개정 시안 작성 • 총론 개정 시안 개발 답신보고서 제출 • 국고 보조금 집행 정산서 제출	6개월

(5) 교육과정심의회 구성·운영	• 교육과정심의회 구성
	• 교육과정 심의위원 위촉
	• 총론 개정 시안에 대한 1차 심의자료 수정
	• 총론 개정 시안 1차 심의
	  – 운영위원회
	  – 학교 급별 소위원회
	• 심의 결과 수정·보완
	• 총론 수정안 2차 심의
		3개월

(6) 총론 개정 시안 현장 검토, 공청회	• 총론 수정안에 대한 의견 수렴
	  – 초·중·고등학교 현장 검토
	  – 시·도교육청, 관련학회, 각론 연구기관, 타 부처
	• 총론 수정안에 대한 공청회
	• 총론 수정·보완 집중작업
	• 총론 개정안 작성
		3개월

(7) 교육과정 총론 확정	• 교육과정 개정 기본방향, 개정 중점, 주요 개정사항 보고 • 편제와 시간 배당 기준 확정 • 교육과정 총론 개정자료 및 홍보자료 발간	1개월
(8) 교육과정 각론 개정안 개발 계획 수립	• 각론 연구개발 위탁기관 및 책임자 추천 • 위탁 예정 기관과의 사전 협의 조정 • 각론 연구개발 지침 작성 • 각론 개정안 개발 기본 계획 수립, 결제	2개월

단계	주요 내용	기간
	• 각론 개정 시안 연구개발 위탁 • 연구개발 책임자 협의회 개최 • 교과별 연구개발 세부 계획서 제출 • 교과별 연구진, 협의진 구성 • 연구계획서, 보조금 신청서 검토, 조정 및 확정 • 연구개발 과제별 국고 보조금 교부	
(9) 교과별 각론 개정 시안 연구개발	• 연구진, 협의진 공동 협의 • 교과별 연구개발 계획의 상세화 • 교과별 각론 개발 기본방향 설정 • 현행 교과별 교육과정 분석, 평가 • 교과별 교육과정 국제 비교 분석 • 학생, 교원, 학부모 및 관계 전문가의 요구, 의견 조사 • 교과별 교육과정 운영 현장실태 조사 • 교과별 세미나, 협의회	8개월

(10) 교육과정 각론 현장 검토, 공청회	• 각론 수정안에 대한 의견 수렴
	  – 초·중·고등학교 현장 검토
	  – 시·도교육청, 관련학회, 타 부처 등
	• 각론 수정안에 대한 공청회
	• 총론 수정·보완 집중작업
	• 교과별 각론 개정안 작성
		3개월

(11) 교육과정 개정안 (총론, 각론 작성)	• 교육과정 운영위원회 최종심의 • 학교 급별 소위원회 최종심의 • 종합세미나 개최 • 교육과정 개정안 종합 수정·보완 • 개정안 작성 최종 정리 작업	2개월
(12) 교육과정 개정안 확정, 고시	• 교육과정 개정안 보고, 확정 • 새 교육과정 고시 • 교육과정 고시 책자 발간, 보급	2개월
(13) 교육과정 개정 후속 지원업무	• 교과용 도서 개발 • 교육과정 시행 대비 교원 연수 • 교육과정 해설서 발간보급 • 연수자료, 홍보자료 발간보급 • 교과별 이행 조치	2~3년 2~3년 1년 1년 1년

단계	내용	기간
	• 시도별 교육과정 편성·운영지침 작성 • 학교 교육과정의 편성·운영 • 교과용 도서 실험 연구학교 운영 • 교육과정 연구학교 운영	1년 1년 2~3년 2~3년
(14) 새 교육과정의 시행	• 학교 급별 전국 적용 – 연차별, 단계적으로 시행	새 교육과정 고시 후 3~5년 소요

그림 6-2 국가수준의 교육과정 개발 절차

3) 국가수준 교육과정의 개정방식

우리나라 국가수준 교육과정의 역사적 변천 과정을 종합해보면, 제7차 교육과정에 이르기까지의 개정방식은 ① 주기적, ② 전면적, ③ 일시적 개정이라는 특징을 갖고 있다(김재춘 외, 2005). 최근의 국가수준 교육과정의 개발 및 개정 방향은 두 가지로 요약되는데, 하나는 학교 차원의 교육과정 결정 권한을 확대하는 방안이고, 다른 하나는 수시적·부분적·점진적 개정방식을 도입하는 방안이다.

(1) 주기적 개정

주기적 개정이란 국가수준의 교육과정이 일정한 주기를 두고 개정한다는 의미이다. 초기에는 대략 8~10년 주기로 개정하였으며, 제5차 교육과정 이후에는 5~6년 주기로 교육과정을 개정해오고 있다.

(2) 전면적 개정

전면적 개정이란 국가수준에서 모든 학교, 학년, 교과의 교육과정을 전면적으로 개정함을 의미한다. 예를 들어, 일반 교과와 전문 교과, 필수

과목과 선택과목 등의 성격과 지위가 상이하므로 개정 필요성이 달라야 함에도 비슷한 예산과 규모로 전면적으로 개정하고 있다. 전면개정은 일시에 진행될 경우 부실한 개정이 될 가능성이 높다.

(3) 일시적 개정

일시적 개정이란 국가수준에서 일정한 기간 안에 한꺼번에 총체적으로 개정함을 의미한다. 교육과정의 개정 대상이 되는 모든 것을 거의 동시에 단기간에 개정한다는 것이다. 예를 들어, 제6차 교육과정의 경우 2년 8개월이 소요되었고, 제7차 교육과정은 2년 6개월이 소요되었다.

2 지역수준의 교육과정 개발

1) 지역수준 교육과정 개발의 의미

지역수준의 교육과정이란 국가수준의 교육과정을 시·도 단위 혹은 시·군·구 단위에서 지역의 특성과 실정, 필요, 요구 등을 반영하여 지침의 형태로 구체화한 것을 의미한다. 각 시·도나 시·군·구에서 학교에 제시하는 각급 학교 교육과정 편성·운영지침이나 실천 중심의 장학자료가 이에 해당한다. 일반적으로 시·도교육청 수준에서는 각급 학교 교육과정 편성·운영지침을 작성하여 이를 관내의 교육지원청과 각급 학교에 제시하게 되며, 시·군·구의 교육지원청은 학교 교육과정 편성·운영에 관한 실천 중심의 장학자료를 작성하여 학교에 제시하게 된다. 이러한 지침이나 자료는 학교수준에서 교육과정을 개발할 때 유용한 지침이 된다.

이와 같은 지역수준의 교육과정은 지역의 특수성을 반영하고 지역교육청의 교육문제 해결능력을 신장하며, 교육 관련 전문성을 키울 수 있다는 장점을 가지고 있다. 하지만 시간, 인력, 비용 등의 부족으로 질이 낮아지고, 지역 간의 교육격차가 심화-될 수 있다는 위험도 함께 갖는다.

2) 지역수준 교육과정의 점진적 확대

① 우리나라의 경우 교육과정 개발에서 이러한 지역수준의 역할과 책임을 강화하기 시작한 것은 제5차 교육과정 개정의 주요 방침으로 '교육과정 지역화'를 공식적으로 도입함으로써 시작되었다. 이를 위해 교과용 도서의 2종화, 교과 단원의 지역화, 교재 활용의 다양화, 교육과정 운영의 탄력화 등을 통해서 교육과정 지역화를 도모하고자 하였다(교육부, 1998). 이러한 지역수준의 교육과정 역할 강화는 제6차 교육과정에서는 초등학교에서 학교장에게 해당 지역 및 학교의 특성에 맞는 교육과정을 자체적으로 개발하여 운영할 수 있도록 하였으며, 제7차 교육과정에서는 이를 중등학교로 확대하였다.

② 제7차 교육과정과 2007 개정 교육과정, 2009 개정 교육과정에서는 국가, 시·도 및 지역교육청, 학교 등 교육과정 주체 간의 역할분담을 보다 명확하게 하고, 지역 단위의 교육과정 자율권을 보다 확대하였다. 즉, 국가수준에서는 전국의 각급 학교에서 실행해야 할 공통적·일반적 기준만을 제시하고, 각 지역의 특수성을 반영한 교육과정 편성·운영 지침은 해당 시·도교육청 및 지역교육청에서 작성하도록 하였다. 또한 각급 학교에서는 국가 기준과 시·도 및 지역교육청의 편성·운영 지침을 토대로 단위학교의 실정에 맞게 학교교육과정을 편성하여 운영하도록 하고 있다.

3) 지역수준 교육과정의 개발 절차

시·도교육청 수준의 '각급 학교 교육과정 편성·운영 지침'을 작성하기 위해서는 일반적으로 그림 6-3과 같은 지역수준의 교육과정 개발 절차를 거치게 된다(권낙원 외, 2011).

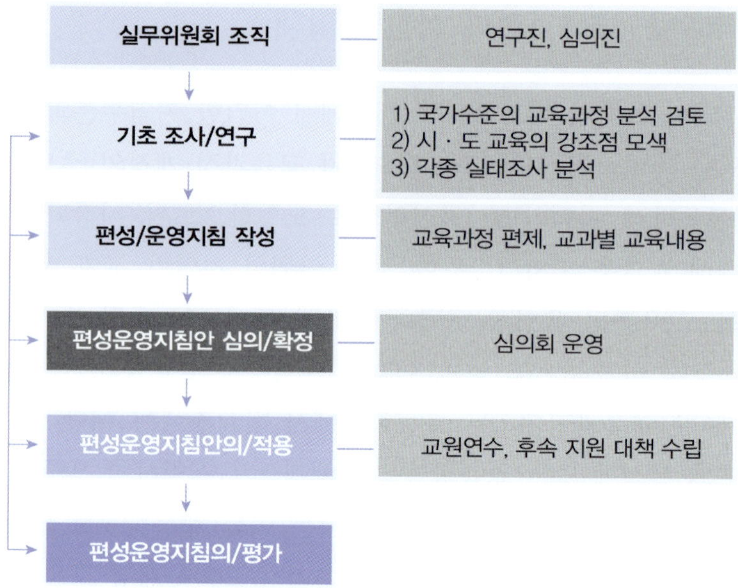

그림 6-3 지역수준의 교육과정 개발 절차

(1) 실무위원회 조직

국가 교육과정 문서에 제시된 시·도교육청 편성 지침에 따르면, "시·도교육청은 교육과정의 편성·운영에 관한 조사·연구와 자문 기능을 담당할 교육과정운영위원회를 구성하여 운영한다. 이 위원회에는 교원, 교육행정가, 교육과정 전문가, 교과교육 전문가, 학부모, 지역사회 인사, 산업체 인사 등이 참여할 수 있다"라고 규정하고 있다. 이 지침에 따라 시·도교육청은 관내의 각급 학교에 제공할 교육과정 편성·운영 지침을 작성하기 위해서 '교육과정위원회'를 구성하고 실무를 담당할 '실무위원회'를 조직해야 한다.

(2) 기초조사 · 연구

실무위원회가 구성되면 국가수준의 교육과정 기준에 대한 세밀한 분석과 해석, 해당 지역의 분석 등은 물론, 학부모의 요구, 지역사회의 필요, 학생의 실태, 교원의 지도실태, 시설 · 환경 및 재정 등 기초적인 조사를 수행하고, 이를 분석하여 해당 지역의 교육과정에 반영할 시사점을 도출해낸다.

(3) 편성 · 운영 지침 작성

시 · 도교육청에서는 국가수준 교육과정 기준에 의거하여 '각급 학교 교육과정 편성 · 운영 지침'을 작성하여, 이를 관내의 지역교육청과 각급 학교에 제시하도록 규정되어 있다. 이와 관련하여 시 · 도의 지침(2009 개정 교육과정)에 포함된 사항을 예시로 제시한다.

① 공통 교육과정의 교과, 창의적 체험활동 시간 확보와 운영에 관한 사항
② 공통 교육과정의 교과, 창의적 체험활동의 교육 중점에 관한 사항
③ 수준별 교육과정 편성과 운영에 관한 사항
④ 중학교 창의적 체험활동의 선택과목 시간 확보와 운영에 관한 사항
⑤ 고등학교 선택 교육과정의 편성과 운영에 관한 사항
⑥ 교육과정에 표시되지 않은 교과목의 신설과 운영에 관한 사항
⑦ 고등학교의 계열, 학과의 신설과 운영에 관한 사항
⑧ 일반계 고등학교의 과정 · 설치와 운영에 관한 사항
⑨ 실업계 및 기타계 고등학교의 전문 교과 이수단위에 관한 사항
⑩ 실업계 및 기타계 고등학교의 전문 교과 실험 · 실습에 관한 사항
⑪ 실업계 고등학교의 현장실습에 관한 사항
⑫ 고등학교 총 이수단위 수의 증배 운영에 관한 사항
⑬ 교과, 창의적 체험활동의 교육평가에 관한 사항

⑭ 교과용 도서의 인정, 개발, 보급에 관한 사항
⑮ 조기 입학, 조기 진급 및 졸업에 관한 사항
⑯ 특수아, 귀국자 및 다문화 가정 자녀의 교육에 관한 사항
⑰ 학교 교육과정의 작성 절차 및 체제에 관한 사항
⑱ 독서 목록 작성·활용에 관한 사항
⑲ 교육과정 편성·운영에 관한 평가와 질 관리에 관한 사항
⑳ 창의적 체험활동 운영의 지원에 관한 사항
㉑ 특성화 학교, 자율 학교 등의 교육과정 운영에 관한 사항
㉒ 기타 필요한 사항

(4) 편성·운영 지침안 심의·확정

시·도교육청에서 개발한 교육과정 편성·운영 지침의 시안에 대하여 교원, 교육행정가, 교과교육 전문가, 학부모, 지역사회 인사 등 광범위한 인사들의 전문적인 검토를 받는 과정이 필요하다. 예를 들어, ① 국가수준의 교육과정 기준에 제시된 내용의 포함 여부, ② 교육 관련 법규에 규정된 사항의 반영 여부, ③ 교육 중점에 각 학년별 교과, 창의적 체험활동이 체계적으로 반영되었는지 여부, ④ 학교 교육과정의 효율적인 편성·운영을 위한 후속적인 지원대책(교재 개발, 교원 연수·수급, 교육자료 등)의 수립 여부 등을 확인함으로써 편성·운영 지침 시안의 현장 적용 가능성을 종합적으로 검토하는 작업이 요구된다.

(5) 편성·운영 지침의 적용

확정된 시·도교육청의 교육과정 편성·운영 지침의 적용을 위해서는 무엇보다 각 학교 교장 및 교원을 대상으로 한 연수가 요구된다. 이 과정에서는 연구에 실제로 참여했던 연구진이 지침의 성격, 그 개발과정 및 검토되었던 쟁점들, 지침의 기본 이념 및 지침 적용 시 주의를 요하

는 사항 등을 상세하게 설명해 줄 필요가 있다. 연수에서는 무엇보다 각 학교에서 개발해야 할 '학교 교육과정'에 대한 교육이 강조되어야 한다.

(6) 편성·운영 지침의 평가

국가 교육과정 문서에 제시된 시·도교육청 편성 및 운영 지침 중에서 각종 자료의 개발 및 보급, 행·재정적 지원에 관련된 지침은 다음과 같다.

① 편성

시·도교육청은 각급 학교가 새 학년도 시작에 앞서 교육과정 편성·운영에 관한 계획을 세울 수 있도록 교육과정 편성·운영 자료를 개발, 보급하고, 교원의 전보를 적기에 시행한다.

② 운영

교과, 창의적 체험활동 운영을 위한 각종 교수-학습자료를 연구·개발하여 보급하고, 교육시설·설비, 자료 등의 정비 확충에 필요한 행·재정적인 지원을 한다.

3 학교수준의 교육과정 개발

1) 학교수준 교육과정 개발의 의미

학교수준 교육과정은 국가수준이나 지역수준 교육과정에 의거하여 지역의 특성과 학교의 실정, 학생의 실태에 알맞게 편성한 단위학교의 구체적인 교육과정을 말한다. 단위학교가 의사결정하고 통제하는 학교 교육과정은 국가수준과 시·도교육청의 편성·운영 지침에 기초하고 당해 학교의 학생 실태, 학부모의 요구, 교사의 구성, 학교의 시설, 지역사회의 여건 등을 고려하여 성취목표를 구체적으로 설정하고, 내용의 범위와 수준을 제시하며, 교수-학습방법과 평가방법을 실용성 있게 구성한 것이다(교육부, 2009).

학교 교육과정은 학교의 상세한 교육 설계도로서 그 학교가 수용하고 있는 학생에게 책임지고 실현해야 할 교육목표, 내용, 방법, 평가 등에 대한 구체적인 실행 교육 프로그램을 의미하고, 특색 있는 교육전략 또는 상세한 교육 운영의 세부 시행계획으로 규정된다. 따라서 전국의 단위학교는 제각기 다양한 교육의 모습을 보일 수 있게 된다. 학교 교육과정은 교육의 효율성과 적합성을 높이기 위하여 필요할 뿐만 아니라 교원의 자율성과 전문성을 높이기 위하여 필요하다(함수곤, 2000).

2) 학교수준 교육과정의 개발 절차

학교수준 교육과정 개발은 국가수준의 교육과정 기준과 지역 시·도교육청 수준의 교육과정 편성·운영 지침을 토대로 하여 해당 지역 및 해당 학교의 특성에 적합하게 개발되어야 한다. 해당 학교 학교장의 학교경영 철학과 교육적 신념에 따라 창의성을 발휘하여 특색 있는 교육과정이 개발되어야 한다. 학교수준의 교육과정 체제는 '학교 교육과정의 편성과 운영의 기본방향', '학교 교육과정의 영역별 지도내용', '학교 교육과정의 평가 중점', '학교 교육과정에 대한 지원 체제' 등이 구성되어야 한다. 표 6-1은 학교 교육과정 구성 형태의 예시이다.

표 6-1 학교 교육과정 구성 형태(예)

<table>
<tr><td>Ⅰ. 학교 교육과정의 기저
1. 국가 및 시도교육의 방향
2. 학교경영의 기본계획
3. 기초조사 및 실태 분석
4. 전년도 학교 교육과정 운영 결과 분석</td><td rowspan="2">Ⅴ. 학교 교육과정 운영 지원계획
1. 교직원 조직 및 연수계획
2. 자율 장학 추진계획
3. 독서 지도계획
4. 생활 지도계획
5. 방과 후 학교 운영계획
6. 기초학력 책임지도 운영계획
7. 각종 위원회 운영계획
8. 예산 운영계획
9. 기타</td></tr>
<tr><td>Ⅱ. 학교 교육목표
1. 학교 교육목표
2. 교육목표 구현 중점
3. 구현 중점별 세부 추진계획
4. 특색사업</td></tr>
<tr><td>Ⅲ. 학교 교육과정 편성·운영계획
1. 기본방침
2. 학교 교육과정 편성표(입학 연도별)
3. 연간 수업일수 및 수업시수 확보 계획</td><td>Ⅵ. 학교 교육과정의 평가
1. 학생평가
2. 학교 교육과정 편성·운영 평가</td></tr>
<tr><td>Ⅳ. 학교 교육과정 운영의 실제
1. 교과
2. 창의적 체험활동</td><td><부록>
1. 학교 연혁
2. 학사 일정
3. 교직원 일람
4. 교사별 교과 담당 시간
5. 업무 분장표
6. 교사 배치도
7. 각종 규정
8. 기타</td></tr>
</table>

위와 같은 학교수준 교육과정을 개발하기 위한 학교 교육과정의 편성 및 운영 절차는 그림 6-4와 같다.

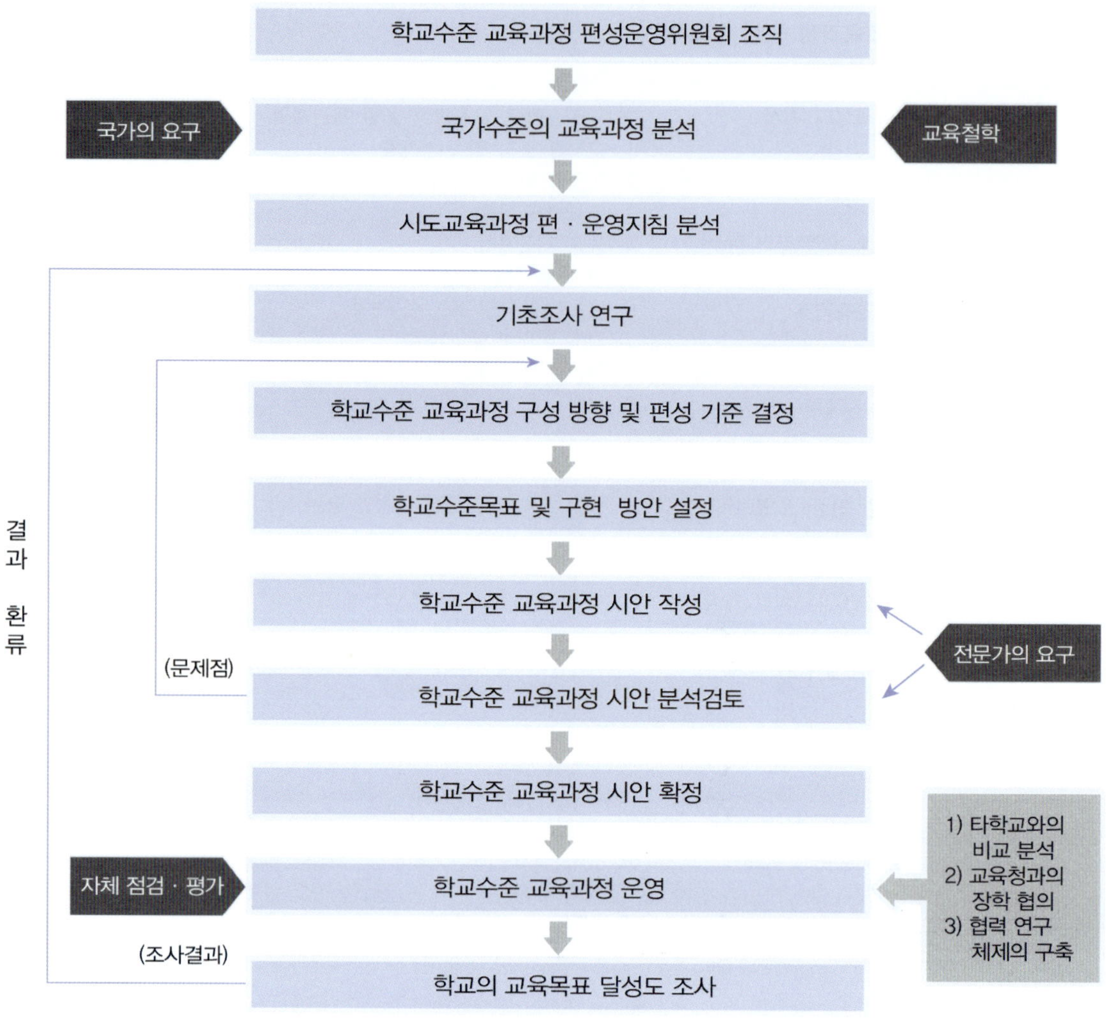

그림 6-4 학교수준의 교육과정 개발 절차

3) 단위학교의 역할

교육과정 편성·운영에 관한 단위학교의 역할은 교육부에서 고시한 교육과정에 명시되어 있다. 학교 급별 지침과는 별도의 공통 지침은 다음과 같다(김진규, 2015).

① 학교는 교육부의 국가 교육과정과 시·도교육과정 편성·운영 지침, 지역교육청의 학교 교육과정 편성·운영에 관한 장학자료를 바탕으로 학교 실정에 적합한 학교 교육과정을 편성·운영한다.

② 교육과정의 합리적 편성과 효율적 운영을 위하여 교원, 교육과정(교과교육), 전문가, 학부모 등이 참여하는 '학교 교육과정위원회'를 구성하여 운영하며, 이 위원회는 학교장의 교육과정 운영 및 의사결정에 관한 자문역할을 담당한다.

③ 학교는 학교 교육과정 편성·운영계획을 바탕으로 학년, 학급, 교과목별 교육과정을 편성할 수 있다.

④ 학교 교육과정을 편성, 운영함에 있어서는 교원의 조직, 학생의 실태, 학부모의 요구, 지역사회의 실정 및 교육시설·설비 등 교육 여건과 환경이 충분히 반영되도록 노력한다.

⑤ 수준별 교육과정을 적용하는 교과는 심화보충 학습을 위한 추가 시간이 필요한 경우, 재량활동에 배당된 시간 등 별도의 시간을 활용할 수 있다.

⑥ 이 교육과정에 예시된 과목 이외의 과목을 설치·운영하고자 할 때에는 시·도의 교육과정 편성·운영 지침에 의거하여 사전에 필요한 절차를 거쳐야 한다.

요점 정리(summary)

- 국가수준의 교육과정은 지역수준의 교육과정과 학교수준의 교육과정과 연계되어 있으며, 교육과정을 결정하는 주체에 따른 분류로서 그 성격 및 역할이 구분된다. 국가수준의 교육과정이란 한 국가의 초·중등교육의 기본설계도이며, 국가의 의도를 담은 문서 내용을 의미한다. 핵심적인 내용은 교육과정 개발 절차와 개정방식이다.
- 지역수준의 교육과정이란 국가수준의 교육과정을 시·도 단위 혹은 시·군·구 단위에서 지역의 특성과 실정, 필요, 요구 등을 반영하여 지침의 형태로 구체화한 것을 의미한다.
- 학교 교육과정은 국가수준이나 지역수준 교육과정에 의거하여 지역의 특성과 학교의 실정, 학생의 실태에 알맞게 편성한 단위학교의 구체적인 교육과정을 의미한다. 핵심내용은 교육과정의 개발 절차와 단위학교 역할의 중요성이다.

주요 용어(key word)

- 국가수준 교육과정
- 지역수준 교육과정
- 학교수준 교육과정
- 주기적 개정
- 전면적 개정
- 일시적 개정
- 편성
- 편제
- 단위학교

형성평가 및 연구과제 formation evaluation & research subject

1. 다음 중 국가수준의 교육과정은 교육법 어느 조항에 의거 적용되는가?

가. 초·중등교육법 제23조 제1항　나. 초·중등교육법 제23조 제2항
다. 초·중등교육법 제23조 제3항　라. 초·중등교육법 제23조 제4항

2. 국가수준의 교육과정 기준 설정권과 거리가 먼 것은?

가. 전국의 모든 학교에서 같은 수준과 질의 교육 혜택을 보장한다.
나. 단계별 교육내용의 계통성과 일관성을 갖는다.
다. 교육의 객관성과 중립성을 보장할 수 있다.
라. 국민의 기본인성교육을 구현하기 위해서이다.

3. 다음을 읽고 교육과정 어떤 개정방식을 설명한 것인가?

> 교육과정의 개정 대상이 되는 모든 것을 거의 동시에 단기간에 개정한다는 것이다. 예를 들어, 제6차 교육과정의 경우 2년 8개월 소요되었고, 제7차 교육과정의 경우 2년 6개월이 소요되었다.

가. 전면적　나. 주기적
다. 일시적　라. 부분적

4. 지역수준의 교육과정 개발 절차의 순서가 옳게 나열된 것은?

가. 실무위원회 조직 → 기초조사·연구 → 편성·운영 지침 작성 → 편성·운영 지침 심의·확정 → 편성·운영 지침 적용 → 편성·운영 지침 평가
나. 기초조사·연구 → 실무위원회 조직 → 편성·운영 지침 작성 → 편성·운영 지침 심의· 확정 → 편성·운영 지침 적용 → 편성·운영 지침 평가
다. 실무위원회 조직 → 기초조사·연구 → 편성·운영 지침 작성 → 편성·운영 지침 적용 → 편성·운영 지침 심의·확정 → 편성·운영 지침 평가
라. 기초조사·연구 → 실무위원회 조직 → 편성·운영 지침 작성 → 편성·운영 지침 적용 → 편성·운영 지침 심의·확정 → 편성·운영 지침 평가

5. 지역수준의 교육과정 편성·운영 지침 작성에 포함되는 사항이 아닌 것은?

가. 창의적 체험활동 시간 확보와 운영에 관한 사항
나. 교육과정에 표시되지 않은 교과목의 신설과 운영에 관한 사항
다. 실업계 고등학교의 현장 실습에 관한 사항
라. 수준별 교육과정 편성과 운영에 관한 사항

6. 학교수준 교육과정 개발 절차의 11단계인 '학교수준 교육과정 운영' 간에 고려해야 할 사항이 아닌 것은?

가. 타 학교와의 비교 분석
나. 교육청과의 장학 협의
다. 협력 연구 체제의 구축
라. 학교장의 교육 감독

7. 학교수준 교육과정 개발 절차에서 전문가의 요구를 가장 많이 반영해야 할 단계는?

가. 학교수준 교육과정 시안 작성
나. 학교수준 교육과정 시안 확정
다. 학교수준 교육과정 편성기준 결정
라. 기초조사 연구

8. 학교수준의 교육과정 개발 간에 단위학교의 역할은 무엇이 있는지를 제시해 보시오.

9. 학교수준의 교육과정 개발 절차에 대하여 그림을 통해 설명해 보시오.

Memo

Chapter

07

교육목표의 설정과 진술

1. 교육목표의 개념체계
2. 교육목표의 요건 및 기능
3. 교육목표의 진술

학습개요

이 장에서는 교육목표의 설정과 진술에 대하여 세 가지 관점에서 살펴보고자 한다. 첫째, 교육목표의 개념체계이다. 교육목표란 일련의 교육이나 수업을 통하여 학생들에게 나타나게 될 행동특성의 변화를 이끌어낸다. 이러한 교육목표와 유사한 용어로는 '교육이념, 교육목적, 교육결과, 교과목표, 단원목표, 수업목표 등' 여러 가지로 쓰이고 있는데, 이들 개념의 차이점에 대하여도 살펴보고자 한다. 또 교육의 목적, 교육의 일반적 목표, 교육의 구체적 목표의 위계관계도 살펴볼 것이다. 둘째, 교육목표의 요건과 기능이다. 교육목표의 요건에는 포괄성, 적절성, 타당성, 실현 가능성, 구체성, 일관성 등이 있으며, 교육목표의 기능에는 교육 활동 방향제시 기능, 교육내용 선정 및 조직, 교수-학습지도 및 생활지도 기준제시 기능, 평가기준제시 기능, 교육 활동 조정 기능이 있다. 이들에 대한 개념을 정확히 살펴보고자 한다. 셋째, 교육목표의 진술방법이다. 수업목표의 진술방법에는 타일러의 수업목표 진술방법, 메이거의 수업목표 진술방법, 가네와 브릭스의 수업목표 진술방법, 그론룬드의 수업목표 진술방법이 있으며, 이들 진술방법을 구체적으로 살펴볼 것이다. 이 장을 마치고 나면 여러분은 교육목표의 설정과 진술에 대하여 이해하고, 현장에서 적용할 수 있을 것이다.

학습목표

학습목표 1. 교육목표의 개념체계에 대하여 설명할 수 있다.

학습목표 2. 교육목표의 요건 및 기능을 설명할 수 있다.

학습목표 3. 교육목표의 다양한 진술 방식을 적용할 수 있다.

1 교육목표의 개념체계

1) 교육목표의 일반적 개념체계

일반적으로 교육목표란 일련의 교육이나 수업을 통하여 학생들에게 나타나게 될 행동 특성의 변화를 일컫는 말이다. '교육목표'라는 용어는 여러 유사 용어들과 함께 사용되는데, '교육이념', '교육목적', '교육결과', '교과목표', '단원목표', '수업목표' 등 여러 가지로 쓰이고 있다. 하지만 이들 용어의 의미는 조금씩 다르다.

지금까지 학자들의 의견을 종합해 볼 때, '교육이념'이 가장 상위의 개념이고 다음으로 교육목적, 교육목표의 순으로 사용하는 게 일반적이다. 같은 목표라는 용어라도 교과목표, 단원목표, 수업목표, 수행목표 순으로 사용된다. 하지만 이 같은 용어들의 사용은 어디까지나 상대적인 개념이지 언제 어디서나 동일하게 사용되는 것은 아니다. 교육의 목적, 교육의 일반적 목표, 교육의 구체적 목표의 위계를 제시하면 그림 7-1과 같다(김대현 · 김석우, 2001).

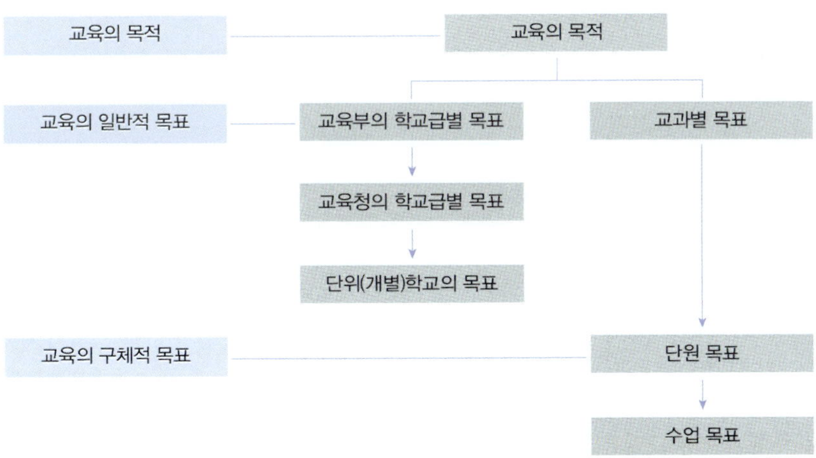

그림 7-1 교육의 목적, 일반적 목표, 구체적 목표의 위계

이와 같이 교육목표의 위계적인 관계를 고려한다면, 교육의 목적은 교육의 일반적 목적을 설정하는 데 그 근거와 기준이 되며, 교육의 일반적 목표는 교육의 구체적인 목표를 설정하는 데 근거와 기준이 된다. 이때 위계상의 상위의 목적이 하위목표의 근거와 기준이 된다는 것은 이들 간에는 논리적 일관성이 있어야 하고, 경험적인 관련성이 높아야 함을 의미한다. 교육목적, 교육목표, 세부목표의 위계적 관계를 예시를 들어 제시하면 그림 7-2와 같다.

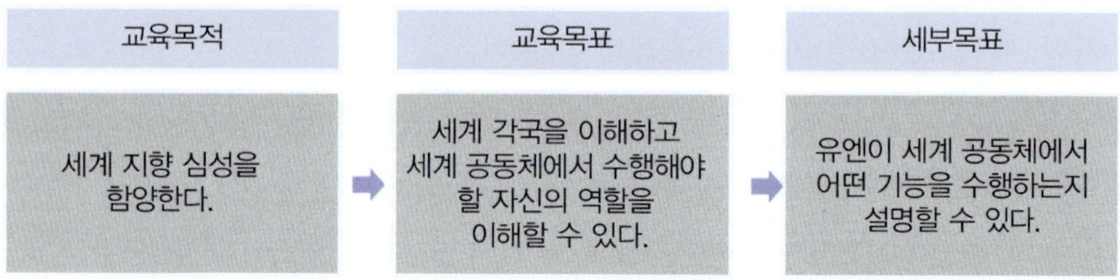

그림 7-2 교육목적, 교육목표, 세부목표의 위계적 관계(예시)

2) 학교수준의 교육목표

학교수준의 교육목표는 주로 학년수준 교육목표, 교과수준 교육목표, 단원수준 교육목표, 시간수준 교육목표로 구분할 수 있다(오만록, 2012).

(1) 학년수준 교육목표

학년수준 교육목표는 학교수준 목표를 토대로 설정되는데, 이는 각 학년별로 학생들의 발달수준과 특성 등을 고려하여 규정되는 목적의식을 말한다. 하지만 학교 현장에서는 이러한 학년별 교육목표를 공식적으로 따로 규정하지 않는 것이 관례이다. 학년수준별 교육목표는 다른 수준의 교육목표들과는 달리, 별도로 명백하게 설정되기보다는 그 하위목표인 교과수준 교육목표 속에 내재해 있다고 보아야 한다.

(2) 교과수준 교육목표

교과수준 교육목표는 각 교과의 특성에 따라 규정되는 목적의식을 지칭하는데, 이는 학교수준의 교육목표 및 학년수준의 교육목표를 토대로 설정되어야 함은 물론이고, 특히 교육부에서 고시한 교육과정에 명시된 교과별 목표가 그 기반이 되어야 한다.

(3) 단원수준 교육목표

단원수준 교육목표는 해당 교과 수준의 목표를 배경으로 하여 단원 내용 및 학습자의 심리적 요구와 필요를 기반으로 설정되는 목적의식을 말한다. 만약 대단원 속에 여러 개의 소단원들이 속해 있다면 대단원의 교육목표는 보다 광범위하게 설정되고, 각 소단원의 교육목표는 대단원의 교육목표 속에서 도출되게 된다.

(4) 시간수준 교육목표

시간수준 교육목표는 특정의 수업 시간을 단위로 설정되는 가장 구체적인 목적의식인바, 단위 시간별 수업목표(학습목표)가 이에 해당한다.

이상의 교육목적(교육목표)들 중에서 학교·학년·교과 단원수준의 교육목표·시간수준의 교육목표를 '교육과정 목표'라고 하는데, 위계상으로 볼 때 위로는 국가수준과 지방수준의 교육목적이 있고, 아래로는 시간수준의 교육목표가 위치하고 있다. 그러므로 교육과정 목표는 그 위에 위치하고 있는 목적의 성질과 아래에 위치하고 있는 목표의 성질이 혼합되어 있다고 볼 수 있다.

2 교육목표의 요건 및 기능

1) 교육목표의 요건

(1) 포괄성

목표는 모든 학습결과를 포함할 수 있을 만큼 충분히 넓어야 한다. 또한 목표가 효과적이기 위해서는 목적과 목표에서 설정한 모든 것을 포괄해야 한다.

(2) 적절성

특정 학년 혹은 학급 수준에 있는 학생에게 목표가 적절해야 한다.

(3) 타당성

교육목표가 타당성을 지니기 위해서는 그 목표가 나타내고자 하는 바를 정확히 반영해야 한다. 즉, 목표는 진술하고자 하는 바를 진술해야 한다.

(4) 실현 가능성

학생의 능력 수준과 자원의 이용 가능성에 비추어 학생에 의해 도달될 수 있어야 한다. 이를 위해 목표를 설정할 때 학생의 능력과 경험 수준, 자료와 시간의 활용 가능성 등을 고려해야 한다.

(5) 구체성

목표가 교사 혹은 학생에 의해 잘못 이해되지 않도록 분명하고 정확히 진술되어야 한다.

(6) 일관성

진술된 목표가 학습경험과 일치되어야 한다. 예를 들어, 학생들의 자아개념을 고양시키고자 하는 의도로 설정한 목표가 지원적이고, 도움이 되는 환경을 강조하는 데 반하여, 또 다른 목표는 엄격한 선다형 검사로 학습경험을 평가할 것을 요구한다면 일관성이 결여된 목표가 된다.

2) 교육목표의 기능

교육목표는 교육 활동을 실천하는 데 있어 나침반의 역할을 하기 때문에 교육의 모든 활동·조직·운영은 이를 성공적으로 달성하는 방향으로 실행되어야 한다. 교육목표가 지니는 기능을 구체적으로 살펴보면 다음과 같다(오만록, 2012: 291).

(1) 교육 활동 방향제시의 기능이다.

교육목표는 교육 활동이 어떠한 방향으로 나가야 할 것인가를 제시해주는 역할을 한다. 즉, 교육 활동은 교육목표를 달성하기 위한 과정이므로 교사는 이러한 목표가 제시하는 방향에서 후속적인 교육 활동을 전개해야 한다.

(2) 교육내용 선정 및 조직, 교수-학습지도 및 생활지도 기준제시의 기능이다.

교육내용을 선정하고 조직하는 데 있어서 그 기준은 어디까지나 교육목표가 된다. 그러므로 교육목표에 어긋난 교육내용을 선정하고 조직할 수는 없다. 또한 교육목표는 적절한 교수-학습지도와 생활지도의 기준을 제공하는 기능을 한다.

(3) 교육평가 기준(준거)제시의 기능이다.

수업 절차가 끝난 뒤에는 평가를 실시하게 되는데, 이것은 학생들의 종착점 행동(도착점 행동)을 확인하는 것으로 이때의 평가 기준은 이미 설정된 교육목적이 된다. 특히 절대평가 체제에서는 교육목표가 바로 평가의 준거가 된다.

(4) 교육 활동 조정(조절·통제)의 기능이다.

교육의 전 과정을 통하여 교육목표가 그 방향을 제시하므로 여기에 어긋난 교육 활동은 규제됨으로써 전반적인 교육 활동이 효율적으로 실천되도록 유도한다.

3 교육목표의 진술

1) 수업목표 진술의 명세화

(1) 수업목표 명세화의 필요성

수업목표 명세화의 필요성은 다음과 같은 몇 가지 측면에서 고려해 볼 수 있다(홍후조, 2016).

① 수업목표 명세화는 교육과정이 표적하고 있는 바가 무엇인가를 명확하게 해줄 뿐만 아니라 그 기준을 제시한다.

② 수업목표 명세화는 교육을 통해서 변화시켜야 할 인간 행동특성이 어떤 것이어야 하는가에 대한 질적 양태와 수준을 확인시켜 준다.

③ 수업목표 명세화는 각각의 행동특성에 따른 교육내용을 어떻게 가

르칠 것이며, 그 행동을 어떻게 변화시킬 것인가 하는 교수-학습 과정상의 여러 가지 방법을 제시해 준다.

④ 수업목표 명세화는 교육성과를 평가하는 데 있어서 분명한 기준을 제시해 준다.

(2) 수업목표 진술의 조건

수업목표의 진술에 있어서는 가능한 한 다음과 같은 조건이 필히 고려되어야 한다(홍성훈 · 김유미, 1999: 99).

① 학생의 행동 중심으로 진술해야 한다.

② 목표의 진술은 수업 시간이나 학습단원이 끝났을 때 나타날 수 있는 학생의 변화된 행동과 관련지어 진술해야 한다.

③ 학습내용과 기대되는 학생의 행동을 동시에 진술해야 한다.

④ 기대하는 학생의 행동은 누구나 같은 뜻으로 해석할 수 있도록 관찰 가능한 행위동사로 표현해야 한다.

⑤ 종착점 행동의 성취기준을 구체적으로 제시해야 한다.

(3) 수업목표 진술 간의 유의사항

수업목표 진술 시 사용한 행위동사가 여러 가지로 해석될 수 있고, 추상적인 행위동사는 피하는 게 좋다. 표 7-1의 경우 ①의 행위동사는 모두 직접 관찰하기가 힘든 개념들이며 어떠한 행동의 증거를 그런 행동으로 보아야 할지 불분명하므로, 그 행위동사에 관한 다의적 해석이 가능하며 모호하고 추상적인 의미로 해석될 가능성이 크다. 이 같은 수업목표를 메이거(Mager)는 '암시적 수업목표'라고 불렀다. 이와는 반대로 ②의 행위동사는 누구에게나 똑같이 해석될 수 있는 관찰 가능한 동사들이다. 이와 같이 수업목표를 관찰가능하게 명백히 조직화하여 정의된 수업목표를 '명시적 수업목표'라고 하였다. 이와 같이 구체화된 수업목표는 수업과정이나 평가과정을 결정하는 방향을 규제하고 도움을 준다.

표 7-1 암시적 수업목표와 명시적 수업목표

① 암시적 수업목표 (여러 가지로 해석할 수 있는 행위동사들)	② 명시적 수업목표 (해석의 범위가 좁은 행위동사들)
• 안다	• 작성한다
• 이해한다	• 설명한다
• 인식한다	• 구분한다
• 인정한다	• 해결한다
• 파악한다	• 비교한다
• 즐긴다	• 대조한다
• 믿는다	• 열거한다
• 신뢰한다	• 조작한다
• 같다	• 그린다
	• 읽는다

2) 수업목표의 이원분류

일반적으로 교육목적(교육목표, 학습목표)은 <내용> 차원과 <행동> 차원을 함께 포함시켜 진술되어야 하는데, 이를 교육목적의 '이원분류'라고 한다. 이원분류는 크게 인지적 영역의 교육목표 분류체계, 정의적 영역의 교육목표 분류체계, 심리운동적 영역의 교육목표 분류체계로 구분한다(김희수, 2009; 정찬기오, 문승환, 1997).

(1) 인지적 영역의 교육목표 분류체계

1 지식

지식은 이전에 학습한 자료들을 기억해 내는 능력이다. 이것은 구체적인 사실에서부터 완전한 이론에 이르는 폭넓은 정보나 자료의 재생 의미를 포함하며, 요구되는 모든 자료들이 적절한 정보로 회상되는 것을 말한다. 지식은 인지적 영역에서 학습 결과의 가장 하위수준을 나타낸다.

2 이해력

이해력은 자료의 의미를 파악하는 능력이다. 이것은 자료를 한 형태에서 다른 형태로 바꾸는 번역, 자료를 설명하거나 요약하는 해석 그리고 미래의 경향을 추정(결과나 영향을 예측)하는 추론으로 설명된다. 이러한 학습 결과는 자료를 단순히 기억하는 수준을 넘어선 단계이고, 앎의 최하위 수준으로 나타낸다.

3 적용력

적용력은 학습한 자료를 새롭고 구체적인 장면에서 사용할 수 있는 능력이다. 이것은 규칙이나 방법, 개념, 원리, 법칙, 이론 등 같은 것들을 응용하는 것을 포함한다. 이 부문에서의 학습 결과는 이해보다 더 높은 수준의 것을 요구한다.

4 분석력

분석력은 조직의 구조를 이해할 수 있도록 어떤 자료를 구성 요소로 분할하는 능력이다. 이것은 부분의 확인, 부분 간의 관계 확인, 관련되는 조직원리의 인식을 포함한다. 학습 결과는 자료의 내용과 구조적 형태 모두를 알아야 하기 때문에 이해와 적용보다 더 높은 지적 수준을 나타낸다.

5 종합력

종합력은 부분들을 한데 모아 새로운 형태의 전체를 만드는 능력이다. 이것은 독특한 의사전달 수단(글이나 말)이나, 운용계획(연구의 절차), 추상적인 관계의 도출(정보를 규명하기 위한 도식)을 포함한다. 이 부문에서의 학습 결과는 새로운 형태나 구조를 형성하는 데 있어서 창의적인 활동이나 행동을 강조한다.

6 평가력

평가력은 주어진 목적에 대한 자료(진술, 소설, 시, 연구보고서 등)의 가치를 판단하는 능력과 관계되는 것이다. 판단은 정해진 기준을 기초로 한다. 정해진 기준은 내적 기준(또는 조직)과 외적 기준(또는 목적)이 있을 수 있다. 따라서 학생들은 정해진 기준이나 주어진 자료를 판단하는 것이라고 할 수 있다. 이 부문에서의 학습 결과는 다른 부문의 모든 요소들을 포함하고, 확실하게 정해진 기준을 근거로 하기 때문에 지적영역 수준에서 최고 수준이다.

표 7-2 인지적 영역의 수업목표

학습 행동	일반적인 수업목표	구체적인 행위동사
지식	• 일반적인 용어를 안다. • 특수한 사실을 안다. • 방법과 절차를 안다. • 기본적인 개념을 안다. • 원리를 안다.	정의한다 설명한다 확인한다 명명한다 열거한다 연결한다 지명한다 재생한다 진술한다 선택한다
이해력	• 사실과 원리를 설명한다. • 언어적 자료와 도표, 그래프를 해석한다. • 자료 속에 내포된 개념을 추정한다. • 언어로 된 자료를 수학적 공식으로 바꾼다. • 방법과 절차를 증명한다.	변환한다 구별한다 추정한다 설명한다 변호하다 구별하다 일반화하다 제시하다 예측한다 요약한다
적용력	• 원리를 새로운 장면에 적용한다. • 이론을 구체적 상황에 적용한다. • 수학적 문제들을 해결한다. • 도표나 그래프를 구성한다. • 절차의 바른 사용을 설명한다.	바꾼다 계산한다 증명한다 조작한다 발견한다 수정한다 준비한다 산출한다 해결한다 사용한다
분석력	• 사실과 추론을 구별한다. • 증명 속에서 논리적 오류를 인식한다. • 자료의 관련성을 평가한다. • 진술되지 않은 가정을 인식한다. • 작품의 유기적인 구조를 분석한다.	분해한다 도해한다 식별한다 구별한다 확인한다 나열한다 추론한다 파악한다 선택한다 세분화한다
종합력	• 시나 수필을 창작한다. • 실험계획을 세운다.	분류한다 조합한다 창작한다 구성한다

학습 행동	일반적인 수업목표	구체적인 행위동사
	• 멋진 제목을 붙이거나 말한다. • 문제해결을 위해 다른 영역에서 학습한 자료를 모은다. • 대상을 분류하기 위해 새로운 구상을 형성한다.	고안한다 설계한다 설명한다 완성한다 수정한다 조작한다 계획한다 재정렬한다 조직한다 요약한다
평가력	• 자료에 의해서 지지되는 결론에 대한 정당성을 판단한다. • 쓰여진 자료의 일관성을 판단한다. • 내적 기준으로 작품의 가치를 판단한다. • 외적 기준으로 작품의 가치를 판단한다.	검토한다 비교한다 결론짓는다 대조한다 비평한다 묘사한다 식별한다 주장한다 해석한다 지각한다

(2) 정의적 영역의 교육목표 분류체계

1 감수

감수는 특수현상이나 자극(교실의 활동, 교과, 음악 등)에 주의를 기울이는 학생의 의지를 의미한다. 교수자의 입장에서는 학생의 주의집중을 시도하고, 유지하며, 지향 방향을 지시하는 것과 관계된다. 이러한 학습 결과는 학습자 쪽에서 볼 때 어떤 것을 단순히 인식하는 것으로부터 학습자의 선택적 집중에 이르기까지이다. 감수는 정의적 영역에서 학습 결과의 가장 하위수준을 말한다.

2 반응

반응은 학생의 입장에서 능동적인 참여를 의미한다. 이 수준의 학생은 특정 현상에 대해 주의를 기울이는 것뿐만 아니라 다양한 방식으로 대응하는 것이다. 이러한 학습 결과는 묵종반응(제시된 자료를 읽는 것), 자발적 반응의 만족(기쁘게, 즐겁게 읽는 것)을 강조한다. 이 범주의 상위수준은 흥미나 관심에 근거하여 분류된 수업목표들을 포함하며 특정 활동 탐색 강조와 즐김의 정도를 포함한다.

3 가치화

가치화는 학생이 특정 대상이나 현상, 행동에 부여하는 비중이나 가치와 관련 있다. 이러한 가치의 부여는 가치의 단순한 수용(집단기능을 개선하려는 욕구)에서 보다 복잡한 위임의 수준(집단의 효과적인 기능을 위한 책임을 맡기는 것)의 정도까지이다. 가치화는 구체화된 일련의 가치 내면화를 근거로 한다. 하지만 이러한 가치 단서들은 학생의 외현적 행동으로 표현한다. 이러한 학습 결과는 분명하게 확인할 수 있게 해주는 충분한 일관성과 안정성이 있는 행동과 관련되어 있다. 태도와 감상이라는 명칭으로 분류되는 수업목표들이 이 범주에 들어갈 수 있다.

4 조직화

조직화는 다른 가치들을 한데 모으고 그것들 간의 갈등을 해결하는 것 그리고 내부적으로 일관성 있는 가치체계를 구성하기 시작하는 것과 관련이 있다. 그것들은 비교와 관련짓기, 가치 종합하기가 관련된다. 학습의 결과는 가치의 개념화(인간관계의 개선을 위해 각자의 책임을 인식하는 것)와 가치체제의 조직화(경제적 안정과 사회봉사의 욕구를 충족시키는 직업적인 계획을 개발하는 것)와 관련이 있다. 인생 철학의 개발과 관련이 있는 수업목표들이 이 범주에 들어갈 수 있다.

5 인격화(characterization by a value)

정의적 영역의 이 단계는 각 개인이 자신의 행동을 오랫동안 통제하여 온 가치체계를 가지고 있기 때문에 이러한 행동은 충분하고, 일관성 있고, 예측할 수 있는 행동이다. 이 수준의 학습 결과는 광범위한 활동 범위를 포함하지만 중요한 점은 학생의 행동이 전형적이거나 개성적이라는 사실이다. 수업목표는 학생의 일반적 적응(개인적, 사회적, 감정적)의 형태들과 관련짓는 것이 이 수준에 적당하다고 할 수 있다.

표 7-3 정의적 영역의 수업목표

학습 행동	일반적인 수업목표	구체적인 행위동사
감수	• 학습의 중요성에 대하여 인식시킨다. • 주의 깊게 듣게 한다. • 사회적 문제들에 대한 민감성을 갖게 한다. • 종족과 문화의 차이를 느끼게 한다. • 수업 활동에 가까워지게 한다.	요구한다 선택한다 제시한다 포착한다 묘사한다 뒤따른다 찾아낸다 지시한다 사용한다 말한다
반응	• 학교 규칙을 준수한다. • 학급토론에 참석한다. • 지정된 숙제를 완수한다. • 특별한 과업에 지원한다.	따라한다 대답한다 지원한다 논의한다 수행하다 명명하다 연습한다 제공한다 보고한다 참석한다
가치화	• 민주적인 과정에 믿음을 갖게 한다. • 좋은 문학, 미술, 음악을 감상하게 한다. • 일상생활에서 과학의 역할을 인정한다. • 문제해결의 태도를 갖게 한다. • 사회개선을 위해 헌신하게 한다.	완수한다 묘사한다 형성한다 가입한다 주장한다 제안한다 독해한다 보고한다 공유한다 결합한다
조직화	• 문제해결의 과정에서 체제 설계의 역할을 인식하게 한다. • 자신의 행동에 책임을 느끼게 한다. • 자신의 한계를 이해 및 수용하게 한다. • 재능과 흥미, 신념의 조화 속에서 인생 설계를 하게 한다.	고수한다 개조한다 정렬한다 비교한다 방어한다 규명한다 수정한다 준비한다 조직한다 종합한다 설명한다 관계짓는다
인격화	• 안전의식을 갖게 한다. • 집단활동에 협조하게 한다. • 자신의 근면성과 정직성을 증명하게 한다. • 좋은 건강 습관을 유지하게 한다.	활동한다 구별한다 보여준다 작용한다 경청한다 수정한다 질문한다 교정한다 안내한다 해결한다 활용한다 증명한다

(3) 심리운동적 영역의 교육목표 분류체계

1 지각

첫 단계는 동작을 유발시키는 단서를 얻기 위한 감각기관의 사용과 관련이 있다. 이 범주의 범위는 자극 감지(자극을 인식하는 것)에서부터 단서의 선택(과업과 관련된 단서를 선택하기) 그리고 전환(단서지각을 수행 활동에 관련시키는 것)까지를 의미한다.

2 태세

태세는 특정 동작을 취하기 위한 준비이다. 이 범주는 정신적 자세(행동하기 위한 정신적 준비), 육체적 자세(행동하기 위한 육체적 준비), 감정적 자세(행동하고자 하는 의지)를 포함한다. 단서의 지각은 이 단계의 중요한 선행조건을 제공한다.

3 유도된 반응

유도된 반응은 복잡한 기능을 학습하는 초기 단계와 관계가 있다. 이것은 모방(교사가 보여 주는 행동을 반복하기) 그리고 시행착오(적절한 반응이 무엇인지를 알기 위하여 여러 방법으로 반응을 하는 것)를 포함한다. 수행의 적절성은 교사에 의해 판단되거나 적절한 일련의 기준에 의해 판단된다.

4 기계화된 반응

기계화는 학습반응이 습관화되고 동작이 안정되면서 민첩하게 수행될 수 있는 행동 수행과 관련이 있다. 이 단계의 학습 결과는 다양한 형태의 운동기능 수행과 관련이 있다.

5 복합 외현 반응

복합 외현 반응은 복합적인 운동 형태를 포함하는 운동행위의 능숙한 수행기능과 관계된다. 숙달은 빠르고, 매끄럽고, 정확한 수행으로 표시되며 최소의 힘이 요구된다. 이 수준은 불확실한 것에 대한 과단성(주저함 없는 수행)과 능숙한 수행(동작은 쉽게 그리고 멋있는 근육으로 조절되는 것)을 포함한다. 학습 결과는 고도로 조화된 운동 활동을 포함한다.

6 적응

적응은 개인이 특별한 요구에 맞추거나 문제 상황에 직면할 때 동작을 수정할 수 있도록 잘 개발된 기능과 관련이 있다.

7 창안

창안은 특정한 상황이나 특정 문제에 적합한 새로운 동작 형태를 창조하는 것을 말한다. 이 수준에서 학습 결과는 고도로 개발된 기술에 기초한 창의성을 강조한다.

표 7-4 심동적 영역의 수업목표

학습 행동	일반적인 수업목표	구체적인 행위동사
지각	• 기계의 소리로 기능부전을 인식한다. • 음악을 독특한 춤 스텝에 관련 지운다. • 음식의 맛을 조리와 관련 지운다.	설명한다 선택한다 발견한다 구별한다 식별한다 확인한다 분리한다 진술한다
태세	• 가구의 광택을 내는 일련의 순서를 안다. • 형태에 대한 요구를 효과적으로 나타낸다. • 공을 치기 위한 몸의 적당한 위치 또는 마음 가짐을 보여 준다.	시작한다 보여준다 설명한다 움직인다 계속하다 반응하다 응대한다 출발한다
유도된 반응	• 골프를 휘두르는 시범을 보인다. • 심폐소생 실습에 대하여 시범을 보여 준다. • 식사를 준비하기 위하여 최적의 절차를 결정한다.	종합한다 구성한다 분해한다 나타낸다 연마한다 매달린다 혼합한다 조직한다 묘사한다 수리한다
기계화된 반응	• 알기 쉽고 매끄럽게 글을 쓴다. • 실험장비를 작동한다. • 빔프로젝터를 조작한다.	유도된 반응 행동과 동일
복합 외현 반응	• 톱을 능숙하게 조작한다. • 수영에서 바른 자세를 보여 준다. • 자동차 운전을 능숙하게 하는 것을 보여 준다. • 바이올린을 능숙하게 연주한다.	유도된 반응 행동과 동일
적응	• 테니스를 할 때 상대방의 스타일에 대처한다. • 거친 물결에 맞추어 수영법을 변경한다.	적용한다 바꾼다 재배열한다 재정렬한다

학습 행동	일반적인 수업목표	구체적인 행위동사
		수영한다 재조직한다 변경한다
창안	• 춤 동작을 창작한다. • 작곡한다. • 새로운 의상을 설계한다.	정돈한다 조합한다 구성한다 만든다 창작한다 설계한다 창안한다

3) 수업목표의 진술

(1) 타일러의 수업목표 진술방법

타일러(Tyler)는 바람직하고 실현 가능한 수업목표가 되기 위하여 ① 학습내용 또는 재료, ② 학습자의 기대되는 행동으로 진술되어야 함을 강조하였다. 내용만으로 교육목표를 진술하면 그러한 내용으로 학생들이 무엇을 해야 하는지를 나타내지 못하며, 행동만으로 교육목표를 진술하면 그러한 행동이 어떤 내용이나 생활면에 통용되는 것인가를 나타내지 못하기 때문에 만족스러운 수업목표 진술이 되기 어렵다고 하였다. 이 두 가지 구성 요소(내용+행동)가 포함된 수업목표의 예시를 제시하면 표 7-5와 같다.

표 7-5 타일러의 수업목표 진술방법

① 내용	② 행동
단리법을 이용하여 이자를	계산할 수 있다.
피타고라스의 정리를	증명할 수 있다.
삼각형의 합을	계산할 수 있다.
훈민정음이 만들어진 까닭을	설명할 수 있다.

(2) 메이거의 수업목표 진술방법

메이거(Mager)는 바람직하고 실현가능한 수업목표가 되기 위하여 ① 도착점 행동이 일어나는 상황 또는 조건을 제시하고, ② 행동의 성공 여부를 판단 가능한 도달기준(준거)을 설정하며, ③ 수업을 통해서 나타날 도착점 행위동사로 진술되어야 함을 강조하였다. 이 세 가지 구성 요소(상황 또는 조건+도달준거+도착점 행위동사)가 포함된 수업목표의 예시를 제시하면 표 7-6과 같다.

표 7-6 메이거의 수업목표 진술방법

① 상황 또는 조건	② 도달기준(준거)	③ 도착점 행동(행위동사)
색종이 10장이 주어졌을 때	최소한 5개 이상의 종이비행기를	접을 수 있다.
10개의 2차 방정식 문제가 주었을 때	30분 내에 7문제 이상을	정확하게 풀 수 있다.

(3) 가네와 브릭스의 수업목표 진술방법

가네와 브릭스(Gagné & Briggs)는 바람직하고 실현 가능한 수업목표가 되기 위하여 ① 필요한 조건과 상황이 제시되고, ② 도구나 제약을 포함하며, ③ 행위동사를 이용하여, ④ 무엇을 해내야 하는지 그 대상을 밝히고, ⑤ 학생에게 요구되는 학습능력이 무엇인가를 정확히 밝히는 방법으로 진술되어야 함을 강조하였다. 이 다섯 가지 구성 요소(상황+도구·제약+행위+대상+학습능력)가 포함된 수업목표의 예시를 제시하면 표 7-7과 같다.

표 7-7 가네와 브릭스의 수업목표 진술방법

① 상황	② 도구·제약	③ 행위	④ 대상	⑤ 학습능력
배터리, 소켓, 전구, 전선 등을 제시했을 때	배터리와 소켓에 전선을 연결하여	전구에 불이 들어오는가를 확인해 봄으로써	전기회로를	만들 수 있다.
주사기와 바늘을 그린 그림이 주어지면 학습자는	5분 이내에	그림에 명칭을 붙임으로써	피스톤의 원통손잡이 중심 각 부분 등 주사기의 구성요소를	확인할 수 있다.

(4) 그론룬드의 수업목표 진술방법

그론룬드(Gronlund)는 수업목표를 일반적 수업목표와 명세적 수업목표로 구분한다. 먼저 ① 일반적 수업목표를 진술한 다음 그것을 기초로, ② 명세적 수업목표를 진술해야 함을 강조하였다. 수업목표 진술을 간단하게 진술하기 위하여 주어를 생략하고, '할 수 있다'는 동사를 '하기'와 같이 명사형으로 줄여서 표현할 것을 권장하였다. 이 두 가지 구성 요소(일반 목표+명세적 목표)가 포함된 수업목표의 예시를 제시하면 표 7-8과 같다.

표 7-8 그론룬드의 수업목표 진술방법

① 일반 목표	② 명세적 목표
단원에 속해 있는 용어들의 의미를 안다.	1.1 용어의 정의를 쓴다. 1.2 용어의 동의어를 찾아낸다. 1.3 용어의 반의어를 찾아낸다. 1.4 개념의 묘사에 용어를 맞춘다.

4) 명세적 수업목표 진술의 문제점

명세적 수업목표 진술방법은 학습의 성과를 높이는 데 기여하는 점은 부인할 수 없지만, 몇 가지 관점에서 우려하는 목소리도 있다(홍후조, 2016).

① 가르친다고 하는 역동적이고 복잡한 과정은 수많은 성과를 낳을 수 있기 때문에 가르치는 일이 시작되기 전에 목표를 행동적인 용어로 상세화하기는 어렵다는 점이다.

② 수업목표의 상세화 이론은 가르치는 교과목의 성격이나 특수성을 충분히 반영하지 못한다는 점이다.

③ 교육성과를 측정하고 평가하는 기준으로서의 수업목표 상세화 이론은 결과를 쉽게 측정하고 평가할 수 없는 영역의 교과나 수업목표를 소홀히 할 우려가 있다는 점이다.

요점 정리(summary)

- 교육목표란 일련의 교육이나 수업을 통하여 학생들에게 나타나게 될 행동특성의 변화를 일컫는 말이다. '교육목표'와 유사 용어로는 '교육이념, 교육목적, 교육결과, 교과목표, 단원목표, 수업목표' 등이 있다. 교육의 목적, 교육의 일반적 목표, 교육의 구체적 목표의 위계관계는 다음과 같다.

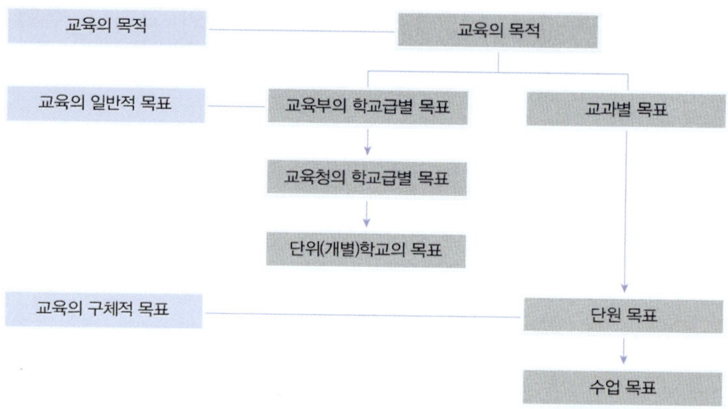

- 교육목표의 요건에는 포괄성, 적절성, 타당성, 실현 가능성, 구체성, 일관성 등이 있으며, 교육목표의 기능에는 교육 활동 방향제시의 기능, 교육내용 선정 및 조직, 교수-학습지도 및 생활지도 기준제시 기능, 평가기준제시의 기능, 교육 활동 조정의 기능이 있다.
- 수업목표의 진술방법에는 크게 네 가지로 구분되며, 타일러, 메이거, 가네와 브릭스, 그론룬드의 수업목표 진술방법 등이 있다.

주요 용어(key word)

- 교육목표
- 교육의 일반적 목표
- 교육의 구체적 목표
- 암시적 목표
- 명시적 목표
- 포괄성
- 적절성
- 타당성
- 실현 가능성
- 구체성
- 일관성
- 타일러(Tyler)
- 메이거(Mager)
- 가네와 브릭스(Gagné & Briggs)
- 그론룬드(Gronlund)

형성평가 및 연구과제 formation evaluation & research subject

1. 다음 중 교육목표의 요건과 거리가 먼 것은?

가. 포괄성 나. 적절성 다. 타당성
라. 실현 가능성 마. 객관성

2. 다음은 교육목표의 기능을 설명하고 있다. 교육목표의 기능과 거리가 먼 것은?

가. 교육 활동 방향제시의 기능 나. 교육내용 선정 및 조직의 기능
다. 교육평가 기준제시의 기능 라. 교육 활동 조정의 기능
마. 교육과정 운영제시의 기능

3. 다음은 수업목표 진술의 조건과 거리가 먼 것은?

가. 학생의 행동 중심으로 진술해야 한다.
나. 학습단원 종료 시 학생의 변화된 행동을 제시해야 한다.
다. 종착점 행동의 성취기준이 구체적으로 제시되어야 한다.
라. 학습내용의 습득을 구체적으로 제시해야 한다.
마. 관찰 가능한 행위동사로 진술해야 한다.

4. 성취 행동의 관점에서 볼 때 가장 적절하게 진술된 수업목표는? (02년 초등 임용고시)

가. 수질 오염 방지 대책에 대해 토론한다.
나. 비례대표제의 장점과 단점을 열거할 수 있다.
다. '오빠 생각' 노래를 피아노 반주에 맞춰 연습한다.
라. 광합성 작용의 절차를 실험을 통해 파악하게 한다.

5. 다음 〈보기〉의 내용 중 타일러(Tyler)가 제시한 행동적 수업목표 진술의 3가지 특징은? (01년 초등 임용고시)

> **보기**
>
> 1) 수업목표 진술은 학습자의 행동으로 진술하여야 한다.
> 2) 행동과 함께 내용도 진술되어야 한다.
> 3) 기대되는 학습자 행동은 충분히 세분화하여야 한다.
> 4) 학습자의 도착점 행동과 그 상황도 제시하여야 한다.

가. 1), 2), 3)　　나. 1), 2), 4)
다. 1), 3), 4)　　라. 2), 3), 4)

6. 수업목표를 진술할 때에는 조건, 도달기준, 행동의 종류가 명시되도록 하는 것이 바람직하다. 다음 중 이런 요소를 모두 충족시킨 진술은?

가. 지층과 화석의 형성과정을 알 수 있다.
나. 운동장의 200미터 트랙을 빨리 달릴 수 있다.
다. 환경오염의 직접적인 원인 세 가지를 알 수 있다.
라. 독일통일 당시의 역사적 사실을 나열할 수 있다.
마. 나눗셈 문제 30개가 제시되면 40분 동안 25문제 이상을 풀 수 있다.

7. 교육과정 개발의 일반적 절차에 따를 때, 교육목표를 진술한 다음 단계에서 해야 할 일은? (00년 초등 임용고시)

가. 수업자료의 제작　　나. 평가계획의 수립
다. 교육내용의 선정　　라. 수업방법의 설계
마. 교육내용의 조직

8. 다음 중 명세적 수업목표의 행위동사가 아닌 것은?

가. 인정한다.　　나. 설명한다.
다. 비교한다.　　라. 구분한다.

9. 명세적 수업목표 진술방법의 장·단점을 제시해 보시오.

10. 교육목적, 교육목표, 세부목표의 위계적 관계에 대하여 예시를 들어 설명해 보시오.

Chapter 08

교육내용의 선정과 조직

1. 교육내용의 선정
2. 교육내용의 조직
3. 교육과정 설계의 접근방식

학습개요

이 장에서는 교육내용의 선정과 조직에 대하여 세 가지 측면에서 살펴보고자 한다. 첫째, 교육내용 선정의 원리에는 타당성의 원리, 중요성의 원리, 학습가능성의 원리, 유용성의 원리, 만족의 원리, 흥미의 원리, 사회발전 기여의 원리, 동경험 다목표의 원리, 동목표 다경험의 원리, 내용 균형성의 원리 등이 있는데, 이들의 정확한 개념을 살펴볼 것이다. 둘째, 교육내용 조직의 원리에는 수직적 조직(계속성의 원리, 계열성의 원리), 수평적 조직(범위의 원리, 통합성의 원리), 수직·수평적 원리(연계성의 원리, 균형성의 원리)가 있는데, 이들에 대한 개념을 정확히 살펴볼 것이다. 셋째, 교육과정 구성 요소는 다양한 방식으로 조직하는 것이 가능하다. 이러한 교육과정 설계의 접근방식에는 분과형, 상관형, 융합형, 광역형, 교과중핵형 등을 고려할 수 있는데, 이들 개념에 대하여 살펴보고자 한다. 이 장을 마치고 나면, 여러분은 교육내용 선정·조직에 대하여 실무 적용이 가능할 것이다.

학습목표

학습목표 1. 교육내용의 선정의 원리를 설명할 수 있다.

학습목표 2. 교육내용의 조직의 원리를 설명할 수 있다.

학습목표 3. 교육과정 설계의 접근방식을 적용할 수 있다.

1 교육내용의 선정

1) 교육내용 선정의 의미

교육목표가 설정되면 이를 달성하기 위한 내용과 활동을 선정하고 조직해야 하는데, 이때 교육목표는 단원목표 이상을 말한다. 교육내용은 교육목표의 영향을 받는다. 교육목표와 일관성 있는 내용이 선정되어야 하며, 교육목표 설정 시 반영된 요인들이 내용 선정에서도 마찬가지로 고려되어야 한다. 전통적으로 교육내용 선정과 관련하여 가장 논란이 되어 온 것은 지식 중심으로 구성할 것인가 아니면 경험 중심으로 구성할 것인가 하는 점이었다. 그리하여 지식과 경험 가운데 무게 중심이 어느 쪽에 놓여 있는가에 따라 교육내용은 변화가 있었다. 그동안 학교 현장에서 교육내용을 선정하는 데 많은 고민이 있음을 시사하는 대목이다.

좋은 교육내용을 선정하기 위해서는 교육내용의 분류 개념을 이해할 필요가 있을 것이다. 교육내용의 의미는 크게 세 가지로 분류한다. 첫째, 교육내용을 지식, 기능, 가치 등 그 속에 포함되는 요소로 규정하는 관점이다. 교육내용은 지식 영역(사실, 설명, 원리, 정의 등), 기능 및 과정 영역(읽기, 쓰기, 셈하기, 비판적 생각하기, 의사소통하기, 의사결정하기 등), 가치 영역(선악, 참과 거짓, 아름다움과 추함 등)으로 구성된다. 둘째, 교과와 교과 속에 담긴 단원이나 과의 이름들과 같이 요소를 담고 있는 그릇으로 보는 관점이다. 교과는 인류가 오랜 역사를 통해 쌓아 올린 경험 가운데 가치로운 것을 조직한 지식체계이다. 셋째, 국가수준 문서에 제시된 교육내용과 교사가 선정하는 도구적 수업내용으로 구분하는 것이다.

앞에서 살펴본 것처럼 교육내용의 선정은 기본적으로 교육내용의 의미 세 가지 기준과 교사의 경험 부분이 녹아 들어가 학생들에게 가장 필요로 하는 양질의 교육내용이 선정되어야 할 것이다.

2) 교육내용 선정의 기준

어떤 교육내용을 선정해야 하는가는 매우 어렵고 복잡한 사고를 요구한다. 어떤 교육과정 개발자는 교육철학자를 비롯한 이론가들이 제시하고 있는 내용을 선정할 수도 있을 것이며, 교육과정 개발자들 간의 토론과 협의를 통하여 선정할 수도 있을 것이다. 하지만 어느 경우이든지 간에 교육내용을 선정할 때 적용되는 일반적인 기준(원칙)이 있다. 이 같은 교육내용 선정 기준(원리)으로는 다음과 같다(강봉규·박성혜, 2010; 권낙원 외, 2011: 346~348; 손충기, 2006: 175~182).

(1) 타당성의 원리

이 원리는 좋은 학습내용을 교육목표에 비추어 타당성이 있어야 한다는 것이다. 교육목표가 제시해 주는 바로 그 행동을 할 수 있는 기회가 마련되는 학습내용이 가장 좋다는 것이다. 이 원칙은 '기회의 원리'라고도 하는데, 어떤 교육목표를 달성하기 위해서는 그 목표가 의미하는 행동을 학생이 실제로 해 볼 수 있는 기회를 제공해 줄 수 있는 경험이 선정되어야 한다는 원리이기 때문이다. 어떤 교육목표를 달성하기 위한 학습경험의 계획에서 그 목표가 가리키는 행동을 실제로 해 볼 수 있는 기회를 보장하지 않는다면 목표 달성을 이루기는 어려울 것이다.

(2) 중요성의 원리

이 원리는 어느 내용이 어느 분야의 지식에 정통하기 위하여 중요하다고 생각되면 곧 교육내용으로 결정하는 것이다. 교육내용 또는 교재가 지식의 조직 분야에 있어서 중요한 것인가 아닌가를 분별하여 가장 중요하다고 판단되는 것을 선정하는 것인데, 이것은 더욱 전문화되고 특수화될 지식의 정통을 위해서 가장 기본적이라고 생각되는 내용이 곧 교육내용으로 결정되어야 한다는 기준이다.

(3) 학습 가능성의 원리

이 원리는 학생의 준비성과 관련되는 것으로 학생의 능력, 발달수준, 경험 등에 비추어 노력하면 학생이 충분히 학습해 낼 수 있는 것인가를 말해주는 기준이다. 아무리 좋은 교육내용이라 하더라도 학생이 학습해 낼 수 없는 것이라면 교육내용으로서 의의를 지닐 수 없다. 물론 학습해 내기 위한 시간이 충분하고 많은 인력이 투입되며, 적절한 환경만 조성할 수 있다면 어떤 내용이라도 학습해 내는 것이 가능할 것이나 현실은 많은 제약 속에서 교육 활동이 전개될 수밖에 없다. 이 원리를 비추어 쉬운 내용을 선정해야 한다는 것으로 이해하는 것 또한 부적절하다. 교육내용은 현재의 능력과 발달수준 혹은 경험에 비추어 보아 어느 정도 도전감을 불러일으킬 수 있도록 적정 수준의 난점을 지녀야 한다. 현재의 수준에 비추어 지나치게 쉬운 내용을 선정하게 되면 학습에서의 무기력감을 기르게 되며, 지나치게 어려운 것일 경우 좌절감과 부정적인 학습 자아개념을 형성하게 될 가능성이 크다.

(4) 유용성의 원리

이 원리는 현재의 방대한 지식 가운데서 현대생활에 가장 유용성이 많은 것을 교육내용으로 선정해야 한다는 것이다. 선정된 학습내용이 학생에게 어떤 유용성이 있는가를 결정하는 것으로 현대사회가 가지고 있는 많은 지식 중에서 현대인으로서 실생활에 가장 쓸모가 많은 내용을 선정하는 원리이다. 유용성이란 흔히 사용의 빈도로 해석하고 생활에서 가장 많이 사용되는 지식, 기능, 가치 등을 교육내용으로 삼으려는 생각이다. 하지만 이 유용성에서 주의해야 할 점은 현대생활에서만의 유용성이 아니라 '이상적인 삶의 영위'에 유용하게 이바지할 수 있는 유용성이 고려되어야 한다.

(5) 만족의 원리

이 원리는 교육내용이 학생들의 만족도를 높일 수 있어야 한다는 것이다. 예를 들어, 독서에 대한 흥미를 기르려고 하는 학습경험에서 학생은 광범위한 독서를 스스로 할 수 있는 기회를 가져야 할 뿐만 아니라, 그러한 독서 활동에서 만족감을 느낄 수 있어야 학습경험의 효과가 높아질 수 있다. 그러므로 학습경험을 계획하는 교사에게는 학생들의 필요와 흥미뿐만 아니라 인간의 만족감에 대한 기본적인 이해가 요구된다.

(6) 흥미의 원리

이 원리는 교육내용이 학생의 문제, 관심, 흥미, 욕구, 호기심을 기준으로 선정되어야 한다는 것이다. 아무리 좋은 내용이라도 학생이 교육내용에 관심이 없고, 호기심 등이 없다면 좋은 교육내용이라고 단정지어 말할 수 없다.

(7) 사회발전 기여의 원리

이 원리는 교육내용이 민주사회의 성장과 발전에 공헌하도록 하는가, 개인이 자기충족적(self-sufficient)인 사회구성원으로 공헌하도록 도와주는가, 개인 간의 가치와 권위, 민주적 과정, 개인의 기본권, 문화적 편향을 줄이는 내용, 시민사회 단체 활동의 역할, 정치와 경제의 사회화 등과 같은 민주사회가 요구하는 가치실현의 방향으로 교육내용이 구성되는지 등에 대한 응답이다.

(8) 동(同)경험 다(多)목표(다성과)의 원리

이 원리는 잘 구성된 교육내용은 바로 하나의 내용이나 경험으로 여러

목표를 달성할 수 있도록 내용이나 경험을 선정했는가를 말한다. 예를 들어, 비판적 사고능력 향상, 학교 활동에의 적극적 참여 등 여러 가지 교육목표를 달성하기 위하여 '모의 법정' 활동을 실시하는 경우가 그 예이다. 학생이 암기해야 할 내용에 비하여 직접 과제를 해결하고, 토론하고, 발표하는 내용이나 경험, 풍부한 내용, 다양한 학습 활동을 필요로 하는 내용, 독립적인 사고를 촉진할 수 있는 내용 등을 선정할 경우에 이 원리를 잘 적용하는 것이다.

(9) 동(同)목표 다(多)경험의 원리

이 원리는 교육내용을 선정함에 있어 하나의 교육목표를 달성하는 경우에라도 목표 달성을 위한 내용과 경험은 다양하게 선정되는 것이 바람직하다는 것이다. 예를 들어, 오염의 폐해를 인식하도록 하는 교육목표가 설정되었다고 가정할 때 이러한 목표 달성을 위한 교육내용은 오염실태 보고서, 사진 자료, 비디오, 현장 견학 등 다양한 내용과 경험을 선정할 수 있는 것이다. 이 원리는 교사, 교육과정 개발자에게 동일한 교육목표 아래 두 교사, 두 학교, 두 지역이 서로 다른 학습경험을 선정할 수 있는 이론적 근거를 제시해 주며, 학교의 여건이나 학습자의 필요와 요구 등에 알맞은 교육내용을 선정하면서 의도하는 교육목표를 달성할 수 있다는 가능성을 시사해 주고 있다. 그러므로 교육과정 개발자는 어떤 교육목표를 달성하기 위한 교육내용의 선정에는 상당히 넓은 범위와 가능성이 있다는 점을 인식할 필요가 있을 것이다.

(10) 내용 균형성의 원리

이 원리는 두 가지 균형을 의미한다. 하나는 내용의 폭과 깊이를 고려하는 것이며, 다른 하나는 어느 하나의 집단, 어느 하나의 시간대, 어느 하나의 사회나 개인·지역사회·국가·세계에 관련된 내용 등이 한쪽으로 편향되지 않아야 함을 말한다. 교육내용은 내용에 따라서 넓은 범위에 걸쳐 가르쳐야 할 것이 있는가 하면, 어떤 내용은 깊이 있게 다루지 않으면 교육내용으로서의 가치가 상실되는 것이 있다. 넓은 범위로 가르쳐야 할 내용을 선정하게 되면 다른 내용의 깊이의 문제가 발생하고, 깊이 있게 가르쳐야 할 내용을 선정하게 되면 다른 내용의 넓이 문제가 발생할 수 있다. 그러므로 교육과정 개발자가 균형을 이루도록 노력해야 한다. 이러한 문제는 초등학교, 중학교, 고등학교 중에서도 일반계 고등학교 혹은 실업계 고등학교 등의 구분에 따라서 서로 다른 구성비를 지니게 된다. 일반적으로 저학년의 경우는 깊이보다 넓이를 강조하게 되고, 고학년일수록 넓이보다 깊이를 지향할 것이다. 또 교육내용은 지식과 태도 육성의 균형, 학생의 필요나 사회의 필요, 학문적 필요 등 어느 하나에 치우침 없이 균형을 이루어야 하며, 현재뿐만 아니라 미래에 관련한 혹은 미래 준비에 필요한 내용의 균형, 문화의 특수성과 보편성 간의 균형도 필요하다. 다양성을 추구하는 다문화주의 사회에서는 어느 한쪽에 치우친 내용 선정은 적절할 수 없다.

2 교육내용의 조직

1) 교육내용 조직의 의미

교육내용 조직의 의미는 교육내용을 조직할 때나 조직된 교육내용의 양호도를 점검하는 것은 교육내용 조직에서 중복, 편중, 비약, 후퇴(낙차), 누락, 혼란(뒤죽박죽) 등과 같은 현상(하자, 瑕疵)을 제거하여 교육내용의 일관성과 통일성을 달성하고, 교육 활동의 노력과 시간의 낭비를 막기 위한 활동을 말한다. 교육내용 조직의 양호도 기준은 어떤 교과 영역의 교육내용을 제대로 조직하기 위한 또는 교육내용이 제대로 조직되었는가를 점검하기 위함이다. 교육내용 조직이 학습자, 사회, 교과의 세 가지 요소와 여러 관련 요소들을 상호 연결지어 높은 내적 일관성(internal consistency)을 갖추었는가를 점검할 때 적용하는 기준이며, 이는 교육내용 조직의 장·단점을 밝히는 기준이기도 하다.

2) 교육내용 조직의 구분

교육내용 조직의 기준을 살펴보기 전에 세 가지의 교육내용 조직인 수직적 조직, 수평적 조직 그리고 수직·수평적 조직을 구분하여 표 8-1과 같이 제시한다.

표 8-1 수직적 조직과 수평적 조직의 구분

구 분	수직적 조직	수평적 조직	수직·수평적 조직
기준(원리)	① 계속성(continuity)의 원리 ② 계열성(sequence)의 원리	③ 범위(scope)의 원리 ④ 통합성(integration)의 원리	⑤ 연계성(articulation)의 원리 ⑥ 균형성(balance)의 원리

3) 교육내용 조직의 기준

교육내용 조직의 기준(원리)은 앞서 살펴본 바와 같이 계속성의 원리, 계열성의 원리, 범위의 원리, 통합성의 원리, 연계성의 원리, 균형성의 원리가 있다. 이들을 간략히 살펴보면 다음과 같다(권낙원 외, 2011; 김진규, 2015; 박창언, 2017; 한혜정·조덕주, 2016).

(1) 계속성의 원리

계속성(continuity)의 원리는 과정 내용의 수직적 조직에 관한 문제로서 반복의 원리라고 할 수 있다. 교육내용 조직에 있어서 중요한 개념, 원리, 사실 등의 학습을 어느 정도 계속해서 반복 학습을 할 수 있도록 하기 위한 것이다. 즉, 이 원리는 학습심리 면에서 지각의 법칙이 근거가 되는 것으로 학생이 학습한 내용을 망각되지 않을 정도까지 학습되게 하기 위해서는 학습 목표와 직결된 지식이나 과정 또는 행동 양식이 어느 기간 동안 계속 반복 학습이 되도록 조직해야 한다는 것이다. 예를 들어, 사회 교과에서 사회 교과 자료를 읽는 기술을 개발하는 것이 중요한 교육목표라면, 이러한 기술에 대한 연습의 기회가 반복적이고 계속적으로 제공되도록 교육과정이 조직되어야 한다는 의미이다.

(2) 계열성의 원리

계열성(sequence)의 원리는 교육과정 내용의 수직적 조직의 문제로서 계속성을 포함하면서도 그것을 넘어서는 것이다. 즉, 계열성은 교육과정의 중요한 기술이나 개념이 계속해서 반복 학습될 수 있도록 조직해야 하지만, 그와 더불어 해당 기술이나 개념의 폭과 깊이가 더해질 수 있도록 조직해야 한다는 것을 의미한다. 예를 들어, 사회 교과 교육과정에서 사회 교과를 읽는 기술을 반복적으로 제시한다면, 점점 더 복잡한 자료를 제공해서 자료를 읽는 기술이 점점 더 깊이 있게 되도록 해야 한다는 것이다. 다시 말해 계열성은 경험의 중복이 아니라 동일한 경험이 연속적으로 점점 더 높은 수준의 경험으로 확대되고 깊어지는 것을 말한다. 교육내용 조직의 계열성을 전형적으로 잘 나타내주는 것은 우리나라 초등학교 수학 교육과정의 조직이다. 그 예를 제시하면 표 8-2와 같다.

표 8-2 초등학교 수학 측정 영역 내용 체계

	학년					
	1	2	3	4	5	6
측정	• 양의 비교 • 시각 읽기	• 시각과 시간 • 길이	• 시간 • 길이 • 들이	• 각도 • 평면도의 둘레 • 직사각형과 정	• 평면도형의 넓이 • 무게와 넓	• 원주율과 원의 넓이 • 겉넓이와

	학년					
	1	2	3	4	5	6
		• 측정값 나타내기	• 무게	사각형의 넓이 • 어림하기(반올림, 버림) • 수의 범위(이상, 이하, 초과, 미만)	이의 여러 가지 단위	부피 • 원기둥의 겉넓이와 부피

전통적으로 교육내용을 조직할 때 계열을 보장하기 위해서는 다음과 같은 원리를 적용하여 조직하는 것이 바람직하다.

① 단순한 것에서 복잡한 것으로 학습하는 원리
② 전체로부터 부분으로 학습하는 원리
③ 연대순 배열의 학습 원리
④ 구체적 경험에서 추상적 개념의 순서로 학습하는 원리
⑤ 친숙한 것에서 생소한 것으로 학습하는 원리
⑥ 선행 필수를 이해하는 학습의 원리
⑦ 나선형으로 학습하는 원리

(3) 범위의 원리

범위(scope)의 원리는 교육과정 내용의 수평적 조직의 문제로서, 교육과정에서 다루어 줄 내용의 폭(breath)과 깊이(depth)를 말한다. 우리나라는 국가 교육과정에서는 교육 현장에서 배울 교과를 중심으로 내용의 범위를 정해주고, 지역 교육과정에서도 초등학교 일부 사회과 단원에서 범위를 결정한다. 학교 교육과정에서는 창의적 체험활동에서 정할 수 있다. 교육과정 실천은 교사에 의해 이루어지기 때문에 교사에 의해 어느 정도 조정이 되는 과정을 거친다. 예를 들어, 국가 교육과정 총론에 제시된 교육과정 편제에 나타난 시간 배당표이다. 2015 개정 교육과정의 중학교 국어를 보면 1~3학년간 442시간, 수학은 374시간 등으로 규정하고 있다.

형식적으로 보면 교육 현장에서 무슨 내용을 얼마만큼 깊이로 가르칠 것인지를 결정해 주고 있다. 실제 해당 교과에 담길 내용으로 지식과 기능 및 가치를 어떻게 선정할 것인가를 결정해 준다. 궁극적으로 범위는 학습자를 대상으로 무엇을 어느 정도까지 가르칠 만한 가치가 있다고 생각하는지 결정하는 것이다.

(4) 통합성의 원리

통합성(integration)의 원리는 수평적 조직과 관련된 것으로, 교육내용 조직을 학습자로 하여금 사물을 통합적 관점에서 보게 하고, 학습 내용과 행동을 통합시키도록 하는 것을 말한다. 예를 들어, 타일러(Tyler)는 수학의 계산 능력을 학습한 경우에 사회과 공부나 과학과 공부 그리고 물건을 구입할 때 어떻게 활용될 수 있는지를 고려하는 것으로 설명한다. 그리하여 단순히 교과 공부로 끝나는 것이 아니라, 학생의 일상생활에서 활용할 수 있는 기능이 되어야 함을 주장한다. 한 교과의 개념이 다른 분야의 일과 어떻게 관련되고, 학생의 기능과 태도에 어떻게 반영되느냐를 보는 것이다. 우리나라는 제4차 교육과정에서 초등학교 저학년에서 통합 교육과정의 개념을 도입하였다. 국가 교육과정 총론의 시간 배당에서 "교과 활동 시간은 교과 간의 연관성과 학생의 발달 단계를 고려하여 1, 2학년은 교과 간의 통합을, 3학년 이상은 분과를 원칙으로 배당한 바 있다. 중학교의 생물, 화학, 물리 등을 과학 교과로 묶는 것도 통합성의 원리에 기초한다.

(5) 연계성의 원리

연계성(articulation)의 원리는 연관성이라고도 하며, 교육과정의 여러 가지 측면에 대한 수직·수평적 상호 관련성을 의미한다. 먼저 '수직적 연계성'은 교육과정 내용이 나중에 나타나는 주제나 코스와 관계를 맺는 것이다. 예를 들어, 수학의 대수 개념이 기하학 코스에 있는 주요 개념과 관련되도록 개론적인 기초대수나 9학년 대수를 설계하는 것이다. 연계성을 수직적으로 보게 되면 한 학년에서 다른 학년 수준으로 내용을 계열화하는 것을 말하게 된다. 다음으로 '수평적 연계성'은 상관성과 유사한 개념을 갖는다. 교육과정 내용의 한 부분을 그와 유사하거나 논리적 관계를 가진 다른 내용과 관련지으려는 것이다. 수학적 사고와 과학적 사고를 수평적으로 연계시키고자 하는 것과 같다. 수평적 연계성은 교육과정 통합과 관련된 것에 많은 강조를 두고 있다. 연계성은 대부분 분과적으로 되어 있는 현실에서 신경을 제대로 쓰지 않거나 협동적으로 교육과정을 개발하고자 하는 노력이 부족해 쉽게 이루어지지 않고 있다.

(6) 균형성의 원리

균형성(balance)의 원리는 특정한 교육과정 내용이 우세한 비중이 주어져 교육과정 내용에서의 왜곡 현상이 일어나지 않도록 하는 것이다. 교육과정과 수업 및 학습에 대한 특정한 관점을 토대로 교육과정 내용이 조직되면 다른 부분이 제외되어 학습자를 위한 교육과정 내용이 합리적으로 결정되지 않게 되는 것이다. 균형성은 교육과정 설계의 모든 측면과 관련해 균형을 이루어야 한다는 것이지만, 현실적으로 쉽지 않은 일이다. 교육과정에 종사하는 전공자와 현장 교사는 교육과정의 균형을 위해 지속적인 점검과 조정의 노력을 기울여야 한다.

3 교육과정 설계의 접근방식

교육과정의 설계는 다양한 방식으로 조직할 수 있다. 여기서는 분과형, 상관형, 융합형, 광역형, 교과중핵형 설계로 제한하여 그 의미를 살펴보고자 한다.

1) 분과형 설계

분과형(分課型) 설계는 모든 교과가 서로 분리되어 상호 연관성을 지니지 않도록 편성한 것이다. 국어, 수학, 영어, 사회, 화학, 생물 등이 독립적인 내용 체계를 이루며 설계한 것이 그 예이다.

2) 상관형 설계

상관형(相關型) 설계는 일반적으로 형식은 분과형을 취하지만, 관련 교과의 내용들이 서로 관련성을 갖고 교수-학습할 수 있도록 편성한 것을 말한다. 국어와 사회, 수학과 물리, 도덕과 사회 등의 교과를 독립적으로 편성하되, 어떤 내용(국어의 문학작품과 역사의 작품이 쓰인 시대적 배경)은 교과 간에 서로 관련지어 교수-학습이 가능하도록 설계한 것이다.

3) 융합형 설계

융합형(融合型) 설계는 상관형에서 광역형으로 이행하는 과정에서 시도되는 일종의 과도기적인 교육내용 구성을 말한다. 교육내용상의 서로 결합이나 통합할 수 있는 것들을 하나의 교과로 편성하는 것이다. 예를 들어, 식물학과 동물학을 결합시켜 '생물학'으로 편성하거나, 생물과 화학을 결합시켜 '생화학'으로 편성하는 것을 말한다.

4) 광역형 설계

광역형(廣域型) 설계는 융합형에 비해 결합시키는 관련 교과목들의 범주가 더 넓어지는 것을 말한다. 예를 들어, 과학(생물, 화학, 물리, 지구과학 등 결합)이나 일반사회(정치, 사회, 경제, 문화 등 결합) 등의 교과가 여기에 해당한다.

5) 교과중핵형 설계

교과중핵형(教科中核型) 설계는 과목들을 그대로 유지하면서 중핵적인 교과, 가장 중심적인 내용을 다루고 있는 교과를 중심부에 두고, 다른 교과들을 동심원적으로 편성하는 것을 말한다. 사회과가 중심에 놓이게 되면 '사회과 중핵교육과정'이 되며, 과학이 중심이 되는 경우 '과학과 중핵교육과정'이 된다.

요점 정리(summary)

- 교육내용 선정의 원리에는 타당성의 원리, 중요성의 원리, 학습가능성의 원리, 유용성의 원리, 만족의 원리, 흥미의 원리, 사회발전 기여의 원리, 동경험 다목표의 원리, 동목표 다경험의 원리, 내용 균형성의 원리 등이 있다.
- 교육내용 조직의 원리는 수직적 조직(계속성의 원리, 계열성의 원리), 수평적 조직(범위의 원리, 통합성의 원리), 수직·수평적 원리(연계성의 원리, 균형성의 원리)로 구분된다.
- 교육과정 구성 요소는 다양한 방식으로 조직하는 것이 가능하다. 교육과정 설계의 접근방식에는 분과형, 상관형, 융합형, 광역형, 교과중핵형 등이 있다.

주요 용어(key word)

- 타당성의 원리
- 중요성의 원리
- 학습 가능성의 원리
- 유용성의 원리
- 만족의 원리
- 흥미의 원리
- 사회발전 기여의 원리
- 동경험 다목표의 원리
- 동목표 다경험의 원리
- 내용 균형성의 원리
- 계속성의 원리
- 계열성의 원리
- 범위의 원리
- 통합성의 원리
- 연계성의 원리
- 균형성의 원리
- 분과형 설계
- 융합형 설계
- 광역형 설계
- 교과중핵형 설계

형성평가 및 연구과제 formation evaluation & research subject

1. 다음 중 학습경험의 선정 원칙 중 "독서에 대한 폭넓은 흥미의 함양을 지향하는 목표가 있다면 다양한 분야의 책을 읽어볼 수 있는 경험을 제공해야 한다"는 원칙은?

가. 기회의 원칙　나. 만족의 원칙　다. 흥미의 원칙
라. 유용성의 원칙　마. 타당성의 원칙

2. 학년 간 교육내용의 반복성을 강조하는 교육과정의 조직원리는? (06년 유치원/초등 임용고시)

가. 통합성의 원리　나. 균형성의 원리　다. 계속성의 원리
라. 계열성의 원리　마. 범위의 원리

3. 다음은 동물에 관한 학년별 교육내용을 배열한 것이다. 여기에 적용된 내용조직의 원리는? (06년 중등 임용고시)

1학년 : 동물
2학년 : 포유류, 조류, 양서류, 어류
3학년 : 개의 소화기관, 참새의 사계절, 뱀의 겨울잠, 연어의 한살이

가. 계속성, 통합성　나. 계열성, 계속성
다. 계열성, 균형성　라. 통합성, 균형성

4. 교육과정이 교육내용을 단순하고 구체적인 것으로부터 점차 복잡하고 추상적으로 조직하는 원리는? (01년 중등 임용고시)

가. 계열성의 원리　나. 계속성의 원리
다. 통합성의 원리　라. 균형성의 원리

5. 다음 〈보기〉에 제시된 교육상황과 관련 있는 원칙들을 알맞게 결합시킨 것은?

> **보기**
>
> 1) 인체의 기본 소화기관의 이름과 기능을 초등학교와 중학교에서 반복하여 가르친다.
> 2) 고려 왕조 설립 과정에 대하여 초등학교에서는 진행된 사실만을, 중학교에서는 사실과 역사적 의미를 함께 가르친다.

가. 1) 계속성의 원리, 2) 계열성의 원리
나. 1) 계속성의 원리, 2) 통합성의 원리
다. 1) 범위의 원리, 2) 계열성의 원리
라. 1) 범위의 원리, 2) 통합성의 원리

6. 교육내용을 조직하면서 동일한 내용 요인을 반복하여 제시하되, 그 의미를 확대·심화시켜가는 원리는?

가. 균형성의 원리　　나. 연계성의 원리
다. 계속성의 원리　　라. 계열성의 원리

7. 교육내용 조직의 횡적 원리(scope)와 가장 관련이 있는 것은? (01년 초등 임용고시)

가. 발달과업　　나. 구안학습법
다. 학문의 구조　　라. 학습자 흥미

8. 그림은 학교 교육과정의 내용조직에 관한 특정한 관점을 제시한 것이다. 이 그림이 나타내는 것은? (05년 초등 임용고시)

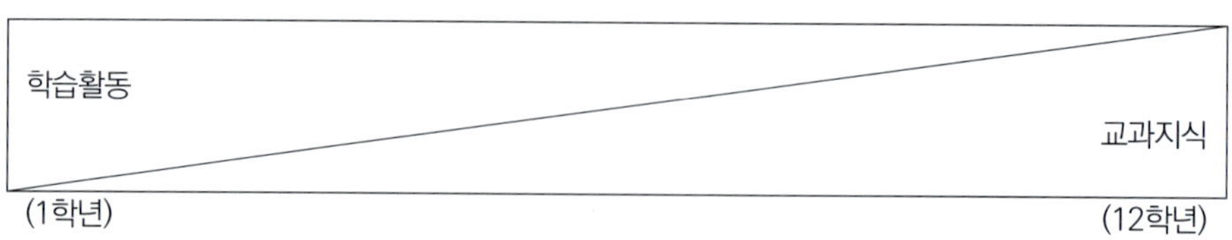

가. 저학년일수록 분과적 접근이 강조된다.
나. 저학년일수록 추상적 과제의 학습이 강조된다.
다. 고학년으로 갈수록 활동 주제 중심의 학습이 강조된다.
라. 고학년으로 갈수록 지식 획득 중심의 학습이 강조된다.

9. 학생의 흥미나 요구를 중심으로 하여 교육내용을 통합하되, 통합 이전 교과의 구분이 완전히 사라진 채 조직되는 통합 유형은? (04년 중등 임용고시)

가. 광역형　　나. 중핵형
다. 분과형　　라. 상관형

10. 역사, 지리, 경제, 정치 등의 내용을 '사회'로 통합하듯이, 여러 교과목들 중에서 서로 유사하고 관련성이 큰 과목들을 한데 묶음으로써 교육내용과 활동을 재조직하는 통합 유형은?

가. 중핵형　　나. 광역형　　다. 분과형
라. 상관형　　마. 융합형

11. 중요하고 기초적인 교육내용과 실용적 가치가 큰 교육내용 중 하나를 선정해야 한다면, 어떤 것을 선정해야 하는가? 그렇게 판단한 이유는 무엇인가?

12. 교육내용과 학습경험을 통합한다는 것은 구체적으로 무슨 의미인가?

Chapter 09

수업설계와 교수-학습방법 선정

1. 수업설계
2. 교수-학습방법 선정

학습개요

이 장에서는 수업설계와 교수-학습방법 선정에 대하여 세 가지 관점에서 살펴보고자 한다. 첫째, 수업설계는 수업을 어떻게 전개할 것인가를 다루는 전문적인 활동으로서 특정한 학습내용과 특정 대상 학생들을 위하여 어떠한 교수방법을 언제 사용할 것인가를 살펴보고자 한다. 예를 들면, 학습목표를 명확히 설정하여 수업내용, 방법, 평가 등에 이르는 수업체제의 전 과정을 유기적으로 상호 관련시켜 조직화하여 수업활동이 체계적이고 합리적으로 실행될 수 있도록 제반 활동을 수립하는 방법을 이해하는 것이다. 둘째, 수업설계는 일반적으로 장기계획과 단기계획으로 구분하는데, 장기계획의 연간계획(학교 및 학급), 월간계획(학교 및 학급), 단원계획(학급)을 살펴보고, 단기계획의 주안, 일안, 시안에 대하여 개념적 정립을 하고자 한다. 셋째, 교수-학습방법의 선정은 조직된 학습내용을 가지고 실제 학생과 의사소통을 통해 정보를 주고받는 과정을 갖는다는 점에서 중요하다. 따라서 교수-학습방법의 선정기준과 고려사항, 교수-학습방법의 분류방법 등을 살펴볼 것이다. 이 장을 마치고 나면 여러분은 수업설계와 교수-학습방법 선정에 대한 기초 지식을 습득할 수 있을 것이다.

학습목표

학습목표 1. 수업설계의 절차와 방법을 설명할 수 있다.

학습목표 2. 교육내용에 적합한 교수–학습방법을 선정할 수 있다.

1 수업설계

1) 수업설계의 의미

수업설계(instruction design)는 교육내용의 선정 및 조직이 완료되고 이를 토대로 지도계획을 수립한 다음에는 수업 전개에 대한 청사진을 작성해야 한다. 즉, 선정·조직된 교육내용을 전개하는 데 적용할 수업모형을 확정하고 구체적으로 활용할 교수방법 및 매체를 선정하는 등의 계획을 세워야 하는데, 이것이 바로 좁은 의미의 수업설계이다. 좀 더 구체적으로 언급하면, 수업설계란 수업을 어떻게 전개할 것인가를 다루는 전문적인 활동으로서 특정한 학습내용과 특정 대상 학생들을 위하여 어떠한 교수방법을 언제 사용할 것인가를 처방해 주는 청사진이라고 볼 수 있다. 예를 들면, 학습 목표를 명확히 설정하여 수업내용, 방법, 평가 등에 이르는 수업체제의 전 과정을 유기적으로 상호 관련시켜 조직화하여 수업 활동이 체계적이고 합리적으로 실행될 수 있도록 제반 활동을 수립하는 것이다. 이러한 수업설계는 충분하고 세밀한 계획 후의 수업이 더 효과적일 것이라는 기본 가정에 근거하고 있는데, 이는 무한한 정보와 지식의 홍수 속에서 가치 있고 효과적인 교육과정을 선정하고, 학습자의 개인차를 고려하여 수업내용과 수업매체, 수업방법을 선별하는 수업의 개별화 원칙에 충실해야 하므로 필요하다. 또한 수업설계는 수업에서의 오류와 실패를 최소화시키기 위해 필요하다(오만록, 2012).

2) 수업설계 시 고려사항

일반적으로 좋은 수업설계를 위한 고려사항은 다음과 같다(김희수, 2009).

① 수업목표나 내용에 알맞은 수업방법은 무엇인지 분석하고 선택해야 한다.

② 수업의 대상자들을 분석하고 이들에 적합한 수업방법을 계획해야 한다.

③ 수업은 여러 가지 학습 활동이 포함되므로 학습 활동에 관한 수업설계가 이루어져야 한다. 예를 들어, 동기유발, 수행유도, 질의응답, 모니터링 등 다양한 형태의 활동들을 충분히 고려해야 한다.

④ 수업설계는 교수자 자신의 자질, 능력, 선호하는 수업방법 등을 고려하여 이루어져야 한다. 예를 들어, 좋은 첨단 시설과 장비가 있더라도 수업자가 실제 사용할 수 없다면 이는 무용지물과 다름없고 수업에 접목될 수 없기 때문이다.

⑤ 수업과 관련한 현실적인 제 여건이 고려되어야 한다. 여기에는 허용된 수업 시간의 양, 학습 활동을 할 공간과 장소, 교수-학습 자료, 시설, 예산, 안전, 이동의 문제, 학부모의 동참이나 허락 등 다양한 요소들이 고려되어야 한다.

이와 같이 좋은 수업설계를 위하여 수업목표, 수업방법, 매체선정 등이 이루어지고, 이를 활용할 수 있는 교수자의 능력, 학생의 동기유발과 모니터링 계획, 수업과 관련된 제 요소의 접목 등이 중요하다. 교수자는 이 점을 간과해서는 안 된다.

3) 수업설계의 유형

수업설계는 일반적으로 장기계획과 단기계획으로 구분한다. 첫째, 장기계획은 수업의 연간계획(학교 및 학급), 월간계획(학교 및 학급), 단원계획(학급)을 포함한다. 전반적인 학교활동, 생활지도, 행사교육과 일과·평가·진도 등에 관한 세부적인 계획이 배경을 이루는 계획 설계이다. 둘째, 단기계획에는 주안, 일안, 시안으로 분류되며, 주안은 모든 장기계획을 바탕으로 1주일을 단위로 구체적인 수업계획을 수립하는 것이다. 일안은 당일 수업지도계획이며, 시안은 매 시간별 학습내용에 따라 효과적인 학습지도를 하기 위한 계획이다. 시안은 다시 약안과 세안으로 구분한다. 세안은 매우 세밀하고 구체적으로 작성하는 것을 말하며, 약안은 간략하고 개괄적으로 작성하는 것을 말한다. 이를 그림으로 재시하면 그림 9-1과 같다.

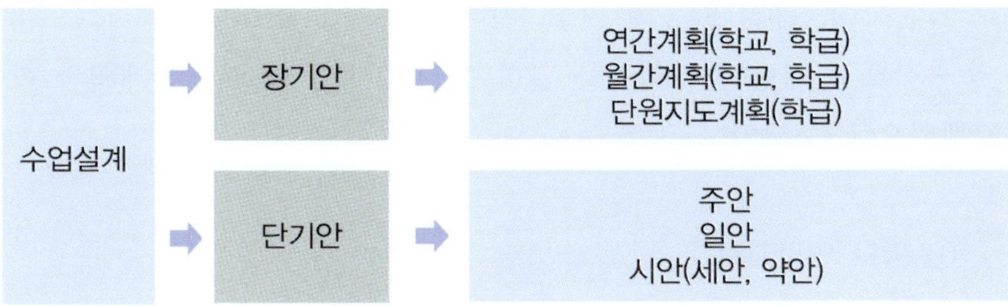

그림 9-1 수업설계의 수준별 유형

한편 수업설계를 단원 전개계획과 차시별 계획으로 구분하기도 한다. 우선 단원 전개계획은 교과목별로 정해진 각 단원을 어떠한 방법으로 가르칠 것인가에 대한 총체적이며 개략적인 계획으로 볼 수 있다. 다음으로 차시별 계획은 단원의 계획에서 매 수업시간별로 한 시간 수업을 어떻게 시작해서 어떠한 활동을 시키고 매듭지을 것인가에 대한 보다 치밀한 계획이다. 단원 전개계획은 단원의 설계 또는 단원지도계획이라도 하며, 차시별 계획은 시안, 단시안, 교수-학습과정안 등으로 부르기도 한다. 이 같은 수업설계를 함에 있어 유의할 사항은 다음과 같다.

① 수업설계는 지도목적에 적합한 계획이어야 한다.
② 수업설계는 과학적으로 계획되고 작성되어야 한다.
③ 수업설계는 역동성이 있어야 한다.

(1) 장기 수업설계

장기 수업설계는 학교 교육계획 중에서 1년간의 학교 경영안, 학교별 운영계획, 학급별 운영계획 등을 비롯하여 한 학생이 학교에 입학하여 졸업할 때까지의 지도계획안을 망라한다. 그리고 연간계획안을 기초로 월별안, 수 주일을 요하는 대단원 교수-학습과정안 등이 이에 해당한다.

1 연간계획

교과의 학습, 특별 활동의 지도, 기타 학교에서 이루어지는 모든 내용을 총괄적으로 개괄한 계획안을 말하며, 여기에는 학교 연간계획과 학급 연간계획으로 구분된다.

① 학교 연간계획

1년간 학교에서 이루어지는 교무행정, 일반 학사행정에 속하는 학교행사, 학교환경 구성, 총 수업일수, 연간 수업 주수(週數), 휴업일 등을 포함한 일람표를 말한다.

② 학급 연간계획

학교의 연간계획을 기초로 한 각 교과별 내용, 시간수, 특별활동 및 생활지도에 대한 연간계획을 의미한다. 여기서 한 가지 유의할 점은 학교의 연간계획과 학급별 연간계획이 상호 연결되어 하나의 연간계획으로 발현되어야 한다는 점이다.

2 월간계획

학교 연간계획을 기초로 월별 상세한 계획을 세운 것을 말한다. 학교 전체의 월간계획과 학년별·학급별 월간계획을 의미한다.

3 단원지도계획

각 교과의 단원별 내용을 살펴보면 한 단원이 1주일 학습량이기도 하고, 어떤 단원은 1개월을 초과해야 하는 학습량이기도 하다. 따라서 학습단원에 따른 각 과별 단원지도계획을 연간 또는 월별계획으로 작성해 두어야 한다. 즉, 학년 초에 학기별 또는 연간별 단원지도의 전체 계획을 작성함을 의미한다.

(2) 단기 수업설계

단기 수업설계는 1주일 동안의 학습지도계획을 의미하며, 주안(週案), 일안(日案) 그리고 1시간 분량의 지도계획서인 시안(時案) 등으로 분류한다.

1 주안

연간계획에 근거를 두고 월간계획이 세워지면 월간계획에 근거하여 주(週) 계획이 설정되는데, 이것을 주안이라고 한다. 주안에는 일주일 동안의 수업계획과 일반 학사행정 측면의 주 계획이 있다. 일반적으로 주안이라 하며, 대개 학습지도에 관한 일주일 계획을 의미한다.

2 일안

일안은 주간계획인 주안에 근거를 두고 작성한다. 대부분 하루의 일과표에 의해서 매 시간별 지도할 학습내용, 학습 활동, 준비물 등을 요약하여 밝혀두는 것을 말한다. 여기에서도 일반 학사행정이나 생활지도의 특별한 계획이 포함되나, 일반적으로 일안은 하루 동안의 교과학습 지도계획을 의미한다.

3 시안

교과 학습계획과 그에 따른 생활지도안까지 매 시간별 구체적인 지도계획이 바로 시안이다. 시안은 매 시간마다의 학습내용에 따라 효과적인 지도방법을 사용하기 위한 계획으로 학습자의 학습 활동에 가장 직접적인 영향을 미치는 학습계획이라 할 수 있다. 이른바 교수-학습과정안이 이 시안에 해당된다.

4) 수업 단계와 주요 활동

수업 활동은 일반적으로 도입, 전개, 정리라는 3단계로 이루어진다. 하지만 헤르바르트(Herbart)는 예비, 제시, 비교, 총괄, 응용의 5단계로 나누었고, 킬페트릭(Kilpatrick)은 목적, 계획, 수행, 평가의 4단계로 구분하였으며, 가네와 브릭스(Gagné & Briggs)는 주의집중하기, 목표고지하기, 선행학습 자극하기, 자극자료 제시하기, 학습안내하기, 수행유도하기, 피드백 제공하기, 성취평가하기, 파지 및 전이 촉진하기의 9단계로 구분하기도 하였다. 어떤 수업 활동이 옳다고는 할 수 없으나, 최근에는 가네와 브릭스의 학습지도안이 보다 구체적으로 진술할 수 있다는 점에서 관심을 받고 있으나, 일반적으로 도입, 전개, 정리의 3단계 수업 활동이 지배적으로 사용된다. 학습지도의 단계별 주요 활동을 제시하면 표 9-1과 같다.

표 9-1 학습지도의 단계별 주요 활동

지도 단계		주요 활동
일반적	가네와 브릭스	
도입	1. 주의집중하기 2. 수업목표 고지하기 3. 선행학습 재생하기	• 학습자 동기유발하기 • 목표인지하기 • 선행학습 관련짓기
전개	4. 자극자료 제시하기 5. 학습안내 제공하기 6. 수행유도하기 7. 피드백 제공하기	• 학습자료 제시하기 • 학습내용 제시하기 • 학습자의 참여 유도하기 • 다양한 수업기법 적용하기 • 시간과 자원관리하기
정리	8. 수행측정하기 9. 파지·전이 촉진하기	• 요약 및 정리하기(성취도평가 포함) • 일반화하기 • 보충 및 예고하기

(1) 도입 단계

도입 단계는 본시 수업이 시작되는 단계로 비교적 짧은 시간에 이루어진다. 수업상황에 따라 약간 차이는 있지만 50분 기준으로 할 때 대략 5~10분 정도가 적절하다. 이 시기에는 무엇보다도 학생의 주의를 집중시키고 동기를 유발하는 것이 가장 중요하다. 그리고 학생에게 본시 수업에서 달성해야 할 목표를 명확하게 제시해 주고 선수학습과 관련짓기 위한 활동이 필요하다.

1 학습자 동기유발하기

수업은 교수자가 일방적으로 교육내용을 전달하는 것은 아니다. 그러므로 학생들의 수업에 대한 관심을 촉발하고 흥미를 높이는 것은 학업성취도를 향상시킨다는 차원에서 중요하다. 실제 교수자들은 학생의 동기유발 전략에 많은 시간을 할애할 필요가 있다. 학습자의 학습동기 유발방법을 제시하면 다음과 같다(변영계 외, 1996).

① 학생에게 주어진 수업목표를 달성했을 때 그들이 할 수 있게 되는 것이 무엇인지 설명한다. 학생들은 수업의 도입 단계에서 자신이 그 수업을 성공적으로 참여했을 때 무엇을 할 수 있게 되는가를 분명히 알아야만 성취동기가 발생한다.

② 학습과제와 관련이 있는 예화나 경험담을 들려주어 학생의 관심을 유도하는 방법이다. 학습과제와 관련된 현장의 사례 혹은 역사적 예화, 일상생활의 경험 등을 들려줌으로써 학생이 습득해야 할 학습과제에 자연스럽게 연결해준다.

③ 학습과제를 설명하거나 표현해주는 시청각 자료들을 사용하여 주의를 집중시키는 방법이다. 학습해야 할 문제 사태를 담고 있는 사진, 필름, 테이프, 멀티미디어나 인터넷 자료 등을 보여 줌으로써 학습자의 호기심을 자극하고 시선을 모은다.

2 학습목표 제시하기

학습목표는 학생이 수업이 종료되었을 때 무엇을 할 수 있게 될 것인가를 태도로 나타내 보이도록 명세적으로 기술하여야 한다. 그리고 이 학습목표는 적정하게 선정되어야 학습효과가 높아진다. 예를 들어, 학습목표가 너무 많아지면 학습과제에 대한 깊이가 없어지고 주요 핵심을 파악하기 어려워진다. 반면, 학습목표가 너무 적으면 수업이 단조롭고 다양한 지식을 얻는 데 제한이 된다. 일반적으로 매 시간별 학습목표는 3~5개 정도가 적당하다고 한다. 이 학습목표는 객관적으로 관찰 가능하고 측정할 수 있는 행동적 용어로 기술된 행동적 학습목표로 설정되어야 한다. 또한 이 학습목표는 본시 학습에서 가장 먼저 학생에게 제시되고, 수업을 마치면 달성되었는지 필히 평가해야 한다. 이런 측면에서 가네와 브릭스(Gagné & Briggs)의 수업사태는 의미가 있다.

3 선행학습과 관련짓기

어떤 새로운 학습이 일어나기 전에 본시 수업에서 또 하나의 사태를 마련해야 한다. 그것은 본시 수업에서 다룰 학습과제와 관련이 있는 과거의 학습 경험들을 회상시키거나 재생시켜 주는 일이다. 그것은 이전에 배운 항목들의 인출을 자극하는 것이다. 이전에 학습한 여러 가지 능력이 학생의 작업기억에서 손쉽게 활용될 수 있도록 해주어야 한다. 이전에 학습한 내용의 인출은 곧 본시 학습에서 이루어질 학습과제를 해결하고 이해하는 데 많은 도움을 주게 된다. 따라서 교사는 도입 단계에서 필히 선행학습을 재생 자극하는 데 관심을 가져야 한다.

(2) 전개 단계

전개 단계는 실제 학습을 안내하는 중심 활동에 해당한다. 실제 수업시간의 60~70% 정도를 이 단계에서 사용한다. 특히 학생의 적극적인 수업 참여를 위한 수행유도는 완전학습이나 개별화 학습 그리고 팀 학습을 하는 데 매우 중요한 단계이다. 전개에서는 학습과제의 내용을 학생들에게 제시할 뿐만 아니라 다양한 수업방법을 적용하여 수업목표 달성을 위해 최적의 교수-학습 활동이 전개된다.

1 학습자료 제시하기

자료 제시는 학습해야 할 내용에 따라 혹은 학습대상에 따라 달라져야 한다. 만일 언어정보를 습득하려면 그 자극은 인쇄된 교재이거나 청각적인 메시지일 수도 있다. 지적기능을 가르치려면 프레젠테이션이나 시범을 통해서도 가능하다. 이처럼 자료 제시는 학습목표를 달성하는 데 도움이 되는 다양한 프로그램이나 매체들을 포함한다. 여기에는 앞서 언급한 것처럼 인쇄자료, 시청각자료, 컴퓨터 보조수업자료 등 여러 가지가 있다. 과거에는 매체 자체가 수업을 보조하는 역할을 하였으나, 최근에는 정보 통신의 발달로 수업을 주도하는 주체로 바뀌어 가고 있다. 다만 학습자료의 계열성을 고려하지 않은 수업전개는 자칫하면 산만하게 만들고 때로는 역효과를 초래한다는 점도 고려하여야 한다.

2 학습내용 제시하기

학습내용을 학생에게 제시하기 위해서 교사가 생각해야 할 일은 어떤 순서로 제시할 것인가의 문제이며, 학습방법의 적용 문제이다. 학습내용을 제공하는 것은 교사가 학생에게 정답을 가르쳐 주는 것이 아니라, 오히려 하위 개념이나 법칙을 적절하게 결합시켜 새로운 법칙들을 발견하도록 유도하는 사고방식을 의미한다. 예를 들어, 문제해결학습을 시도한다면 하위법칙들이 결합되는 계열에 단서를 주는 언어적 진술로 안내되어야 한다. 새로 배운 수학 법칙을 응용문제에 적용할 경우 우수한 학생에게는 교사가 최소한의 안내를 하거나 안내를 전혀 하지 않은 채로 발견학습을 하는 것이 바람직할 것이다. 반면, 학습능력이 부족한 학생에게는 학습을 안내할 때 “답은 직접 말하지 않고” 구체적인 단서를 주는 게 바람직하다. 여기에서는 학습안내와 관련하여 몇 가지의 고려사항이 있다.

① 학습방법은 학생들의 선행학습 수준, 개인차, 학습환경 등을 충분히 고려하여 학생이 수업에 참여할 수 있는 교수방법이 적용되어야 한다. 이는 학습내용이 학생을 고려하여 조직하고 계열화하고 진행해야 한다는 의미이다. 따라서 언어 선택, 학습방식, 학습량의 깊이와 폭 등에 관심을 가져야 한다.

② 학습과제의 분석표를 기초로 하여 가장 기초적인 학습과제부터 시작하여 점진적으로 수준 있는 학습과제에 이르기까지 순차적으로 제시해야 한다.

③ 주어진 학습목표를 성취하기 위하여 학습해야 할 내용과 예증을 선정하여 계획하는 일이다. 학습자들이 학습내용을 보다 쉽게 이해하도록 하기 위해서 가르칠 개념이나 원리에 해당하는 예시를 적당한 시기에 제시해 주어야 한다.

3 학습자의 참여 유도하기

의도하는 학습이 일어나고 있는지를 학생 자신이나 교사 또는 타인들이 확인하는 것은 중요하다. 일반적으로 교사는 학생에게 앞서의 학습지침 제공을 통하여 그들이 배워서 습득한 것을 실제로 해 보이도록 요구한다. 이렇게 함으로써 교사는 학생들이 학습목표의 성취에 좀 더 접근할 수 있도록 유도하며, 참여를 독려할 수 있다. 수행방식은 학습내용의 난이도와 학습자의 수준, 학습환경, 상황 등에 따라 다양한 방법이 적용될 수 있다.

① 학생의 생각과 의견을 상호 교환하는 방식으로 토론의 기회를 충분히 마련하여야 한다.

② 학생에게 완전학습 측면에서 학습과제를 부과하는 것이다. 단순 지적 영역뿐 아니라 기술 또는 태도 영역까지도 생각해 볼 수 있다. 이러한 과제 제시는 학습자들 간에 서로를 가르칠 수 있고, 동료학습을 유도할 수 있다는 관점에서 학습자의 적극적인 참여가 기대된

다. 직소(Jigsaw) 모형을 통한 수업 참여는 그 좋은 예라 할 수 있다.

③ 학생이 수업 시간에 노트 정리를 함으로써 주요 학습내용에 주의집중을 하게 되며, 이는 학습을 강화시키는 역할을 한다.

④ 학생이 스스로 학습한 내용을 구두로 발표하고, 대답할 기회를 많이 부여함으로써 수업으로의 적극적인 참여를 이끌어낼 수 있다.

4 다양한 수업기법 적용하기

설정된 수업목표를 효과적으로 달성하기 위해선 다양한 수업기법이 요구된다. 똑같은 학습내용인데도 어떤 교수자는 학생들이 이해하기 쉽게 교수하는 반면, 어떤 교수자는 그렇지 못한 경우를 종종 경험한다. 물론 학습내용의 성격에 따라서는 학생들에게 전달하기가 쉽지 않은 경우도 있으나, 대부분의 학습내용은 적절한 수업기법과 설명력이 있으면 효과적인 전달이 가능하다. 이런 측면에서 교수자는 학생들이 수업목표를 달성할 수 있도록 학습 문제해결 간에 수업기법을 구체화하고 다양화하여 적용할 필요성이 있다. 가르칠 수업목표, 수업상황, 수업자료의 특성, 학습자의 특성에 따라서 다양한 기법을 사용하는 것이 바람직하다.

5 시간과 자원관리하기

앞서 언급하였듯이 전개 단계는 총 수업시간의 약 60~70%(많게는 80%)를 차지한다는 측면에서 시간과 자원관리의 중요성을 인식할 수 있다. 따라서 몇 개의 하위단계 혹은 활동으로 구분하여 시간과 자원을 관리하는 것이 효율적인 수업 전개를 위해 필요하다. 뿐만 아니라 학습 안내와 수행유도는 적절한 시간적 배분이 뒤따라야 하며, 이는 크게 탐색, 해석, 응용 단계로 이루어질 수 있다. 또한 수행 유도는 학습안내 중간에도 이루질 수도 있으며, 수업 시간 내에 여러 번 반복되기도 한다.

(3) 정리 단계

정리 단계는 학습한 내용을 요약·정리하고 강화시키는 학습지도의 마지막 단계이다. 이 단계는 학습목표를 달성했는지 여부를 판단하고, 그에 따른 후속 학습대책을 세우는 결정적인 역할을 하기 때문에 더욱 중요하다. 특히 이 단계에서는 목표 달성 여부를 판단하는 수행측정이 이루어져야 한다. 수행측정은 학생이 학습내용을 얼마만큼 이해했는가를 가늠하는 것이기에 차시 수업 준비에도 적잖은 영향을 미치며, 자칫 학생이 이해를 못 한 상태라면 누적된 결손학습이 발생될 가능성이 있다. 하지만 불행하게도 많은 교사들이 시간관리를 잘못하여 정리 단계를 제대로 활용하지 못하는 경우가 있다. 교사들은 수업이 종결되는 시점에서 학습내용을 정리하고 요약할 수 있는 기회를 부여해야 한다.

1 요약과 종합하기

학습내용을 살펴보면서 중요한 사항들은 요약하고 종합해 주어야 한다. 또한 수행 측정을 통해 학습목표에 어느 정도 달성했는지를 판단하여 차시 수업 준비가 이루어져야 하며, 필요시 보충학습이 이루어지도록 관심을 가져야 한다. 요약 및 종합은 가급적 프레젠테이션화 해서 정리하는 게 효과적일 수 있다. 수업 종료 시점에서는 시간이 부족할 수 있고 학생들의 집중력이 떨어질 수 있기 때문이다. 또한 수행측정도 가급적이면 시청각화하여 학생들이 사전에 대답을 생각하고 대답할 수 있도록 한다. 그렇게 함으로써 측정에 대한 불안을 감소시켜 주고 학습내용을 차분히 정리할 수 있게 하는 효과를 가져올 수 있다.

2 보충 및 차시 예고하기

제한된 수업 시간 동안에 충분히 다루지 못했던 학습내용이나 학생이 더 알고 싶어 하는 주제에 관한 보충자료나 참고도서들을 언급해서 학생의 지적 요구를 충족시켜 주어야 한다. 또한 수업 시간에 깊이 있게 다루지 못한 학습 부분을 학생 스스로 보완하고 심화시키도록 도와주어야 한다. 차시 학습할 내용이나 주제를 본시 수업에서 배운 것과 관련지어 제시하여, 학습의 계열성을 유지시켜 줄뿐만 아니라 차시 수업에 대한 학생의 준비와 기대효과도 유도할 수 있을 것이다.

3 일반화하기

일반화하기란 학생이 학습한 내용을 주변의 생활 문제에 적용해서 그 문제를 해결해 봄으로써 학습의 전이를 가져오고 생활화하는 것을 말한다. 이는 연습의 효과와도 밀접한 관련이 있어 상호작용하는 가운데서 일반화의 수준을 높일 수 있다. 일반화를 위한 방법을 제시하면 다음과 같다(변영계 외, 1996).

① 단순 암기나 단편적인 학습보다는 학습 요소나 내용들의 관계를 이해하고, 이에 관련된 문제 사태를 해결할 수 있도록 학습하게 한다.
② 학습한 내용을 실제 생활에 적용해 보는 기회를 반복적으로 제공한다.
③ 학습 직후에 학습한 주요 내용을 요약·정리하게 한다.

2 교수-학습방법 선정

교수–학습방법의 선정은 조직된 학습내용을 가지고 실제 학생과 의사소통을 통해 정보를 주고받는 과정을 갖는다는 점에서 중요하다. 종래의 교사중심 교육에서는 교수방법 혹은 교수법이라 하였으며, 최근 학생중심의 교육에서는 학습방법 또는 학습법이라고 하고 있다. 하지만 교수–학습은 상호 보완적 관계이기에 이를 통합한 교수–학습방법이라야 타당할 것이다. 이처럼 중요한 부분을 차지하는 교수–학습방법과 관련하여 선정기준이나 고려사항 그리고 교수–학습방법의 분류를 살펴보는 것은 의미가 있을 것이다.

1) 교수-학습방법의 선정기준

교수-학습방법의 선정기준은 다양하나, 여기에서는 하이만(Hyman)의 교수-학습방법 선정기준을 제시한다(임창재, 1994).

① 교수-학습방법은 교사의 능력과 교과목에 대한 지식 그리고 흥미에 적합해야 한다.

② 교수-학습방법은 학생의 능력에 적합해야 한다. 학생 자신이 능력을 발휘할 수 있게 하는 교수-학습방법이 효과적인 방법이다.

③ 교수-학습방법은 의도하고 있는 교수형태에 지식, 기술 또는 가치 등을 반영해야 한다. 교사가 학생에게 쓰기를 가르친다면 교사는 학생에게 글을 쓸 수 있는 기회를 제공해야 한다.

④ 교수-학습방법은 수업상황 중 시간과 장소를 고려해야 한다. 예를 들면, 학생이 100명 넘는 상황에서 원탁식 토의방법을 사용한다는 것은 바람직하지 못한 방법이다.

⑤ 교수-학습방법은 학생의 흥미, 경험에 적합해야 한다. 수업이 어느 한 가지 방법으로 일관된다면 학생은 쉽게 싫증을 느낄 수 있다. 따라서 학생의 흥미나 경험을 고려한 여러 가지 수업방법을 다양하게 활용할 필요가 있다.

⑥ 교수-학습방법은 학생과 교과목과의 관계에 적합해야 한다. 만일 교육심리학 입문을 가르친다면 교사는 기본적인 용어나 능력을 잘 가르칠 수 있는 방법을 선택해야 한다.

⑦ 교수-학습방법은 학생의 학습양식과 교사의 교수양식에 일치된 것이어야 한다.

⑧ 교수-학습방법은 현재의 교과에 적합해야 한다.

2) 교수-학습방법 선정 시 고려사항

일반적으로 교수-학습방법을 선정할 때 고려사항은 다음과 같다(서정후, 최미희, 2004).

① 교육목표에 제시된 행동특성을 성취할 수 있는 조건이나 상황에 근접할 수 있는 방법을 선정한다.

② 실제 교육환경에서 요구되는 행동유형과 가장 유사한 방법으로 학생이 행동하도록 교수-학습방법을 선정한다.

③ 가용한 시간 내 다양한 반응을 경험할 수 있는 지도방법을 선정한다. 학습목표와 주어진 가용한 단위 시간을 고려하여 효과적인 교수-학습방법을 선정하는 것이 바람직하다.

3) 교수-학습방법의 분류

교수-학습방법은 교수-학습에 영향을 미치는 각종 요인을 고려하여 분류한다. 다음의 표 9-2는 교수-학습방법 분류의 한 가지 예시이다(김희수, 2009).

표 9-2 요인에 따른 교수-학습방법 분류

요인 \ 방법	강의	개인 교수	시범	집단 토의	시뮬레이션	프로그램 학습	세미나	프로젝트	연수	사례 연구
정보이전	+	+				+				
문제해결 촉진		+		+			+	+		+
기술훈련	−		+		+			+	+	
태도 변화				+			+	+		+
피드백 획득	−	+	+	+	+	+			+	
교사 통제	+	+	+			+		−		
학생활동	−	+	+	+	+	+	+	+	+	
학급 규모	+	+	+			+			−	
개인차						+				
준비의 용이성	+	+		−		−	−	−	−	−
강의 시간	+	+		−			−	−	−	
이용 가능한 자원	+	+		+			+	−	−	

참고: + 장점, − 한계점

요점 정리(summary)

- 수업설계란 수업을 어떻게 전개할 것인가를 다루는 전문적인 활동으로서 특정한 학습내용과 특정 대상 학생들을 위하여 어떠한 교수방법을 언제 사용할 것인가를 처방해 주는 청사진이라고 볼 수 있다. 예를 들면, 학습목표를 명확히 설정하여 수업 내용, 방법, 평가 등에 이르는 수업체제의 전 과정을 유기적으로 상호 관련시키고 조직화해서 수업 활동이 체계적이고 합리적으로 진행될 수 있도록 계획하는 것이다.
- 수업설계는 일반적으로 장기계획과 단기계획으로 구분한다. 첫째, 장기계획은 수업의 연간계획(학교 및 학급), 월간계획(학교 및 학급), 단원계획(학급)을 포함한다. 전반적인 학교 활동, 생활지도, 행사교육과 일과·평가·진도 등에 관한 세부적인 계획이 배경을 이루는 예정 설계이다. 둘째, 단기계획에는 주안, 일안, 시안으로 분류되며, 주안은 모든 장기계획을 바탕으로 1주일을 단위로 구체적인 수업계획을 수립하는 것이다.
- 교수-학습방법의 선정은 조직된 학습내용을 가지고 실제 학생과 의사소통을 통해 정보를 주고받는 과정을 갖는다는 점에서 중요하다. 종래의 교사중심의 교육에서는 교수방법 혹은 교수법이라 하며, 최근 학생중심의 교육에서는 학습방법 또는 학습법이라고 한다.

주요 용어(key word)

- 수업설계
- 장기 수업설계
- 단기 수업설계
- 헤르바르트(Herbart)
- 킬페트릭(Kilpatrick)
- 가네와 브릭스(Gagné & Briggs)
- 하이만(Hyman)

형성평가 및 연구과제 formation evaluation & research subject

1. 다음 중 수업설계 시 고려사항이 아닌 것은?

가. 수업대상자에게 적합한 수업방법을 설계해야 한다.
나. 학습 활동에 대한 수업설계가 이루어져야 한다.
다. 교수자만의 선호하는 수업방법을 설계해야 한다.
라. 수업목표나 내용에 적합한 수업방법을 설계해야 한다.

2. 다음 중 수업설계의 유형 중에서 장기 수업설계의 유형이 아닌 것은?

가. 연간계획　　나. 단원지도계획
다. 학습지도계획　　라. 월간계획

3. 다음 중 수업설계의 유의사항이 아닌 것은?

가. 수업설계는 역동적이어야 한다.
나. 수업설계는 과학적으로 계획되어야 한다.
다. 수업설계는 지도목적에 적합한 계획이어야 한다.
라. 수업설계는 처방적이어야 한다.

4. 다음 중 일반적 학습지도 단계 중 '전개' 단계에 해당되는 가네와 브릭스(Gagné & Briggs)의 지도 단계는 무엇인가?

가. 선행학습 재생하기　　나. 수업목표 고지하기
다. 수행유도하기　　라. 파지 및 전이 촉진하기

5. 다음 중 교수-학습방법 선정기준에 해당하지 않는 것은?

가. 학생의 능력에 적합해야 한다.
나. 수업상황 중 시간과 장소를 고려해야 한다.
다. 현재의 교과목에 적합해야 한다.
라. 학생의 자기주도학습능력 향상에 적합해야 한다.

6. 바람직한 교수-학습방법 선정은 왜 필요한지 그 이유를 설명해 보시오.

7. 가네와 브릭스(Gagné & Briggs)의 수업 절차 9단계를 적용하여 본 교재의 2장을 중심으로 교수-학습과정안을 작성해 보시오.

Chapter 10

교육과정의 운영

1. 교육과정 운영의 의미, 관점 및 수준
2. 교육과정 운영의 원리
3. 학교 교육과정 운영체제

학습개요

이 장에서는 교육과정의 운영에 대하여 네 가지를 살펴보고자 한다. 첫째, 교육과정 운영과 관련하여 교육 현장에서 실천적 준거가 되는 스나이더(Snyder)와 그 동료가 제안한 세 가지 관점인 충실도 관점, 상호작용적 관점, 생성 관점이다. 둘째, 교육과정 운영의 활용 수준인 0단계(무활용)부터 6단계(갱신)까지의 기본 개념을 파악하고, 이를 기초로 학교 교육과정에 대한 운영방안을 검토해 볼 것이다. 셋째, 교육과정을 성공적으로 운영하기 위한 교육과정 운영의 원리이다. 교육과정 운영의 원리는 교육과정을 편성·운영할 때 존중되어야 할 행위규범이다. 교육과정 운영의 원리는 합목적성의 원리 외에 14개의 원리가 있다. 넷째, 국가수준과 지역수준의 교육과정이 생성되면 학교에서는 학교와 학생의 특성을 고려해 학교 교육과정을 만들게 된다. 학교 교육과정 운영체계의 조직과 역할을 살펴볼 것이다. 이 장을 마치고 나면 여러분은 교육과정 운영의 기초적 지식을 습득할 수 있을 것이다.

학습목표

학습목표 1. 교육과정 운영의 세 가지 관점을 적용할 수 있다.

학습목표 2. 교육과정 운영의 활용 수준을 구분할 수 있다.

학습목표 3. 교육과정의 원리를 설명할 수 있다.

학습목표 4. 학교 교육과정 운영체제를 설명할 수 있다.

1 교육과정 운영의 의미, 관점 및 수준

1) 교육과정 운영의 의미

교육과정 운영이란 교육과정의 목표가 정해지고 내용이 선정·조직되고 수업설계가 이루어지면 개발된 교육과정을 실행(implementation)에 옮기는 것을 말한다. 우리나라의 경우 국가수준의 교육과정이 개발되고 개발된 교육과정은 현장에서 적용된다. 하지만 개발된 교육과정은 개발 주체가 의도한 대로 실행될 수도 있고 또 변형되어 실행될 수도 있다.

어떻든 교육과정은 하나의 계획으로 시작하여 실제 교육 장면에서 학생들을 대상으로 실행될 때 비로소 그 가치가 드러나게 되는데, 이러한 실행에는 모든 참여자들의 노력이 요구되는 복잡한 활동들로 이루어진다. 여기에서 실행이라는 용어는 교육과정 혹은 교수요목(syllabus)이 의도한 바의 목적과 목표의 달성을 위해 전개·실현되는 과정을 말한다. 학교에서 특정 교육과정을 성공적으로 실행하기 위해서는 국가수준과 지역수준에서부터 그 실행장소인 학교 장면과 학급 상황에 이르기까지의 전달과정에 개입하는 여러 요소들을 탐색하고, 그에 따른 체계적 수준에서의 역할과 책임을 규명하여 합리적인 실행계획을 수립하여야 한다(윤광보, 2000). 특히 교육과정의 목적을 달성하기 위해서는 학교 현장의 교사와 학교장의 역할이 무엇보다 중요하다. 우선 교사는 개발된 교육과정을 일선 학교에서 실천적 수업 활동을 통해 학생에게 전달해야 하기 때문이다. 이에 교사는 교육과정 개발자의 교육과정 개발 의도와 목적을 정확하게 파악하고, 학습자를 위해 재해석하는 과정을 거쳐야 한다. 다음으로 학교장은 교사들이 학교 교육과정을 효율적으로 진행할 수 있도록 행·재정적 지원을 포함한 실행 의지가 뒷받침되어야 한다.

교육과정 운영은 크게 학교 외부에서 개발된 교육과정을 학교 현장에서 실행해 옮기는 것과 학교 내에서 자체적으로 개발된 교육과정을 실행해 옮기는 것으로 구분할 수 있다. 일반적으로 교육과정 전문가들에 의해 개발된 교육과정을 교육실천가인 교사들이 학교 현장에서 실행에 옮기는 것이므로, 이를 '교육과정 적용'이라고 한다. 이러한 경우 교사가 직접 참여하여 개발한 교육과정을 실행에 옮기는 것이 아니므로 개발자와 실천자는 서로 다르게 되므로, 교육과정 실행은 교육과정 개발과는 분리된 별개의 활동이 된다. 개발된 교육과정이 마치 연극의 대본이며 실행되는 교육과정은 연극의 실연과 같다(오만록, 2011). 그러므로 우리나라처럼 개발자와 실천자가 분리된 국가수준의 교육과정을 효율적으로 운영하기 위해선 교사와 학교장의 역할이 중요하다.

2) 교육과정 운영의 관점

교육과정 운영과 관련하여 교육 현장에서 어떻게 실천해야 하는지 여러 전문가들에 의해 꾸준히 논의되어 왔다. 여기서는 스나이더(Snyder)와 그 동료가 제안하고 있는 세 가지 관점인 1 충실도 관점, 2 상호작용적 관점, 3 생성 관점으로 구분하여 살펴보고자 한다. 이들 세 관점을 비교·요약하여 제시하면 표 10-1과 같다(박창언, 2018: 213~215).

표 10-1 교육과정 운영의 관점 비교·요약

구 분	교육과정 운영의 정의	교육과정 개발 주체	평가의 주안점
1 충실도 관점	계획된 교육과정	학교 외부 전문가	계획과 결과 간의 일치 정도
2 상호작용적 관점	조정된 교육과정	외부 전문가와 학교 내부의 교육과정 운영 담당자 간의 상호작용	상호작용의 변화 과정
3 생성 관점	창조된 교육과정	학교 내외 교사와 학생	교사의 이해와 해석 수준

(1) 충실도 관점

충실도(fidelity) 관점은 본래 계획된 교육과정이 존재하고, 그 교육과정을 교육 현장에서 일치되게 실천하는 것을 말한다. 충실도 관점에서는 교육과정은 외부 전문가에 의해 개발되고, 교사는 전문가에 의해 개발된 교육과정을 제대로 실천하기만 하면 되는 것이다. 학교 교육과정의 변화와 혁신은 교사가 의도된 교육과정에 따라 실행하면서 교사의 의식과 교수에 필요한 기능과 태도 등이 변하게 되어 실제 교수행위가 변화됨으로써 이루어진다는 것이다. 이 관점에서 보면 교사는 외부 전문가가 개발한 교육과정을 수용하고, 이를 잘 활용하기 위해 연수를 제대로 받으면 된다는 것이다. 교사는 교육과정에 대한 소양이 낮기 때문에 교육과정을 매우 구체적이고도 체계적으로 잘 계획하는 것은 중요하다. 이러한 연유로 교사는 교육과정 개발에 참여를 제대로 하지 못하게 되는 결과를 초래하는 단점을 지니게 된다.

(2) 상호작용적 관점

상호작용적(mutual) 관점은 교육과정 개발자에 의해 만들어지고 교육과정이 학교나 교실 상황에서 실제 사용하는 사람에 의해 조정될 수 있다고 보는 것이다. 상호작용적 관점은 교육과정 개발자와 교육과정 운영자 간의 상호작용에 기초한 역동적 변화의 과정을 강조한다. 교육과정 운영은 다양한 수준과 맥락에서 일어나는 복잡한 과정이기 때문에 그러한 상황을 밝히고, 이들의 상호 관련성을 분석할 필요가 있는 것이다. 이 관점은 외부에서 개발된 교육과정의 보급보다는 교육과정 개발자와 사용자 간의 상호작용에 기초한 역동적인 변화의 과정을 설명하고, 교육 현장의 특수성이나 다양성을 고려한 실체 교육과정 활용을 조정하는 과정을 중시한다는 장점을 지닐 수 있다.

(3) 생성 관점

생성 관점(enactment perspectives)은 교사와 학습자가 점진적으로 만들어 가는 과정을 강조한다. 교육과정 생성 관점은 교육과정에 영향을 미치는 학습자의 주관적 지각과 느낌, 교사와 학습자의 상호작용 과정을 분석하고 해석함으로써 교육과정 운영에 대한 교사와 학습자의 적극적 이해를 강조하고 있다. 교육적 변화는 단순히 관찰되는 행동의 변화가 아니라, 교사와 학습자 양자의 개인적 발달 과정이라고 여긴다. 교수자는 학습자와 함께 교육과정을 만들어가는 개발자인 것이다. 이 관점에서 가장 중요한 교육과정 운영 변인은 교사이다. 교육과정의 성공적 운영을 위해서는 교사의 주관적 느낌과 생각 등을 이해하고 수용하는 것이 중요하다. 즉, 교육과정은 교사와 학습자의 개인적 성장 과정을 의미하기 때문이다.

3) 교육과정 운영의 수준

교육과정 활용의 수준은 새로운 교육과정을 운영하는 과정에서 교사가 실제 행동을 나타내는 데 사용된다. 교사의 활용 수준이 어느 단계에 있는지 정확하게 파악한다면, 새로운 교육과정의 운영에 도움을 줄 수 있다. 실행의 단계에 따라 관리자나 담당 교사는 해당 교사에 대해 더 많은 정보와 자료를 제공해 줄 수 있고, 그러한 정보와 자료를 잘 활용한 교사는 교육과정의 성공적 혁신을 이룰 수 있을 것이다. 교육과정 운영의 활용 수준 및 개념을 제시하면 표 10-2와 같다(박창언, 2018: 217~218).

표 10-2 교육과정 운영의 활용 수준 및 개념

관심 단계		개념
0	무활용	사용자가 혁신안에 대해 거의 알고 있지 못하거나 전혀 지식이 없어서 제대로 참여하고 있지 못하며, 앞으로 관여하기 위해 필요한 일도 전혀 하고 있지 않은 상태를 말한다.
1	지향(입문)	최근에 이용자는 혁신안에 관한 정보를 얻었거나 얻고 있는 상태이다. 그리고/혹은 혁신안의 지향이 무엇이며, 그것이 이용자나 이용자 체계에 대해 요구하는 바가 무엇인지를 탐색하였거나 탐색하고 있는 상태이다.
2	준비	이용자가 혁신안을 처음으로 활용할 준비를 하는 상태이다.
3	기계적 활용	이용자는 혁신안에 대해 별도로 성찰할 시간을 가지지도 못한 채 그것의 단기적인 쓰임새에 주로 초점을 맞추는 수준이다. 의뢰인의 요구보다는 이용자의 요구에 더 잘 부합할 수 있도록 이용의 변화가 생겨났다. 이용자는 혁신안을 이용하기 위해 요구되는 과업에 숙달하려고 시도하게 되는데, 그 결과 단절적이고 피상적인 이용에 그칠 수도 있다.
4	A 일상화	혁신안의 이용이 비교적 안정된다. 지속적으로 이용하는 가운데 거의 변화가 일어나지 않는다. 설사 있다손 치더라도 극히 드문 변화이다. 혁신안의 이용이나 그 결과에 대해 개선하려는 준비나 고민을 거의 하지 않는다.
	B 정교화	이용자가 직접적인 영향권 내에서 의뢰인에 미치는 영향이나 효과를 높이기 위하여 혁신안의 이용을 변화시키는 상태이다. 그 변화의 정도나 양상은 의뢰인에게 미치는 단기적 혹은 장기적 결과에 대한 지식에 근거한다.
5	통합	이용자가 혁신안을 이용하려는 자신의 노력을 동료들의 관련 활동과 결합하려고 노력하는 상태이다. 그 목적은 공통적인 영향권 내에서 의뢰인에게 미치는 전체 영향이나 효과를 성취하려는 것이다.
6	갱신	이용자가 의뢰인에게 미치는 영향을 증가시킬 목적으로 혁신안을 이용하였던 질을 재평가하고, 현재의 혁신안을 대폭 수정하거나 대체안을 모색하는 상태이다. 또한 그 분야의 새로운 개발안을 검토하며 자신과 체제를 위한 새로운 목표를 탐색한다.

2 교육과정 운영의 원리

교육과정을 성공적으로 운영하기 위해서는 다양한 요인들을 고려할 필요가 있다. 특히 교육과정 운영의 원리는 학교에서 교육과정을 편성·운영할 때 존중되어야 할 행위규범이다. 교육과정 운영의 원리를 제시하면 다음과 같다(김진규, 2015; 오만록, 2011).

1) 합목적성의 원리

교육과정의 운영은 궁극적으로 교육의 목적 및 목표를 달성하기 위해 이루어지는 활동이므로, 이는 이미 설정된 목적과 목표의 달성에 부합하도록 이루어져야 한다.

2) 합법성의 원리

학교의 교육과정 편성과 운영은 국가가 정한 법령의 테두리 안에서 진행된다. 학교는 교육과정과 관련하여 법적인 책무와 권한을 분명히 하고, 이러한 범위 내에서 의사결정 권한을 행사할 수 있다. 하지만 교육관련법들이 지나치게 학교의 교육과정 편성과 운영권을 제한하고 있기 때문에 관련법의 개정과 함께 현행법의 일관성 있는 해석과 적용이 요구된다.

3) 민주성의 원리

학교 교육과정의 편성은 학교 교육에 관여하는 여러 집단의 폭넓은 참여를 보장하고, 그들이 제시하는 의사(意思)가 공정하게 처리되도록 한다. 또 운영에 있어서는 권한의 이양을 통하여 독선과 전횡을 막는 장치를 필요로 한다. 학교에서는 이를 위하여 교장과 교사가 상호존중하며, 각기 다른 역할을 분담해야 한다. 특히 교장은 교직원들의 광범위한 참여를 유도하고 민주적인 의사소통체제를 구축하며, 교직원들의 책무와 권한을 존중하는 역할을 수행해야 한다.

4) 학습자 존중의 원리

교육과정 운영에 있어 학생의 요구와 필요, 발달수준, 능력, 적성 및 특기, 진로 등을 존중하여야 한다.

5) 전문성의 원리

학교에서 교육과정을 합리적으로 편성하고 효과적으로 운영하기 위해서는 이를 전담하는 연구조직과 실행조직이 구성되어야 한다. 그리고 이러한 작업에 참여하는 모든 교직원은 전문적인 지식과 기술을 지녀야 한다. 학교는 이를 위하여 학교조직을 교육과정 운영중심의 조직으로 재편성하고, 교직원들을 훈련하는 연수 프로그램을 개발하여 지속적으로 시행해야 한다. 특히 직원 개발을 위한 프로그램의 내용은 매우 구체적이며 실습과정을 포함해야 한다.

6) 책무성의 원리

교육과정의 실행에 대한 책임은 학생에게 있는 것이 아니라, 학교 당국 및 학교장과 교사에게 있음을 알고 교육과정을 운영함에 있어서 무거운 책임감을 가져야 한다.

7) 효율성의 원리

교육과정의 운영은 인적·물적 자원을 포함한 내용과 시간 및 노력을 최소한으로 투입하여 최대의 성과를 얻을 수 있도록 노력해야 한다.

8) 효과성의 원리

교육과정의 운영은 어디까지나 소정의 교육목표 달성 정도를 극대화하는 방향으로 이루어져야 한다.

9) 현실성의 원리

학교의 교육과정 운영은 주어진 현실의 바탕 위에서 이루어져야 한다. 교사조직의 특성, 교원들의 전문성, 학생들의 특성, 학교의 물리적 환경, 지역사회 여론과 이용 가능한 자원, 재정 여건, 시간, 관련 법규, 외부기관의 지원과 통제 정도 등의 주어진 여건 등을 고려하여 현실성 있게 이루어져야 한다.

10) 전체성의 원리

학교 교육과정의 편성과 운영은 일부 교과의 각론을 개발하거나 교과들과 교과서의 내용을 재구성하는 것이 아니라, 말 그대로 학교의 전체 교육과정을 대상으로 한다. 그러므로 학교에서 교육과정을 편성·운영할 때는 교육과정의 핵심요소(교육목표, 교육내용, 교과체제, 교육방법, 교육평가, 특별활동 등)를 확인하고, 이 요소들 간의 연관성을 높이는 방향으로 진행되어야 한다. 그리고 이러한 작업이 성공적으로 이루어질 수 있도록 교사, 학생, 학부모, 학교조직, 학교의 물리적 환경 등 제반 요소를 종합적으로 고려하여야 한다.

11) 계열성의 원리

교육과정의 운영은 학교별과 학년별 및 교과별로 선수학습과 후속학습, 초급·중급·고급의 교육내용과 활동이 수직적(종적)으로 연계되도록 이루어져야 한다.

12) 적응성의 원리

교육과정의 운영은 사회변화에 따른 새로운 요구나 상황에 부합하도록 신축성 있게 이루어져야 한다.

13) 안정성의 원리

안정성의 원리는 적응성의 원리와 대응되는 원리로서, 교육과정의 운영이 어느 정도 일관성과 지속성을 유지하여야 한다는 것을 말한다. 교육과정 운영은 사회변화에 따라 달라져야 하지만, 지나친 변화는 오히려 혼란을 야기할 우려가 있으므로 어느 정도 안정성을 유지할 필요가 있다.

14) 자율성의 원리

교육과정의 운영은 학교와 교사가 부당한 외부 간섭에서 벗어나 자율적인 결정과 실천에 의해 이루어져야 한다.

15) 균형성의 원리

교육과정의 운영에 있어 개인과 사회, 필수과목과 선택과목, 일반교육(교양교육)과 전문교육(직업교육), 교과내용의 폭과 깊이, 전통적인 내용과 최신의 현대적인 내용, 학생의 개성과 보편성(공동가치), 학습과 놀이 등이 균형 있게 조화를 이루어야 한다.

3 학교 교육과정 운영체제

1) 운영체제

국가수준과 지역수준의 교육과정이 만들어지고 나면 학교에서는 학교와 학생의 특성을 고려해 학교 교육과정을 만들게 된다. 학교 교육과정을 만들 때는 일정한 조직을 정비하여 학교 교육과정을 편성·운영하게 된다. 학교 교육과정은 '학교 교육과정위원회'를 구성하는 일로부터 출발한다. 학교 교육과정위원회는 학교장, 교감, 부장교사, 일반교사들로 이루어지면서 운영계획을 수립하는 데 전문적 역할을 수행한다. (1) 학교 교육과정위원회는 교육과정의 기본 계획을 수립하고 학교 교육과정 계획서 시안을 마련한다. 이렇게 마련된 교육과정 계획서는 (2) 학교운영위원회의 심의(사립학교는 자문)를 거쳐 최종 확정이 되고, 교장이 이를 대외적으로 공포함으로써 학교 교육과정이 마련된다. 마련된 단위학교의 교육과정은 (3) 개별교사가 교육과정을 운영하면서 교과나 학년협의회와 유기적 협력을 거쳐 최종적 성과에 대한 평가와 질 관리를 행하게 된다. 그리고 (4) 교직원회의는 최종적인 시안을 만들거나 확정된 시안의 적용에서 조정이나 개선하여야 할 부분에 대한 전체적인 의견을 조율하기 위해 일련의 순환적 운영체제를 갖는다. 학교 교육과정 운영체제를 제시하면 그림 10-1과 같다(박창언, 2018).

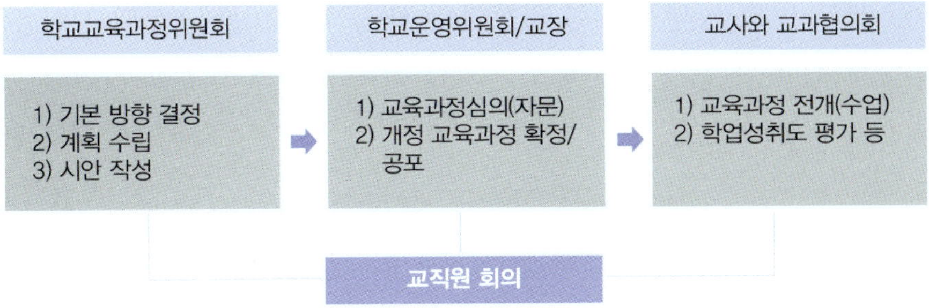

그림 10-1 학교 교육과정 운영체제

2) 역할

학교 교육과정의 운영체계 기본 모형에 따른 각각의 역할을 살펴보면 다음과 같다(김대현·김석우, 2001; 박창언, 2018).

(1) 학교 교육과정위원회

'학교 교육과정위원회'는 학교 교육과정 계획의 수립에서 시안을 만드는 작업에 이르기까지 전문적 역할을 수행한다. 학교 교육과정위원회는 학교의 규모에 따라 구성원이 달라지지만, 일반적으로 교장과 교감, 부장교사, 교사 일부가 참여하는 형태로 이루어진다. 학교 교육과정위원회는 각종 실태의 조사·분석, 편성의 기본 원칙 설정, 수업일수와 수업시수의 확보, 수업의 운영 방식까지 학교 교육과정을 운영하는 데 필요한 기본안을 마련하게 된다. 실태의 조사·분석에서는 국가와 지역수준 교육과정의 분석, 지역의 특수성과 학생, 학부모 및 지역사회의 요구분석, 전년도 교육과정 평가 결과의 분석 등이 이루어진다. 실태 분석의 결과는 학교 교육과정 편성의 기본 방향을 결정하는 자료의 역할을 한다. 기본 방향의 설정에 이어 학교 교육과정의 편성을 하게 된다. 학교 교육과정 편성에서는 수업일수와 수업시수의 확보, 수준별 수업이나 교과 집중

이수제의 운영, 창의적 체험 활동의 편성 등의 요소를 포함해 시안을 작성하게 된다. 시안의 작성까지 교직원 전체 회의에 필요한 사항에 대한 의견을 청취하는 기회도 가지게 된다.

(2) 학교운영위원회

'학교운영위원회'는 법정기구로 「초·중등교육법」과 동법 「시행령」에서 근거가 마련되어 있다, 학교 교육과정과 관련된 사항은 「초·중등교육법」 제32조 제1항 제3호에 '학교 교육과정의 운영 방법'에 대해 심의하는 기능(사립학교는 자문)을 부여하고 있다. 학교 교육과정 운영방법이 무엇인가에 대해 교육과정 해설서에서는 "운영방안, 교과용 도서 및 교육자료 선정, 정규 학습 종료 후 또는 방학 기간에 교육 활동 및 수련 활동에 관한 사항"으로 제시하고 있다. 학교운영위원회의 성격에서 국·공립학교와 사립학교에서 심의와 자문을 하는 것은 법률적 효과가 다르다. 심의의 경우는 학교운영위원회의 심의를 거쳐야 하고, 심의 결과와 다른 처분을 할 수 있다. 반면, 자문기구는 자문을 거치지 않아도 법적으로 문제가 되지 않는 점에서 차이가 있다. 하지만 교육이 공적인 성격을 지니고 있어 국·공·사립을 불문하고 학교운영위원회의 심의나 자문을 대부분 거치고 있다. 학교운영위원회는 그 학교의 교원 대표, 학부모 대표 및 지역사회 인사로 구성하도록 하여 학교 교육과정 심의(자문)에서 민주성과 대표성을 확보함으로써 장래 학교 교육과정 운영의 정당성을 확보하기 위한 조치인 것이다.

(3) 학교장

교육과정 운영에 있어서 학교장은 새로운 교육과정의 취지와 성격을 교사에게 알려서 교육과정 개발자가 의도한 그대로 실천하도록 도와주는 역할을 수행해야 한다. 그런 의미에서 학교장의 역할은 성공적인 교육과정 운영에 영향을 미친다. 학교장이 교육과정에 대한 관심이 없거나 식견이 부족할 경우에 개발된 교육과정은 제대로 실천될 수 없다. 학교장이 교육과정의 의도와 목적을 교사들과 함께 인식하고 적극적으로 돕는다면 교육과정의 성공 가능성은 더 높아질 것이다. 함수곤(2000)은 교장의 임무를 외적 사항으로 학생 관리, 교직원 관리, 교육환경 관리, 교육재정 관리를 들었고, 내적 사항으로는 교육과정 관리를 들었다. 학교 교육과정의 운영을 체계적으로 수행하기 위한 학교장의 역할은 다음과 같다.

① 교육과정을 다룰 연구실을 확보해야 한다.
② 행정 중심에서 교육과정 중심의 학교 운영체제를 확립해야 한다.
③ 학교 교육과정을 통합적으로 운영해야 한다.
④ 학교 교육과정 운영에 직결되는 예산을 지원해야 한다.
⑤ 교내 교육과정 장학과 수업 장학에 중점을 두어야 한다.
⑥ 교육과정 운영 결과는 매 학년도 말에 전 교직원의 참여하에 평가토록 해야 한다.

(4) 교사(교과 혹은 학년협의회)

교사는 수립된 학교 교육과정을 최종적으로 활용하는 주체이다. 교사는 교육과정 활동에서 교육과정의 자주적 편성과 교과서 선택의 자유 그리고 개정 교육과정의 수업 행위를 통한 실천, 전문성 향상을 위한 연수, 학생의 성적평가 등을 행하는 핵심 주체이다. 교육과정 확정이나 교과서의 선택은 여러 절차가 있고, 최종적으로 교장이 공포하게 되어 있지만, 실질적인 중심 역할은 교사가 행하게 된다. 그리고 교사는 혼자의 힘만으로 교육하는 것이 아니라 동일 교과의 다른 교사와 협력하고, 다른 교과의 교사와도 협력을 통해 융합적인 교육을 이루어가며, 직원의 협력을 받아 안정적으로 교육과정을 운영한다. 각 교사의 전문적 역량은 학교 교육과정 운영의 모든 면에 걸쳐 통합되고 교사 집단의 자율로 행사되어야 한다. 교사는 수업 계획과 운영에서 다른 교사와의 협력을 통해 자신의 전문적 역량을 강화하고, 교내 자율 연수만으로 한계에 부딪힐 경우에는 외부의 연수도 행하여야 한다. 교사는 학생의 주체적인 자기 형성을 자극하기 위해 학업성취도 평가와 교육과정에 대한 평가도 수행하여야 한다. 교사는 학습자와 상호작용하는 제일선에 있기 때문에 국가 및 지역 교육과정과 학교 교육과정의 운영을 통해 학교 혁신을 이루는 주된 담당자가 되는 것이다.

그럼에도 불구하고 일부 교사들에게서 개정 교육과정을 수용하는 데 주저하거나 적극적으로 저항하는 경향이 종종 나타난다. 특히 경력이 많은 교사들이 교육과정에 저항하는 이유는 다음과 같다.

① 새 교육과정에 대한 교사들의 불신이다.
② 새 교육과정과 현행 입시제도의 괴리에 대한 부담감이다.
③ 교사들의 성향이 비교적 보수적이다.
④ 새 교육과정을 운영함에 있어 교사들의 업무가 증가한다.
⑤ 초등학교의 학급담임제와 중등학교의 교과별 수업시간표는 교육과정의 효과적 운영을 위한 교사들 간의 협력을 가로막는다.

따라서 교사들의 새 교육과정에 대한 다양한 견해와 부담감을 갖고 있으므로, 이를 완화해줄 교육과정 운영의 다양한 방법이 필요하다. 교육과정 운영의 다양한 방법을 제시하면 다음과 같다.

1 훈련방법

새 교육과정에 대한 현직 연수 워크숍, 일대일 상담 등을 통하여 설명하는 방법이다.

2 모방방법

존경받는 교사가 새 교육과정 운영의 시범을 보이고 이를 모방하는 방법이다.

[3] 논리적 방법

교육과정을 새롭게 개정하게 된 합리적 근거를 제시하는 방법이다.

[4] 관료적 방법

교육 당국이 교장의 도움을 받아서 새 교육과정을 운영하도록 영향력을 행사하는 방법이다.

[5] 연구회·학회 활용방법

연구모임이나 학회모임의 새 교육과정에 대한 지지를 활용하는 방법이다.

3) 문서상의 교육과정 편성·운영 진술 방식

국가수준의 새 교육과정이 현장에서 실행되기 위해서는 교육과정 문서상에 교육과정 실행에 대한 안내를 하게 된다. 여기서는 '2015 개정 초중등학교 교육과정 총론(교육부 고시 제2015-74호, 2015.9.23.)' 중에서 「III. 학교 교육과정 편성·운영」 부분만을 발췌하여 제시하면 표 10-3과 같다.

표 10-3 문서상 교육과정 편성·운영 진술 방식

【총론】
I. 교육과정 구성의 방향 II. 학교급별 교육과정 편성 · 운영의 기준 III. 학교 교육과정 편성 · 운영 IV. 학교 교육과정 지원

Ⅲ. 학교 교육과정 편성·운영

1. 기본사항

가. 학교는 이 교육과정을 바탕으로 학교 실정에 알맞은 학교 교육과정을 편성·운영한다.

나. 학교는 학교 교육과정 편성·운영 계획을 바탕으로 학년(군)별 교육과정 및 교과(목)별 교육과정을 편성할 수 있다.

다. 학교 교육과정은 모든 교원이 전문성을 발휘하여 참여하는 민주적인 절차와 과정을 거쳐 편성한다.

라. 교육과정의 합리적 편성과 효율적 운영을 위해 교원, 교육과정 전문가, 학부모 등이 참여하는 학교 교육과정위원회를 구성하여 운영하며, 이 위원회는 학교장의 교육과정 운영 및 의사결정에 관한 자문의 역할을 담당한다. 단, 특성화 고등학교와 산업수요 맞춤형 고등학교의 경우에는 특수교사가 참여할 것을 권장한다.

마. 학교 교육과정을 편성·운영할 때에는 교원의 조직, 학생의 실태, 학부모의 요구, 지역사회의 실정 및 교육 시설·설비 등 교육 여건과 환경을 충분히 반영하도록 노력한다.

바. 교과와 창의적 체험활동의 내용 배열은 반드시 학습의 순서를 의미하는 것은 아니므로, 지역의 특수성, 계절 및 학교의 실정과 학생의 요구, 교사의 필요에 따라 각 교과목의 학년군별 목표 달성을 위한 지도내용의 순서와 비중, 방법 등을 조정하여 운영할 수 있다.

사. 학교는 교과와 창의적 체험활동의 효율적인 운영을 위하여 지역사회의 인적, 물적 자원을 계획적으로 활용한다.

아. 학교는 학생의 요구, 학교의 실정 및 특색 등을 종합적으로 고려하여 창의적 체험활동의 영역, 활동, 시간 등을 자율적으로 편성·운영할 수 있다.

자. 학교는 창의적 체험활동이 실질적 체험학습이 되도록 지역사회의 유관기관과 연계·협력하여 프로그램을 운영할 수 있다.

차. 학교는 학생과 학부모의 요구를 바탕으로 방과후학교 또는 방학 중 프로그램을 개설할 수 있으며, 학생들의 자발적인 참여를 원칙으로 한다.

카. 학교는 가정 및 지역과 연계하여 학생이 건전한 생활 태도와 행동양식을 가지고 학습에 임할 수 있도록 지도한다.

타. 학교는 동학년 모임, 교과별 모임, 현장 연구, 자체 연수 등을 통해서 교사들의 교육 활동 개선이 이루어지도록 한다.

파. 학교는 학교 교육과정 편성·운영의 적절성과 효과성 등을 자체 평가하여 문제점과 개선점을 추출하고, 다음 학년도의 교육과정 편성·운영에 그 결과를 반영한다.

2. 교수학습

(생략)

3. 평가

(생략)

4. 모든 학생을 위한 교육기회의 제공

(생략)

출처: 교육부(2015).

요점 정리(summary)

- 교육과정 운영과 관련하여 교육 현장에서 어떻게 실천해야 되는지를 여러 전문가에 의해 제시되어 왔다. 그중에서 스나이더(Snyder)와 그 동료가 제안하고 있는 세 가지 관점인 충실도 관점, 상호작용적 관점, 생성 관점이 있음을 알았다.
- 교사는 교육과정 운영의 활용 수준이 0단계(무활용)부터 6단계(갱신)까지 있음을 인식하고, 학교 교육과정을 충실히 운영하는 차원에서 활용 수준을 높여야 한다.
- 교육과정을 성공적으로 운영하기 위해서는 다양한 요인들을 고려할 필요가 있다. 특히 교육과정 운영의 원리는 학교에서 교육과정을 편성·운영할 때 존중되어야 할 행위규범이다. 교육과정 운영의 원리는 합목적성의 원리 외에 14개 원리가 있다.
- 국가수준과 지역수준의 교육과정이 만들어지고 나면 학교에서는 학교와 학생의 특성을 고려해 학교 교육과정을 만들게 된다. 학교 교육과정을 만들 때는 일정한 조직을 정비하여 학교 교육과정을 편성·운영하게 된다. 학교 교육과정 운영체제에는 학교 교육과정위원회, 학교운영위원회, 교장, 개별교사가 포함된다.

주요 용어(key word)

- 충실도 관점
- 상호작용적 관점
- 생성 관점
- 현실성의 원리
- 합목적성의 원리
- 전체성의 원리
- 안정성의 원리
- 적응성의 원리
- 균형성의 원리
- 계열성의 원리
- 효율성의 원리
- 효과성의 원리
- 민주성의 원리
- 합법성의 원리
- 학습자 존중의 원리
- 책무성의 원리
- 학교 교육과정위원회
- 학교운영위원회

형성평가 및 연구과제 formation evaluation & research subject

1. 다음 〈보기〉의 내용은 교육과정 운영의 관점 중 무슨 관점에 해당하는가?

> **보기**
>
> 1) 본래 계획된 교육과정이 존재하고, 그 교육과정을 교육 현장에서 일치되게 실천하는 것을 말한다.
> 2) 교사는 외부 전문가가 개발한 교육과정을 수용하고, 이를 잘 활용하기 위해 연수를 제대로 받으면 된다.

가. 충실도 관점　　나. 상호작용적 관점
다. 생성 관점　　라. 형성 관점

2. 다음 〈보기〉의 내용은 교육과정 운영의 활용수준 중 무슨 수준인가?

> **보기**
>
> 1) 이용자는 혁신안에 대해 별도로 성찰할 시간을 가지지도 못한 채 그것의 단기적인 쓰임새에 주로 초점을 맞추는 수준이다.
> 2) 의뢰인의 요구보다는 이용자의 요구에 더 잘 부합할 수 있도록 이용의 변화가 생겨났다.

가. 준비　　나. 통합
다. 갱신　　라. 기계적 활용

3. 현행 교육과정 운영에서 교사의 재량범위에 해당하지 않는 것은?

가. 교육과정 내용 중 일부를 가르치지 않을 수 있다.
나. 필요에 따라서는 뒤에 제시된 교과서의 내용을 먼저 가르쳐도 된다.
다. 학습자의 수준에 따라 다른 종류나 깊이의 학습내용을 제공하여도 좋다.
라. 다른 학년의 내용이나 다른 교과의 내용을 연결지어 함께 다룰 수 있다.

4. 다음 중 교육과정 운영의 원리와 거리가 먼 것은?

가. 합법성의 원리 나. 균형성의 원리 다. 일관성의 원리
라. 전문성의 원리 마. 적응성의 원리

5. 다음 〈보기〉의 내용은 교육과정 운영의 원리 중 무슨 원리에 해당하는가?

> **보기**
>
> 학교 교육과정의 편성은 학교 교육에 관여하는 여러 집단의 폭넓은 참여를 보장하고, 그들이 제시하는 의사(意思)가 공정하게 처리되도록 한다. 또 운영에 있어서는 권한의 이양을 통하여 독선과 전횡을 막는 장치를 필요로 한다.

가. 균형성의 원리 나. 책무성의 원리
다. 안정성의 원리 라. 민주성의 원리
마. 학습자 존중의 원리

6. 다음 〈보기〉의 교육과정 운영의 방법은 무엇에 해당하는가?

> **보기**
>
> 새 교육과정에 대한 현직 연수 워크숍, 일대일 상담 등을 통하여 설명하는 방법을 적용한다.

가. 모방방법 나. 논리적 방법 다. 회의
라. 관료적 방법 마. 훈련방법

7. 학생이 교육과정 연구자라면 충실도 관점, 상호작용적 관점, 생성 관점 중 어느 관점에 서서 연구하기를 희망하는가? 그 이유는 무엇인가?

8. 개발된 교육과정에 대한 교사의 부담감을 줄여주고 빠른 적응을 위하여 교육과정 운영방법을 적용하고자 한다. 학생이 선호하는 교육과정 운영의 방법은 무엇인가? 그 이유는 무엇인가?

Memo

Part 03

교육과정 평가

Chapter 11

교육과정 평가의 이해

1. 교육과정 평가의 의미와 목적
2. 교육과정 평가의 준비
3. 교육과정 평가모형

학습개요

이 장에서는 교육과정의 평가와 관련하여 세 가지 관점에 대하여 살펴볼 것이다. 첫째, 교육과정 평가란 흔히 교육목표의 달성 정도나 교육과정의 효율성을 판단하기 위하여, 학습자의 행동 변화 및 학습과정에 관한 제반 정보를 수집·이용함으로써 교육적 의사결정을 내리는 데 도움을 주거나 의사결정을 내리는 과정을 의미한다고 하는데, 그 의미에 대하여 고찰해 보고자 한다. 둘째, 교육과정 평가목적에는 교육과정 개발에 대한 평가목적, 교육과정 운영에 대한 평가목적, 교육과정 성과에 대한 평가목적이 있고, 평가 준비에는 요구분석 확인, 목표 확인, 실행 확인이 있다. 이들에 대한 정확한 개념을 살펴 보고자 한다. 셋째, 학교 교육과정과 관련성이 높은 평가모형으로는 타일러(Tyler)와 하몬드(Hammond)를 중심으로 하는 목표중심 평가모형, 스크리븐(Scriven)과 스테이크(Stake)를 중심으로 한 판단중심 평가모형, 스터플빔(Stufflebeam)과 알킨(Alkin)을 중심으로 한 의사결정 평가모형이 있는데, 이들의 특징, 장·단점 등을 살펴볼 것이다. 이 장을 마치고 나면 여러분은 교육과정의 평가에 대한 의미와, 목적 그리고 평가모형에 대하여 전반적으로 이해할 수 있을 것이다.

학습목표

학습목표 1. 교육과정 평가의 목적을 설명할 수 있다.

학습목표 2. 교육과정 평가의 준비사항을 검토할 수 있다.

학습목표 3. 교육과정의 세 가지 관점의 평가모형 특징, 장·단점을 구분할 수 있다.

1 교육과정 평가의 의미와 목적

교육과정 평가란 흔히 교육목표의 달성 정도나 교육과정의 효율성을 판단하기 위하여, 학습자의 행동 변화 및 학습과정에 관한 제반 정보를 수집·이용함으로써 교육적 의사결정을 내리는 데 도움을 주거나 의사결정을 내리는 과정을 의미한다. 이 같은 의사결정과 관련한 일련의 활동은 교육과정에 대한 교육적 가치를 평가하는 중요한 의미를 갖는다. 좀 더 세부적으로 교육과정 평가의 의미를 살펴보면 다음과 같다(김희수, 2007).

① 교육목표 달성 여부나 그 수준을 판단하고 결정하는 일
② 교육과정에 관한 의사결정에 도움이 되는 정보를 제공하는 일
③ 특정 교육과정의 장점이나 가치를 판단하고 결정하는 일
④ 특정 교육과정의 성격과 특징을 기술하고 확인하는 일
⑤ 특정 교육과정의 효과와 영향을 체계적으로 평가 또는 총평(assessment)하는 일

위의 교육과정 의미에서처럼 교육과정의 교육적 가치평가를 하기 위해서는, 우선 교육하고자 하는 교육목적이 설정되어야 하며, 무엇(what)을 왜(why) 교육해야 하는지를 결정해야 한다. 교육은 목적 없이 수행될 수 없으며 목적의 구분 없이 수행될 수도 없다. 교육은 그것을 필요로 하는 교육대상의 필요와 목적에 부응해야 하고, 개인적 목표 달성 욕구와 조직의 목표 달성에도 필요한 것이어야 한다. 이러한 목표 달성을 위해서 요구분석과 교육사태의 평가에 관심을 가져야 한다. 또 교육 대상자나 교육사태를 진단하는 평가(diagnosis evaluation)도 실시해야 한다. 그리고 목표 설정 후 목표 달성을 위해서 진행 중인 교육과정을 개선하거나 혁신하기 위하여 지속적인 설계평가(design evaluation)나 과정평가(process evaluation)를 한다거나 형성평가(formative evaluation)를 실시해야 한다. 더 나아가 교육과정을

전체적으로 평가하는 총합평가(summative evaluation)도 실시해야 한다. 이처럼 교육평가는 교육 방향을 설정하고 점검하는 기능과 목적을 동시에 갖는다. 큰 틀에서 교육과정의 평가목적은 크게 세 가지로 구분할 수 있다(박현주, 2005).

1) 교육과정 개발에 대한 평가목적

이는 새로 개발된 교육과정을 평가하기 위한 목적으로 실시하는 경우를 말한다, 특히 국가수준의 교육과정 개발센터에서 교육과정을 개발하는 경우에 새롭게 개발한 교육과정을 정당화 또는 타당화 할 필요가 있거나, 교육과정 장점과 특성을 파악하거나 또는 문제점이나 보완점을 미리 파악하여 교육과정을 보급하거나 일반화하기 전에 개선할 필요가 있을 경우 이러한 평가를 실시한다.

2) 교육과정 운영에 대한 평가목적

이는 학교 현장에 실제로 적용하여 운영되는 교육과정에 중점을 두고서, 그 효율화를 기하거나 개선하기 위한 목적으로 이루어지는 평가를 지칭한다. 또한 교육과정이 의도한 대로 운영·실시되고 있는가를 모니터링하거나, 운영 담당자가 충실하게 그것을 운영하고 있는가를 파악함으로써 교육과정의 질 관리를 기하는 동시에, 담당자의 책무성을 제고시키기 위한 목적으로 평가를 실시하는 경우 등이 이에 해당한다.

3) 교육과정 성과에 대한 평가목적

종래의 교육과정 평가는 거의 전적으로 교육과정의 목적달성만을 확인하는 데 중점을 두었으나, 최근의 교육과정 평가에서는 그 성과를 다각도로 확인하는 데 많은 관심을 갖는다. 특히 근래에는 교육과정이 의도하지 않고 예상하지 않았던 결과도 동시에 평가의 대상으로 삼는 경향이 나타나고 있다.

2 교육과정 평가의 준비

교육과정 평가는 평가의 규모에 따라 개인평가·조직평가로 구분한다. 평가의 형태에 따라서는 요구분석, 학습자 사전분석, 교수설계, 교육과정 평가, 조직구성원 평가, 비용-효용 평가 등 다양하게 진행할 수 있다. 또 평가를 주관하는 주체에 따라 내부 평가(internal evaluation)와 외부 평가(external evaluation)로 구분한다. 이처럼 평가는 규모, 형태, 주관하는 주체에 따라 평가는 다양하게 이루어진다. 이 같은 평가를 효과적이고 효율적으로 진행하기 위해선 다음과 같은 준비가 따른다.

1) 요구분석 확인

평가 전 요구분석은 평가의 전반에 걸쳐 진행한다. 바람직한 평가는 평가를 해야 할 목표, 즉 평가의 목표가 명확해야 하기 때문이다. 불분명한 목표설정은 평가의 의미와 가치 기준을 하락하는 요인이 될 뿐만 아니라, 올바른 평가를 시행하는 데 혼란과 혼돈을 초래할 수 있다. 따라서 이러한 목표가 합리적이고 조직적으로 수행되기 위해서 요구분석에서는 다음과 같은 사항이 확인되어야 한다.

(1) 요구분석에 포함해야 할 사항

① 학생의 과업수행 수준(지식 및 기능)
② 학교의 지향 방향
③ 학생의 동기 수준

④ 학교의 구조와 의사소통 관계
⑤ 교육과정의 준비 정도(교수요목, 교재 및 교구, 교육 장소, 강사 수준 등)
⑥ 운영자와 학교 구성원 간의 관계성
⑦ 자원 현황(인적·물적 자원 등)
⑧ 총합평가 결과

(2) 요구분석 시 유의해야 할 사항

① 객관성과 공정성 유지
② 충분한 자료출처(data sources) 활용
③ 지식과 기능의 정확한 판단
④ 개인과 조직의 두 가지 측면 고려
⑤ 개인 및 조직의 내·외적 환경요인 고려
⑥ 평가자의 지나친 교육과정 개입

2) 목표 확인

교육과정의 평가목적은 분명하고 교육목표에 기여하여야 한다. 교육목표를 수행하는 과정과 절차 그리고 결과에 대한 실제 평가의 목표가 상이하다면 이는 방향 설정이 잘못된 것이다. 교육과정의 정확한 효과성을 측정하기 위해서는 교육목표가 명확해야 한다. 이런 교육목표와 교육과정과의 관계는 상호 관련성이 있어야 한다. 그래야만 교육목표에 대한 정확한 평가를 할 수 있기 때문이다. 바람직한 교육목표의 조건과 확인해야 할 사항들은 다음과 같다.

(1) 올바른 목표의 조건

① 학생이 학업을 할 때 어떤 상태에서 진행해야 하는지 조건을 포함

해야 한다.

② 학생이 수행해야 할 학업이 무엇인지 인지할 수 있도록 해야 한다.

③ 학생이 수행할 과업이 어느 정도의 단계에 도달하면 학습성과를 달성하였는지를 측정 가능하여야 한다.

(2) 확인해야 할 사항

① 요구분석이 교육목표에 잘 반영되었는지 여부

② 교육목표와 교육과정 편성이 교육목표와 연계되었는지 여부

③ 자원들의 활용성 여부(인적, 물적, 시간 등)

④ 교육과정 평가방법의 적절성 여부

⑤ 교육과정 평가의 타당성 여부

⑥ 평가의 교육적 가치 여부

⑦ 평가의 체계가 정상적으로 작동 가능한지 여부

⑧ 교육과정을 통한 학생의 변화 가능성 여부

3) 실행 확인

실제 교육과정을 평가하는 단계로 실행과정으로 본다. 교육과정의 실제 평가 간 확인해야 할 사항은 다음과 같다.

(1) 확인해야 할 사항

① 교수자와 학생의 교수-학습 준비상태

② 수업내용의 타당성

③ 평가방법 및 평가행동의 적합성

④ 교육과정 개발 및 운영계획의 적절성

⑤ 교육과정 평가 및 운영체계의 적절성

⑥ 교육목표와 교육과정의 연계성
⑦ 교육과정 운영을 통한 성과
⑧ 기타 요소

3 교육과정 평가모형

교육과정은 넓은 의미에서 프로그램의 일종으로 이를 평가하기 위해서는 프로그램 평가모형을 적용할 수 있다. 평가모형을 현장에서 적용하기 위해서는 개념적 이해가 전제되어야 할 것이다. 이에 따라 여기서는 학교 교육과정과 관련성이 가장 높은 평가모형 세 가지 관점만 제한하여 살펴보고자 한다. 첫째, 타일러(Tyler)와 하몬드(Hammond)를 중심으로 하는 '목표중심 평가모형'이다. 둘째, 스크리븐(Scriven)과 스테이크(Stake)를 중심으로 한 '판단중심 평가모형'이다. 셋째, 스터플빔(Stufflebeam)과 알킨(Alkin)을 중심으로 한 '의사결정 평가모형'이다.

1) 목표중심 평가모형

목표중심(objective-oriented) 평가모형은 교육과정 또는 프로그램의 목표가 어느 정도 달성되었는지를 평가한다. 즉, 교육과정, 수업 또는 행정적 조치 및 경영과 관리를 통해 교육목표나 교육을 위한 행정적·제도적 목표가 달성된 정도를 사정하는 평가모형이다. 따라서 학생들의 성취도를 평가하든, 행동발달 상황을 평가하든, 교사의 수업을 평가하든, 교육시설을 평가하든지 간에 미리 설정해 놓은 목표를 평가의 기준으로 평가하는 모형이다. 목표중심 평가모형의 대표적인 학자는 타일러(Tyler)와 하몬드(Hammond)가 있다.

(1) 타일러의 목표성취지향 평가모형

타일러(Tyler)는 교육은 의도적인 활동으로 보고 평가도 목표가 있어야 한다고 강조하였다. 즉, 목표는 어느 정도 달성되었는지를 평가해야 하므로, 목표는 반드시 확인 가능하도록 구체적인 진술이 필요하다고 하였다. 이에 타일러는 명세적으로 진술한 행동목표를 준거로 교육 성과를 평가한다고 하여 이 평가모형을 '행동목표모형(behavior objective model: BOM)'이라고도 하였다. 타일러의 평가모형은 원래 학업성취도를 평가하기 위하여 제안된 평가모형이었으나, 지금은 교육과정을 평가할 때도 사용하고 목표관리기법(management by objective: MBO)이 교육행정에 도입되면서 학교경영 및 학교관리 평가에도 활용하고 있다. 타일러 평가모형의 5단계 평가 절차를 제시하면 다음과 같다(김희수, 2007).

① 목표설정: 일반 교육목표 설정

② 목표명시: 일반 교육목표를 기준으로 명세화된 행동목표로 전환

③ 도구제작: 평가방법과 평가도구를 선정 혹은 개발

④ 자료수집: 평가도구를 사용하여 정보를 수집

⑤ 가치판단: 수집한 정보를 기준으로 목표의 달성 정도를 판단

(2) 하몬드의 평가과정모형

하몬드(Hammond)의 평가과정모형은 교육의 평가과정을 체계적으로 구조화시키고 교육 활동에 대하여 공정하고 정확한 평가가 이루어지도록 설계하였다. 그는 평가과정을 체계적으로 구조화시킨다면 교육이 일시적인 유행이나 외부압력에 시달리지 않고 항상성을 유지하며 정확한 평가가 이루어질 것으로 보았다. 이에 교육이 하나의 과정이듯이 평가 활동도 하나의 과정이라는 전제하에 구조적으로 체계화시킨 평가과정모형(model for evaluation as a process : MEP)을 제시하였다. 예를 들면, 3차원의 입방체(수업, 기관, 행동)의 평가모형을 구안하여 개념화한 것이다. 평가모형은

① 프로그램 내용을 지칭하는 '행동(behavior) 영역'으로 인지적, 정의적, 심동적 요인을 두었고, ② '수업(instruction) 영역'으로 조직, 내용, 방법, 시설, 비용의 요인을 두었으며, ③ '기관(institution) 영역'으로 학생(학습자), 교수자, 관리자, 교육전문가, 학부모, 지역사회 요인을 두었다. 하몬드의 평가과정모형을 그림으로 제시하면 그림 11-1과 같다.

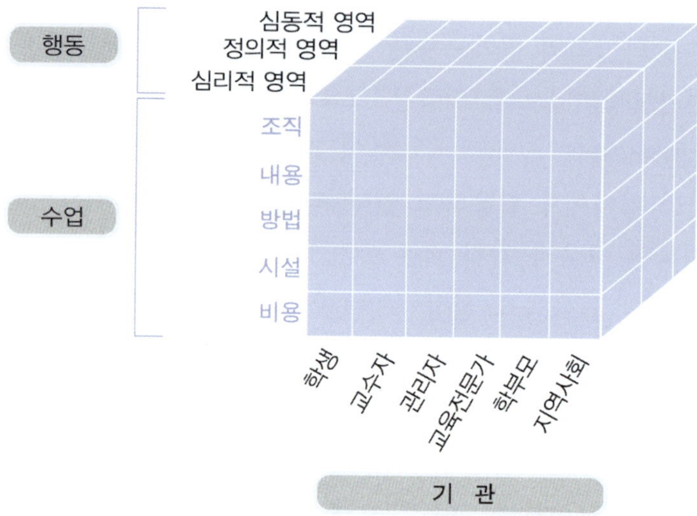

그림 11-1 하몬드(Hammond)의 평가과정모형

이 모형은 단순히 학업성취도만을 준거로 프로그램의 효과를 측정하지 않고, 평가 구조에서 제시된 수업, 행동, 기관 차원들이 서로 교차함으로써 생기는 상호작용 효과도 미리 설정하여 놓은 목표를 준거로 평가한다는 점에서 특징이 있다. 또 다른 평가들이 지나치게 거시적이고 추상화된 경향이 있지만, 이 모형은 교육청이나 학교 등과 같이 프로그램을 실제로 운영하는 집행기관에서 활용하기 쉽도록 되어 있는 특징이 있다. 하지만 하몬드의 모형은 교육 성과를 체계적이고 명확하게 평가할 수 있는 장점이 있는 반면, 평가할 변인이 너무 많아서 평가 결과를 수

량화하기가 어렵고, 시간과 인력이 많이 요구되는 단점이 있다. 하몬드의 평가과정모형의 평가 절차를 제시하면 다음과 같다.

1 변인설정 단계

세 차원(수업, 행동, 기관) 및 각 하위 변인에서 교육과정과 직접 관련 있는 것을 설정하고, 그들 간의 상호작용도 밝혀서 평가목표를 진술한다.

2 방법결정 단계

평가하고자 하는 변인에 대하여 가장 잘 측정할 수 있는 방법을 결정한 후 평가도구를 제작한다.

3 결과분석 단계

평가도구를 통해 자료를 수집·분석하여 세 차원 또는 변인별로 목표 달성 정도를 확인한다.

4 결과보고 단계

교육과정 운영과 관련된 이해 당사자들이 이해하고 활용하기 쉽도록 평가 결과를 정리하여 보고한다.

2) 판단중심 평가모형

판단모형(judgement-oriented)은 어떤 경험이나 개념 또는 과정의 가치를 판단함에 있어서 전문가에게 의존해야 한다는 것이다. 따라서 평가 그 자체는 전문가의 판단 결과에 의해서 해석된다. 이러한 입장을 고수한 대표적인 학자는 스크리븐(Scriven)과 스테이크(Stake)이다.

(1) 스크리븐의 탈목표 평가모형

스크리븐(Scriven)은 목표중심 평가모형의 문제점을 보완·개선하려는 평가모형으로, ① 프로그램이 의도한 효과(내재적 준거) 외에도, ② 주변 효과까지를 포함하여 실제로 그 효과를 평가해야 한다는 관점(외재적 준거)에서 탈목적 평가모형(goal free evaluation)이라고 명명하였다. 기존의 목표기준평가(goal based evaluation)는 목표를 준거로 하여 의도한 일차적 성과만을 확인하고 이차적 또는 잠재적 부수 효과에는 관심이 없었다. 이런 결과로 인해 실제 성과를 제대로 판단할 수 없다는 비판을 받아왔다. 예를 들면, 어떤 프로그램은 실제 목표를 달성했음에도 불구하고 주변의 부정적인 요인 때문에 지속적인 적용이 곤란한 경우도 있으며, 반대로 목표 달성에는 실패하였지만 주변의 긍정적인 요인으로 인해 승수 효과를 수반하는 프로그램도 있다는 것이다. 이런 점에서 평가의 불합치를 가급적 제거하고 평가의 신뢰도를 높이기 위해서는 전문가의 역할이 더욱 중요하게 되었다. 평가란 주어진 목표에 근거해 성취 정도를 확인하는 '관리적인' 활동이라기보다는 전문가가 전문가적인 안목과 식견으로 가치판단을 하는 '전문적이고 복잡한' 활동이라는 것이다. 하지만 이 모형은 전문가의 판단에 있어서 타당성을 어떻게 확보해야 할 것이냐에 대한 문제를 자세히 다루지 않았다는 점에서 비판을 받고 있다(권낙원 외, 2011). 이 프로그램의 긍정적인 측면과 부정적인 측면은 다음과 같다.

1 긍정적인 측면

① 내재적 준거(교육목적 달성도)와 외재적 준거(이차적 또는 부수적 효과, 목표 이외의 교육 효과) 양자에 의한 가치판단을 제안함으로써 평가에서의 가치판단 범위를 확장시켰다.

② 형성평가의 개념을 도입함으로써 결과와 더불어 수업계열, 수업과정을 개선하려는 노력을 강조하였다.

③ 탈목표평가와 목표의거평가의 차이를 제안하였으며, 이들에 대비하

여 의사결정의 가치판단에 초점을 두었다.

2 부정적인 측면

① 다양한 개념상의 구분(탈목표평가, 수요자 중심평가 등)을 철학적인 측면에서 제안하고 있으나 교육평가의 실제에 적용하기가 쉽지 않다.

(2) 스테이크의 종합실상 평가모형

스테이크(Stake)의 종합실상 평가모형은 교사들이 수업방식을 이해하고 수업 이론의 발전에 기여하기 위해서는 전체적인 평가 국면(full countenance of evaluation)을 정확하게 검토하는 것이 중요하다고 강조하였다. 모든 평가는 기술(description)과 판단(judgement)의 과정을 거쳐야 한다는 것이다. 다시 말해 충분하게 관찰해서 기술하고, 이를 바탕으로 정확하게 판단하는 것이 절대적으로 필요하다는 것이다. 스테이크는 판단이 제시되지 않은 평가는 평가가 아니고, 평가자는 어떤 형태로든 프로그램의 질에 관한 판단을 제시해야 할 책임이 있다는 것이다. 스테이크는 종합실상 평가모형에서 관찰 및 수집해야 할 정보를 다음과 같이 제시하였으며(김대현 외, 1999), 그림으로 제시하면 그림 10-2와 같다.

1 선행요건(antecedent) : 수업 전 조건

교육과정 실행 전의 학습자 특성, 교육과정, 교육시설, 교육환경 등

2 실행요인(transaction) : 수업 과정

교수자와 학습자 간, 학습자 간의 상호작용과 질의, 설명, 토론, 과제, 시험 등 교육과정 실행과정에서 작용하는 제 변인

3 성과요인(outcomes) : 수업 성과

교육과정에 의해 나타난 학습자의 학업성취도, 흥미, 동기, 태도 등의

변화를 포함하여 교육과정 실행을 통해 교수자, 조직(집단), 관리자, 지역사회에 미치는 영향

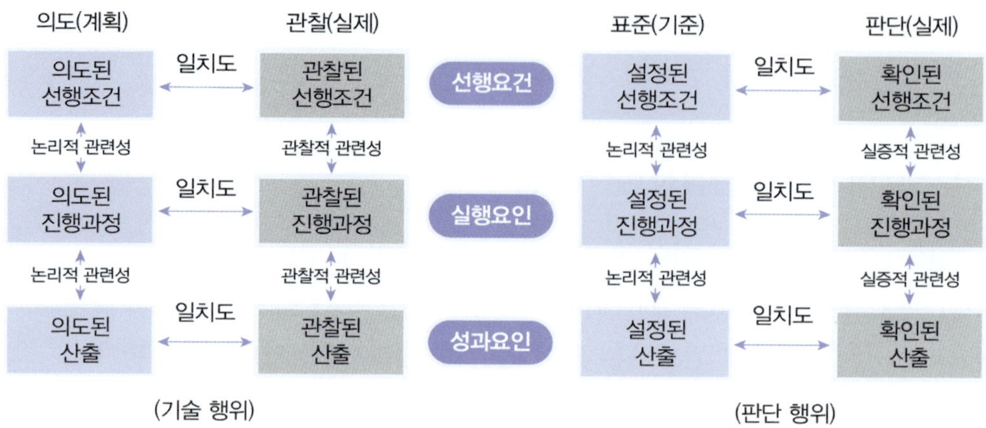

그림 11-2 스테이크(Stake)의 종합실상 평가모형

그림 11-2처럼 스테이크는 먼저, 수집된 기술자료를 선행요건, 실행요인, 성과요인별로 프로그램 목표에서의 의도와 운영에서 관찰된 것을 분리하여 3(선행요건, 실행요인, 성과요인) × 2(의도, 관찰) 행렬표에 분류·정리하였다. 다음으로 프로그램의 질 판단을 위해서 표준을 정한 후, 그 준거를 기초로 기술적 자료를 분석·정리한 결과의 가치와 중요성을 판단하였다. 판단 자료는 3(선행요건, 실행요인, 성과요인) × 2(표준, 판단) 행렬표에 분석·정리하였다.

3) 의사결정 중심 평가모형

의사결정 중심(decision-oriented) 평가모형은 교육평가를 교육과 관련된 의사결정자에게 활용 가능한 정보를 제공함으로써 의사결정을 촉진시키는 행위로 규정한다. 따라서 평가자가 목표의 달성 정도를 결정하고 판단하

지만, 그보다 중요한 역할은 의사결정자의 의사결정을 돕는 것이다. 다시 말해서 평가자는 교육 현상의 가치에 대해서 개인적인 평가를 하지 않고 가치를 결정할 사람에게 정보를 수집하여 전달해주는 관점이다. 이와 같은 의사결정모형의 대표적인 제안자는 스터플빔(Stufflebeam)과 알킨(Alkin)이다.

(1) 스터플빔의 CIPP 평가모형

스터플빔(Stufflebeam)은 교육평가가 교육행정 관리자들이 올바른 의사결정을 내릴 수 있도록 필요한 정보를 제공해 주고, 그 결정이 갖는 장·단점을 파악할 수 있도록 해주어야 한다고 강조하였다. 이런 측면에서 교육평가의 일차적인 기능은 교육목표의 달성 정도를 확인하는 것이 아니고, 교육에 관한 의사결정을 촉진하고 도와주는 관리적 기능이라고 할 수 있다. 스터플빔은 평가란 의사결정의 대안을 판단하는 데 필요한 적절한 정보를 획득, 기술, 제공하는 과정으로 하는 것이 아니라, 의사결정자에게 필요한 충분한 정보와 자료를 제공해 주는 정보관리자의 역할을 한다고 보았다. 이 입장에서 스터플빔은 CIPP 평가모형을 제안하였다. CIPP 평가모형은 네 가지 평가 유형이 결합된 모형이다. C는 ① 상황평가(context evaluation), I는 ② 투입평가(input evaluation), P는 ③ 과정평가(process evaluation), P는 ④ 산출평가(product evaluation)를 의미한다.

1 상황평가(또는 맥락평가)

교육목표를 결정하는 합리적 기초나 이유를 제공해 준다. 교육상황에서 상황평가는 무엇이 문제인가, 무엇이 충족되어야 할 필요가 있는가를 밝혀서 장차의 프로그램에서 관심이 되어야 할 일반목표와 특별목표를 확인하는 일을 한다. 상황평가의 결과는 이미 설정 및 운영되고 있는 목표와 새로운 목표 간의 우선순위를 검토하여 조정하고 바람직한 변화를 결정하는 기초 자료로 활용된다. 상황평가에 사용되는 주요 방법은 체제

분석과 조사, 문헌 연구, 진단검사, 면접 등이 있다.

2 투입평가

투입평가는 의사결정을 구조화하기 위한 평가이다. 설정된 목표와 사정된 요구를 성취하기 위해 필요한 수단을 구체화는 의사결정이다. 다시 말해 평가에 사용되는 인간자원, 목표 달성 전략, 전략 실행을 위한 설계 등의 활용방법을 결정하는 데 필요한 정보를 수집하여 제공한다.

3 과정평가

과정평가는 프로그램의 설계대로 실천하기 위한 실행의 의사결정이다. 다시 말해 의사결정을 실행하는 데 도움을 주는 평가이다. 프로그램의 실행과정에서 프로그램의 운영방법과 절차를 수정하고 보완하는 데 정보를 수집하고 제공하여 프로그램의 운영 상황을 검토하는 것이다. 과정평가의 주요 방법은 관찰, 토의, 설문조사 등이 있다.

4 산출평가

산출평가는 의사결정을 순환시키는 데 도움을 주기 위한 평가이다. 즉, 프로그램이 종료된 후 프로그램의 효과를 측정하는 평가로 그 효과를 종합적으로 확인하여 프로그램의 질과 사용자의 요구에 비추어 프로그램의 성과를 정확하게 판단하는 것이다.

(2) 알킨의 CSE 평가모형

알킨(Alkin)은 UCLA 대학의 CSE(center for the study of evaluation)의 소장으로 재직 중에 평가모형을 만들었기 때문에 CSE 평가모형 혹은 UCLA 평가모형이라고 부른다. CSE 평가모형에서는 의사결정자가 다양한 방안 중에서 하나의 방책을 선택할 수 있도록 의사결정 영역에 필요한 정보를 선택, 수집, 분석하여 의사결정권자에게 보고하는 과정이라고 말한다.

이러한 CSE 평가모형의 평가 절차는 [1] 체제 사정평가(systems assessment evaluation), [2] 프로그램 계획평가(program planning implementation), [3] 프로그램 실행평가(program implementation), [4] 프로그램 개선평가(program improvement evaluation), [5] 프로그램 승인평가(program certification evaluation)로 구분한다.

[1] 체제 사정평가

특정한 상황에 부합하거나 필요한 교육목표를 선정하기 위해 교육목표의 폭과 깊이를 결정하는 데 요구되는 정보를 수집하는 과정이다. 체제 사정에서 정보를 수집하고 보고하는 방법에는 조사, 면담, 관찰, 토의 등이 있다.

[2] 프로그램 계획평가

체제 사정평가를 충족시킬 수 있는 다양한 방안 중에서 가장 효율적인 방안을 선택하도록 필요한 정보를 수집하는 과정이다. 프로그램 계획평가는 내·외적 평가 방법이 있다.

- 내적 평가: 프로그램의 목표 달성을 위해 재생 또는 복사할 수 있는 부분의 범위를 검토하고, 프로그램의 유형, 구성, 실용성, 비용 등을 평가한다.
- 외적 평가: 유사한 장면에서 프로그램을 실행했을 때 실행 효과, 즉 일반화의 범위를 설정한다.

[3] 프로그램 실행평가

프로그램 실행평가는 프로그램이 실제로 계획된 대로 실천되고 있는가에 관심을 가지고 프로그램의 개선을 위한 의사결정에 도움이 되는 정보를 제공한다. 프로그램 실행평가에서는 체제 사정평가에서처럼 면담, 관찰, 토의, 조사 등의 방법이 사용된다.

4 프로그램 개선평가

프로그램 개선평가에서는 프로그램 실행과정에 직접 개입하여 문제점과 증상을 파악하여 이를 수정·보완하는 등의 적극적인 역할을 수행한다. 프로그램의 개선평가에는 개선과 변화 후에 효과를 규명하는 실험법 또는 현장 연구 형태의 방법을 사용한다.

5 프로그램 승인평가

프로그램 승인평가과정에서는 의사결정자에게 프로그램의 질과 가치를 포함한 효과성 등 전반적인 결과를 종합적으로 제시함으로써 프로그램의 채택 여부를 결정하도록 도움을 주는 평가이다. 다시 말해서 프로그램 종료 후 프로그램에 대한 장·단점을 사실적으로 파악·분석하여 의사결정자에게 제공하는 것이다. 프로그램 승인평가의 자료에는 일반적으로 신뢰성, 타당성, 효율성, 일반화의 원리가 적용된다.

요점 정리(summary)

- 교육과정 평가란 흔히 교육목표의 달성 정도나 교육과정의 효율성을 판단하기 위하여, 학습자의 행동 변화 및 학습과정에 관한 제반 정보를 수집·이용함으로써 교육적 의사결정을 내리는 데 도움을 주거나 의사결정을 내리는 과정이다.
- 교육과정 평가목적에는 교육과정 개발에 대한 평가목적, 교육과정 운영에 대한 평가목적, 교육과정 성과에 대한 평가목적이 있고, 평가 준비에는 요구분석 확인, 목표 확인, 실행 확인이 있다.
- 학교 교육과정과 관련성이 높은 평가모형으로는 타일러(Tyler)와 하몬드(Hammond)를 중심으로 하는 목표중심 평가모형과 스크리븐(Scriven)과 스테이크(Stake)를 중심으로 한 판단중심 평가모형 그리고 스터플빔(Stufflebeam)과 알킨(Alkin)을 중심으로 한 의사결정 평가모형이 있다.

주요 용어(key word)

- 타일러(Tyler)
- 하몬드(Hammond)
- 스크리븐(Scriven)
- 스테이크(Stake)
- 스터플빔(Stufflebeam)
- 알킨(Alkin)
- 목표중심 평가모형
- 판단중심 평가모형
- 의사결정중심 평가모형

형성평가 및 연구과제 formation evaluation & research subject

1. 교육과정 평가를 올바르게 수행하기 위하여 교육목표를 행동적인 용어로 명백하게 진술하기를 요구하는 평가모형은?

가. 의사결정중심 평가모형　　나. 판단중심 평가모형
다. 목표중심 평가모형　　라. 관리자중심 평가모형

2. 다음은 교육과정 평가모형 중 어떤 모형의 특징에 대하여 설명한 것인가?

> 형성평가의 개념을 도입함으로써 결과와 더불어 수업계열, 수업과정을 증진시키기 위한 노력을 강조하였다.

가. 의사결정중심 평가모형　　나. 판단중심 평가모형
다. 목표중심 평가모형　　라. 관리자중심 평가모형

3. 교육과정 평가모형 중 CIPP모형으로 불리는 모형은?

가. 판단중심 평가모형　　나. 의사결정중심 평가모형
다. 목표중심 평가모형　　라. 관리자중심 평가모형

4. 다음 중 스터플빔(Stufflebeam)의 CIPP모형에서 맨 처음 실시해야 할 평가는?

가. 상황평가　　나. 과정평가　　다. 산출평가
라. 투입평가　　마. 시행평가

5. 탈목표평가로 불리는 교육평가모형은?

가. 목표중심 평가모형　　나. 판단중심 평가모형
다. 의사결정중심 평가모형　　라. 관리자중심 평가모형

6. 스크리븐(Scriven)의 판단중심 평가모형에 대한 설명으로 적절하지 않은 것은?

가. 이 모형의 적절한 적용 예는 '교사평가'이다.
나. 이 모형을 공급자중심 평가모형으로 부르기도 한다.
다. 평가의 준거로서 내재적 준거와 외재적 준거가 활용된다.
라. 설정한 목표 달성 여부 외에 다른 유용한 판단 기준도 중요시한다.

7. 다음 중 평가 관련 요구분석 시 유의할 사항이 아닌 것은?

가. 충분한 자료출처 활용
나. 개인과 조직의 두 가지 개념 고려
다. 지식과 기능의 정확한 판단
라. 평가자의 주관성과 공정성 유지

8. 학생이 평가자라고 한다면 교육과정 평가모형 중 어느 모형을 선택하고 싶은가? 그 이유는 무엇인가?

9. 스크리븐(Scriven)의 탈목표 평가모형의 장·단점을 제시해 보시오.

10. 교육과정의 목적은 무엇인지 작성해 보시오.

Memo

Appendix

부록

1. 초·중등학교 교육과정 총론(교육부 고시 제2015-74호)
2. 유치원 교육과정 총론(교육부 고시 제2019-189호)
3. 형성평가 모범 답안

부록 1.

초·중등학교 교육과정 총론

교육부 고시 제2015-74호 [별책 1]

교육부 고시 제2015-74호

초·중등교육법 제23조 제2항에 의거하여 초·중등학교 교육과정을 다음과 같이 고시합니다.

2015년 9월 23일
부총리 겸 교육부 장관

1. 초·중등학교 교육과정 총론은 【별책 1】과 같습니다.
2. 초등학교 교육과정은 【별책 2】와 같습니다.
3. 중학교 교육과정은 【별책 3】과 같습니다.
4. 고등학교 교육과정은 【별책 4】와 같습니다.
5. 국어과 교육과정은 【별책 5】와 같습니다.
6. 도덕과 교육과정은 【별책 6】과 같습니다.
7. 사회과 교육과정은 【별책 7】과 같습니다.
8. 수학과 교육과정은 【별책 8】과 같습니다.
9. 과학과 교육과정은 【별책 9】와 같습니다.
10. 실과(기술·가정)/정보과 교육과정은 【별책 10】과 같습니다.

11. 체육과 교육과정은 【별책 11】과 같습니다.
12. 음악과 교육과정은 【별책 12】와 같습니다.
13. 미술과 교육과정은 【별책 13】과 같습니다.
14. 영어과 교육과정은 【별책 14】와 같습니다.
15. 바른 생활, 슬기로운 생활, 즐거운 생활 교육과정은 【별책 15】와 같습니다.
16. 제2외국어과 교육과정은 【별책 16】과 같습니다.
17. 한문과 교육과정은 【별책 17】과 같습니다.
18. 중학교 선택 교과 교육과정은 【별책 18】과 같습니다.
19. 고등학교 교양 교과 교육과정은 【별책 19】와 같습니다.
20. 과학 계열 전문 교과 교육과정은 【별책 20】과 같습니다.
21. 체육 계열 전문 교과 교육과정은 【별책 21】과 같습니다.
22. 예술 계열 전문 교과(보통 교과 연극 과목 포함) 교육과정은 【별책 22】와 같습니다.
23. 외국어 계열 전문 교과 교육과정은 【별책 23】과 같습니다.
24. 국제 계열 전문 교과 교육과정은 【별책 24】와 같습니다.
25. 전문 교과II 교육과정은 【별책 25~41】과 같습니다.
26. 창의적 체험활동(안전한 생활 포함) 교육과정은 【별책 42】와 같습니다.
27. 한국어 교육과정은 【별책 43】과 같습니다.

부칙

1. 이 교육과정은 학교 급별, 학년별로 다음과 같이 시행합니다.
   가. 2017년 3월 1일 : 초등학교 1, 2학년
   나. 2018년 3월 1일 : 초등학교 3, 4학년, 중학교 1학년, 고등학교 1학년
   다. 2019년 3월 1일 : 초등학교 5, 6학년, 중학교 2학년, 고등학교 2

학년

라. 2020년 3월 1일 : 중학교 3학년, 고등학교 3학년

2. 중학교 자유학기 편성·운영 관련 규정은 2016년 3월 1일부터 적용합니다.
3. 교육부 고시 제2013-7호의 전문 교과는 2016년 3월 1일부터 이 교육과정의 전문 교과II 실무 과목으로 대체하여 편성할 수 있습니다.
4. 교육과학기술부 고시 제2009-41호(2009.12.23.), 교육과학기술부 고시 제2010-24호(2010.5.12.), 교육과학기술부 고시 제2011-5호(2011.1.26.), 교육과학기술부 고시 제2011-13호(2011.2.24.), 교육과학기술부 고시 제2011-361호(2011.8.9.), 교육과학기술부 고시 제2012-3호(2012.3.21.), 교육과학기술부 고시 제2012-14호(2012.7.9.), 교육과학기술부 고시 제2012-29호(2012.12.7.), 교육과학기술부 고시 제2012-31호(2012.12.13.), 교육부 고시 제2013-7호(2013.12.18.)의 초·중등학교 교육과정은 2020년 2월 29일로 폐지합니다.
5. 「훈령·예규 등의 발령 및 관리에 관한 규정」(대통령훈령 제334호)에 따라 이 고시 발령 후의 법령이나 현실 여건의 변화 등을 검토하여 이 고시의 폐지, 개정 등의 조치를 하여야 하는 기한은 2020년 2월 29일까지로 합니다.

교육과정의 성격

이 교육과정은 초·중등교육법 제23조 제2항에 의거하여 고시한 것으로, 초·중등학교의 교육 목적과 교육 목표를 달성하기 위한 국가수준의 교육과정이며, 초·중등학교에서 편성·운영하여야 할 학교 교육과정의 공통적이고 일반적인 기준을 제시한 것이다.

이 교육과정의 성격은 다음과 같다.

가. 국가수준의 공통성과 지역, 학교, 개인 수준의 다양성을 동시에 추구하는 교육과정이다.

나. 학습자의 자율성과 창의성을 신장하기 위한 학생 중심의 교육과정이다.

다. 학교와 교육청, 지역사회, 교원·학생·학부모가 함께 실현해 가는 교육과정이다.

라. 학교 교육 체제를 교육과정 중심으로 구현하기 위한 교육과정이다.

마. 학교 교육의 질적 수준을 관리하고 개선하기 위한 교육과정이다.

I. 교육과정 구성의 방향

1. 추구하는 인간상

우리나라의 교육은 홍익인간의 이념 아래 모든 국민으로 하여금 인격을 도야하고, 자주적 생활 능력과 민주 시민으로서 필요한 자질을 갖추게 함으로써 인간다운 삶을 영위하게 하고, 민주 국가의 발전과 인류 공영의 이상을 실현하는 데에 이바지하게 함을 목적으로 하고 있다.

이러한 교육 이념과 교육 목적을 바탕으로, 이 교육과정이 추구하는 인간상은 다음과 같다.

가. 전인적 성장을 바탕으로 자아정체성을 확립하고 자신의 진로와 삶을 개척하는 자주적인 사람

나. 기초 능력의 바탕 위에 다양한 발상과 도전으로 새로운 것을 창출하는 창의적인 사람

다. 문화적 소양과 다원적 가치에 대한 이해를 바탕으로 인류 문화를 향유하고 발전시키는 교양 있는 사람

라. 공동체 의식을 가지고 세계와 소통하는 민주 시민으로서 배려와 나눔을 실천하는 더불어 사는 사람

이 교육과정이 추구하는 인간상을 구현하기 위해 교과 교육을 포함한 학교 교육 전 과정을 통해 중점적으로 기르고자 하는 핵심역량은 다음과 같다.

가. 자아정체성과 자신감을 가지고 자신의 삶과 진로에 필요한 기초 능력과 자질을 갖추어 자기주도적으로 살아갈 수 있는 자기관리 역량

나. 문제를 합리적으로 해결하기 위하여 다양한 영역의 지식과 정보를 처리하고 활용할 수 있는 지식정보처리 역량

다. 폭넓은 기초 지식을 바탕으로 다양한 전문 분야의 지식, 기술, 경험을 융합적으로 활용하여 새로운 것을 창출하는 창의적 사고 역량
라. 인간에 대한 공감적 이해와 문화적 감수성을 바탕으로 삶의 의미와 가치를 발견하고 향유하는 심미적 감성 역량
마. 다양한 상황에서 자신의 생각과 감정을 효과적으로 표현하고 다른 사람의 의견을 경청하며 존중하는 의사소통 역량
바. 지역·국가·세계 공동체의 구성원에게 요구되는 가치와 태도를 가지고 공동체 발전에 적극적으로 참여하는 공동체 역량

2. 교육과정 구성의 중점

이 교육과정은 우리나라 교육과정이 추구해 온 교육 이념과 인간상을 바탕으로, 미래 사회가 요구하는 핵심역량을 함양하여 바른 인성을 갖춘 창의융합형 인재를 양성하는 데에 중점을 둔다. 이를 위한 교육과정 구성의 중점은 다음과 같다.

가. 인문·사회·과학기술 기초 소양을 균형 있게 함양하고, 학생의 적성과 진로에 따른 선택학습을 강화한다.
나. 교과의 핵심 개념을 중심으로 학습 내용을 구조화하고 학습량을 적정화하여 학습의 질을 개선한다.
다. 교과 특성에 맞는 다양한 학생 참여형 수업을 활성화하여 자기주도적 학습 능력을 기르고 학습의 즐거움을 경험하도록 한다.
라. 학습의 과정을 중시하는 평가를 강화하여 학생이 자신의 학습을 성찰하도록 하고, 평가 결과를 활용하여 교수·학습의 질을 개선한다.
마. 교과의 교육 목표, 교육 내용, 교수·학습 및 평가의 일관성을 강화한다.
바. 특성화 고등학교와 산업수요 맞춤형 고등학교에서는 국가직무능

력표준을 활용하여 산업사회가 필요로 하는 기초 역량과 직무 능력을 함양한다.

3. 학교 급별 교육 목표

가. 초등학교 교육 목표

초등학교 교육은 학생의 일상생활과 학습에 필요한 기본 습관 및 기초 능력을 기르고 바른 인성을 함양하는 데에 중점을 둔다.

1) 자신의 소중함을 알고 건강한 생활 습관을 기르며, 풍부한 학습 경험을 통해 자신의 꿈을 키운다.
2) 학습과 생활에서 문제를 발견하고 해결하는 기초 능력을 기르고, 이를 새롭게 경험할 수 있는 상상력을 키운다.
3) 다양한 문화 활동을 즐기고 자연과 생활 속에서 아름다움과 행복을 느낄 수 있는 심성을 기른다.
4) 규칙과 질서를 지키고 협동정신을 바탕으로 서로 돕고 배려하는 태도를 기른다.

나. 중학교 교육 목표

중학교 교육은 초등학교 교육의 성과를 바탕으로, 학생의 일상생활과 학습에 필요한 기본 능력을 기르고 바른 인성 및 민주 시민의 자질을 함양하는 데에 중점을 둔다.

1) 심신의 조화로운 발달을 바탕으로 자아존중감을 기르고, 다양한 지식과 경험을 통해 적극적으로 삶의 방향과 진로를 탐색한다.
2) 학습과 생활에 필요한 기본 능력 및 문제 해결력을 바탕으로, 도전 정신과 창의적 사고력을 기른다.
3) 자신을 둘러싼 세계에서 경험한 내용을 토대로 우리나라와 세계의

다양한 문화를 이해하고 공감하는 태도를 기른다.

4) 공동체 의식을 바탕으로 타인을 존중하고 서로 소통하는 민주 시민의 자질과 태도를 기른다.

다. 고등학교 교육 목표

고등학교 교육은 중학교 교육의 성과를 바탕으로, 학생의 적성과 소질에 맞게 진로를 개척하며 세계와 소통하는 민주 시민으로서의 자질을 함양하는 데에 중점을 둔다.

1) 성숙한 자아의식과 바른 품성을 갖추고, 자신의 진로에 맞는 지식과 기능을 익히며 평생학습의 기본 능력을 기른다.
2) 다양한 분야의 지식과 경험을 융합하여 창의적으로 문제를 해결하고, 새로운 상황에 능동적으로 대처하는 능력을 기른다.
3) 인문·사회·과학기술 소양과 다양한 문화에 대한 이해를 바탕으로 새로운 문화 창출에 기여할 수 있는 자질과 태도를 기른다.
4) 국가 공동체에 대한 책임감을 바탕으로 배려와 나눔을 실천하며 세계와 소통하는 민주 시민으로서의 자질과 태도를 기른다.

Ⅱ. 학교 급별 교육과정 편성·운영의 기준

1. 기본 사항

가. 초등학교 1학년부터 중학교 3학년까지의 공통 교육과정과 고등학교 1학년부터 3학년까지의 선택 중심 교육과정으로 편성·운영한다.

나. 학년 간 상호 연계와 협력을 통해 학교 교육과정을 유연하게 편성·운영할 수 있도록 학년군을 설정한다.

다. 공통 교육과정의 교과는 교육 목적상의 근접성, 학문 탐구 대상 또는 방법상의 인접성, 생활양식에서의 연관성 등을 고려하여 교과군으로 재분류한다.

라. 선택 중심 교육과정에서는 학생들의 기초 영역 학습을 강화하고 진로 및 적성에 맞는 학습이 가능하도록 4개의 교과 영역으로 구분하고 교과(군)별 필수 이수 단위를 제시한다. 특성화 고등학교와 산업수요 맞춤형 고등학교는 보통 교과의 4개 교과 영역과 전문 교과로 구분하고 필수 이수 단위를 제시한다.

마. 고등학교 교과는 보통 교과와 전문 교과로 구분하며, 학생들의 기초 소양 함양과 기본 학력을 보장하기 위하여 보통 교과에 공통 과목을 개설하여 모든 학생이 이수하도록 한다.

바. 학습 부담을 적정화하고 의미 있는 학습 활동이 이루어질 수 있도록 학기당 이수 교과목 수를 조정하여 집중이수를 실시할 수 있다.

사. 창의적 체험활동은 학생의 소질과 잠재력을 계발하고 공동체 의식을 기르는 데에 중점을 둔다.

아. 범교과 학습 주제는 교과와 창의적 체험활동 등 교육 활동 전반에 걸쳐 통합적으로 다루도록 하고, 지역사회 및 가정과 연계하여 지도한다.

안전·건강 교육, 인성 교육, 진로 교육, 민주 시민 교육, 인권 교육, 다문화 교육, 통일 교육, 독도 교육, 경제·금융 교육, 환경·지속가능발전 교육

자. 학교는 필요에 따라 계기 교육을 실시할 수 있으며, 이 경우 계기 교육 지침에 따른다.

2. 초등학교

가. 편제와 시간 배당 기준

1) 편제

가) 초등학교 교육과정은 교과(군)와 창의적 체험활동으로 편성한다.

나) 교과(군)는 국어, 사회/도덕, 수학, 과학/실과, 체육, 예술(음악/미술), 영어로 한다. 다만, 1, 2학년의 교과는 국어, 수학, 바른 생활, 슬기로운 생활, 즐거운 생활로 한다.

다) 창의적 체험활동은 자율 활동, 동아리 활동, 봉사 활동, 진로 활동으로 한다. 다만, 1, 2학년은 체험 활동 중심의 '안전한 생활'을 포함하여 편성·운영한다.

2) 시간 배당 기준

〈표 1〉

<table>
<tr><th colspan="2">구분</th><th>1~2학년</th><th>3~4학년</th><th>5~6학년</th></tr>
<tr><td rowspan="8">교과(군)</td><td>국어</td><td rowspan="7">국어 448
수학 256
바른 생활 128
슬기로운 생활 192
즐거운 생활 384</td><td>408</td><td>408</td></tr>
<tr><td>사회/도덕</td><td>272</td><td>272</td></tr>
<tr><td>수학</td><td>272</td><td>272</td></tr>
<tr><td>과학/실과</td><td>204</td><td>340</td></tr>
<tr><td>체육</td><td>204</td><td>204</td></tr>
<tr><td>예술(음악/미술)</td><td>272</td><td>272</td></tr>
<tr><td>영어</td><td>136</td><td>204</td></tr>
<tr><td>소계</td><td>1,408</td><td>1,768</td><td>1,972</td></tr>
</table>

창의적 체험활동	336 안전한 생활 (64)	204	204
학년군별 총 수업 시간 수	1,744	1,972	2,176

① 이 표에서 1시간 수업은 40분을 원칙으로 하되, 기후 및 계절, 학생의 발달 정도, 학습 내용의 성격, 학교 실정 등을 고려하여 탄력적으로 편성·운영할 수 있다.
② 학년군 및 교과(군)별 시간 배당은 연간 34주를 기준으로 한 2년간의 기준 수업 시수를 나타낸 것이다.
③ 학년군별 총 수업 시간 수는 최소 수업 시수를 나타낸 것이다.
④ 실과의 수업 시간은 5~6학년 과학/실과의 수업 시수에만 포함된 것이다.

나. 교육과정 편성·운영 기준

1) 학교는 모든 교육 활동을 통해 학생의 기본 생활 습관, 기초 학습 능력, 바른 인성을 함양할 수 있도록 교육과정을 편성·운영한다.
2) 학교는 학년군별로 이수해야 할 교과를 학년별, 학기별로 편성하여 학생과 학부모에게 안내한다.
3) 학교는 각 교과의 기초적, 기본적 요소들이 체계적으로 학습되도록 교육과정을 편성·운영한다. 특히 국어 사용 능력과 수리 능력의 기초가 부족한 학생들을 대상으로 기초 학습 능력 향상을 위한 별도의 프로그램을 편성·운영할 수 있다.
4) 학교는 학교의 특성, 학생·교사·학부모의 요구 및 필요에 따라 교과(군)별 20% 범위 내에서 시수를 증감하여 편성·운영할 수 있다. 단, 체육, 예술(음악/미술) 교과는 기준 수업 시수를 감축하여 편성·운영할 수 없다.
5) 학교는 교육의 효과를 높이기 위하여 필요한 경우 학년별, 학기별로 교과 집중 이수를 실시할 수 있다.
6) 전입 학생이 특정 교과를 이수하지 못할 경우, 교육청과 학교에서는 보충 학습 과정 등을 통해 학습 결손이 발생하지 않도록 한다.
7) 학년을 달리하는 학생을 대상으로 복식 학급을 편성·운영하는 경

우에는 교육 내용의 학년별 순서를 조정하거나 공통 주제를 중심으로 교재를 재구성하여 활용할 수 있다.

8) 학교는 창의적 체험활동의 영역을 학생들의 발달 수준, 학교의 여건 등을 고려하여 학년(군)별로 선택적으로 편성·운영할 수 있다.
9) 학교는 1학년 학생들의 입학 초기 적응 교육을 위해 창의적 체험활동의 시간을 활용하여 자율적으로 입학 초기 적응 프로그램 등을 편성·운영할 수 있다.
10) 정보통신활용 교육, 보건 교육, 한자 교육 등은 관련 교과(군)와 창의적 체험활동 시간을 활용하여 체계적인 지도가 이루어질 수 있도록 한다.

3. 중학교

가. 편제와 시간 배당 기준

1) 편제

가) 중학교 교육과정은 교과(군)와 창의적 체험활동으로 편성한다.

나) 교과(군)는 국어, 사회(역사 포함)/도덕, 수학, 과학/기술·가정/정보, 체육, 예술(음악/미술), 영어, 선택으로 한다.

다) 선택 교과는 한문, 환경, 생활 외국어(독일어, 프랑스어, 스페인어, 중국어, 일본어, 러시아어, 아랍어, 베트남어), 보건, 진로와 직업 등의 과목으로 한다.

라) 창의적 체험활동은 자율 활동, 동아리 활동, 봉사 활동, 진로 활동으로 한다.

2) 시간 배당 기준

〈표 2〉

구 분		1~3학년
교과(군)	국어	442
	사회(역사 포함)/도덕	510
	수학	374
	과학/기술·가정/정보	680
	체육	272
	예술(음악/미술)	272
	영어	340
	선택	170
	소계	3,060
창의적 체험활동		306
총 수업 시간 수		3,366

① 이 표에서 1시간 수업은 45분을 원칙으로 하되, 기후 및 계절, 학생의 발달 정도, 학습 내용의 성격, 학교 실정 등을 고려하여 탄력적으로 편성·운영할 수 있다.

② 학년군 및 교과(군)별 시간 배당은 연간 34주를 기준으로 한 3년간의 기준 수업 시수를 나타낸 것이다.

③ 총 수업 시간 수는 3년간의 최소 수업 시수를 나타낸 것이다.

④ 정보 과목은 34시간을 기준으로 편성·운영한다.

나. 교육과정 편성·운영 기준

1) 학교는 3년간 이수해야 할 교과목을 학년별, 학기별로 편성하여 학생과 학부모에게 안내한다.

2) 교과(군)의 이수 시기와 그에 따른 수업 시수는 학교가 자율적으로 결정할 수 있다.

3) 학교는 학교의 특성, 학생·교사·학부모의 요구 및 필요에 따라 자율적으로 교과(군)별 20% 범위 내에서 시수를 증감하여 편성·운영

할 수 있다. 단, 체육, 예술(음악/미술) 교과는 기준 수업 시수를 감축하여 편성·운영할 수 없다.

4) 학교는 학습 부담을 적정화하고 의미 있는 학습 활동이 이루어질 수 있도록 학기당 이수 교과목 수를 8개 이내로 편성한다. 단, 체육, 예술(음악/미술) 교과는 이수 교과목 수 제한에서 제외하여 편성할 수 있다.
5) 전입 학생이 특정 교과목을 이수하지 못할 경우, 교육청과 학교에서는 보충 학습 과정 등을 통해 학습 결손이 발생하지 않도록 한다.
6) 학교가 선택 과목을 개설할 경우, 2개 이상의 과목을 개설함으로써 학생의 선택권이 보장되도록 한다.
7) 학교는 필요한 경우 새로운 선택 과목을 개설할 수 있다. 이 경우 시·도 교육청이 정하는 지침에 따라 사전에 필요한 절차를 거쳐야 한다.
8) 학교는 창의적 체험활동의 영역을 학생들의 발달 수준, 학교의 여건 등을 고려하여 자율적으로 편성·운영한다. 창의적 체험활동은 학교스포츠클럽 활동 및 자유학기에 이루어지는 다양한 활동들과 연계하여 운영할 수 있다.
9) 학교는 학생들이 자신의 적성과 미래에 대해 탐색하고, 학습의 즐거움을 경험하여 스스로 공부하는 자기주도적 학습 능력과 태도를 기를 수 있도록 자유학기를 운영한다.
   가) 중학교 과정 중 한 학기는 자유학기로 운영한다.
   나) 자유학기에는 해당 학기의 교과 및 창의적 체험활동을 자유학기의 취지에 부합하도록 편성·운영한다.
   다) 자유학기에는 지역사회와 연계하여 진로 탐색 활동, 주제 선택 활동, 동아리 활동, 예술·체육 활동 등 다양한 체험 중심의 자유학기 활동을 운영한다.
   라) 자유학기에는 협동 학습, 토의·토론 학습, 프로젝트 학습 등

학생 참여형 수업을 강화한다.

마) 자유학기에는 중간·기말고사 등 일제식 지필평가는 실시하지 않으며, 학생의 학습과 성장을 지원하는 과정 중심의 평가를 실시한다.

바) 자유학기에는 학교 내외의 다양한 자원을 활용하여 진로 탐색 및 설계를 지원한다.

사) 학교는 자유학기의 운영 취지가 타 학기·학년에도 연계될 수 있도록 노력한다.

10) 학교는 학생들의 심신을 건강하게 발달시키고 정서를 함양하기 위해 '학교스포츠클럽 활동'을 편성·운영한다.

가) 학교스포츠클럽 활동은 창의적 체험활동의 동아리 활동으로 편성한다.

나) 학교스포츠클럽 활동은 학년별 연간 34~68시간(총 136시간) 운영하며, 매 학기 편성하도록 한다. 학교 여건에 따라 연간 68시간 운영하는 학년에서는 34시간 범위 내에서 학교스포츠클럽 활동을 체육으로 대체할 수 있다.

다) 학교스포츠클럽 활동의 시간은 교과(군)별 시수의 20% 범위 내에서 감축하거나, 창의적 체험활동 시수를 순증하여 확보한다. 다만, 여건이 어려운 학교의 경우 68시간 범위 내에서 기존 창의적 체험활동 시간을 활용하여 확보할 수 있다.

라) 학교스포츠클럽 활동의 종목과 내용은 학생들의 희망을 반영하여 학교가 정하되, 다양한 종목을 개설함으로써 학생들의 선택권이 보장되도록 한다.

4. 고등학교

가. 편제와 단위 배당 기준

1) 편제

가) 고등학교 교육과정은 교과(군)와 창의적 체험활동으로 편성한다.

나) 교과는 보통 교과와 전문 교과로 한다.

(1) 보통 교과

㉮ 보통 교과의 영역은 기초, 탐구, 체육·예술, 생활·교양으로 구성하며, 교과(군)는 국어, 수학, 영어, 한국사, 사회(역사/도덕 포함), 과학, 체육, 예술, 기술·가정/제2외국어/한문/교양으로 한다.

㉯ 보통 교과는 공통 과목과 선택 과목으로 구분한다. 공통 과목은 국어, 수학, 영어, 한국사, 통합사회, 통합과학(과학탐구실험 포함)으로 하며, 선택 과목은 일반 선택 과목과 진로 선택 과목으로 구분한다.

(2) 전문 교과

㉮ 전문 교과는 전문 교과Ⅰ과 전문 교과Ⅱ로 구분한다.

㉯ 전문 교과Ⅰ은 과학, 체육, 예술, 외국어, 국제 계열에 관한 과목으로 한다.

㉰ 전문 교과Ⅱ는 국가직무능력표준에 따라 경영·금융, 보건·복지, 디자인·문화콘텐츠, 미용·관광·레저, 음식 조리, 건설, 기계, 재료, 화학 공업, 섬유·의류, 전기·전자, 정보·통신, 식품 가공, 인쇄·출판·공예, 환경·안전, 농림·수산해양, 선박 운항 등에 관한 과목으로 한다. 전문 교과Ⅱ의 과목은 전문 공통 과목, 기초 과목, 실무 과목으로 구분한다.

다) 창의적 체험활동은 자율 활동, 동아리 활동, 봉사 활동, 진로 활동으로 한다.

2) 단위 배당 기준

가) 일반 고등학교(자율 고등학교 포함)와 특수 목적 고등학교(산업수요 맞춤형 고등학교 제외)

〈표 3〉

<table>
<tr><th></th><th>교과 영역</th><th>교과(군)</th><th>공통 과목(단위)</th><th>필수 이수 단위</th><th>자율 편성 단위</th></tr>
<tr><td rowspan="12">교과(군)</td><td rowspan="4">기초</td><td>국어</td><td>국어(8)</td><td>10</td><td rowspan="10">학생의 적성과 진로를 고려하여 편성</td></tr>
<tr><td>수학</td><td>수학(8)</td><td>10</td></tr>
<tr><td>영어</td><td>영어(8)</td><td>10</td></tr>
<tr><td>한국사</td><td>한국사(6)</td><td>6</td></tr>
<tr><td rowspan="2">탐구</td><td>사회
(역사/도덕 포함)</td><td>통합사회(8)</td><td>10</td></tr>
<tr><td>과학</td><td>통합과학(8)
과학탐구실험(2)</td><td>12</td></tr>
<tr><td rowspan="2">체육·예술</td><td>체육</td><td></td><td>10</td></tr>
<tr><td>예술</td><td></td><td>10</td></tr>
<tr><td>생활·교양</td><td>기술·가정/
제2외국어/
한문/교양</td><td></td><td>16</td></tr>
<tr><td colspan="3">소계</td><td>94</td><td>86</td></tr>
<tr><td colspan="4">창의적 체험활동</td><td colspan="2">24(408시간)</td></tr>
<tr><td colspan="4">총 이수 단위</td><td colspan="2">204</td></tr>
</table>

① 1단위는 50분을 기준으로 하여 17회를 이수하는 수업량이다.

② 1시간의 수업은 50분을 원칙으로 하되, 기후 및 계절, 학생의 발달 정도, 학습 내용의 성격, 학교 실정 등을 고려하여 탄력적으로 편성·운영할 수 있다.

③ 공통 과목은 2단위 범위 내에서 감하여 편성·운영할 수 있다. 단, 한국사는 6단위 이상 이수하되 2개 학기 이상 편성하도록 한다.

④ 과학탐구실험은 이수 단위 증감 없이 편성·운영하는 것을 원칙으로 하되, 과학 계열, 체육 계열, 예술 계열 고등학교의 경우 학교 실정에 따라 탄력적으로 운영할 수 있다.
⑤ 필수 이수 단위의 단위 수는 해당 교과(군)의 '최소 이수 단위'로 공통 과목 단위 수를 포함한다. 특수 목적 고등학교와 자율형 사립 고등학교의 경우 예술 교과(군)는 5단위 이상, 생활·교양 영역은 12단위 이상 이수할 것을 권장한다.
⑥ 기초 교과 영역 이수 단위 총합은 교과 총 이수 단위의 50%를 초과하지 않도록 한다.
⑦ 창의적 체험활동의 단위는 최소 이수 단위이며 ( )안의 숫자는 이수 단위를 이수 시간 수로 환산한 것이다.
⑧ 총 이수 단위 수는 고등학교 3년간 이수해야 할 '최소 이수 단위'를 의미한다.

나) 특성화 고등학교와 산업수요 맞춤형 고등학교

〈표 4〉

<table>
<tr><th></th><th></th><th>교과 영역</th><th>교과(군)</th><th>공통 과목(단위)</th><th>필수 이수 단위</th><th>자율 편성 단위</th></tr>
<tr><td rowspan="11">교과(군)</td><td rowspan="10">보통 교과</td><td rowspan="4">기초</td><td>국어</td><td>국어(8)</td><td rowspan="3">24</td><td rowspan="9">학생의 적성·진로와 산업계 수요를 고려하여 편성</td></tr>
<tr><td>수학</td><td>수학(8)</td></tr>
<tr><td>영어</td><td>영어(8)</td></tr>
<tr><td>한국사</td><td>한국사(6)</td><td>6</td></tr>
<tr><td rowspan="2">탐구</td><td>사회
(역사/도덕 포함)</td><td>통합사회(8)</td><td rowspan="2">12</td></tr>
<tr><td>과학</td><td>통합과학(8)</td></tr>
<tr><td rowspan="2">체육·예술</td><td>체육</td><td></td><td>8</td></tr>
<tr><td>예술</td><td></td><td>6</td></tr>
<tr><td>생활·교양</td><td>기술·가정/
제2외국어/
한문/교양</td><td></td><td>10</td></tr>
<tr><td colspan="3">소계</td><td>66</td><td rowspan="2">28</td></tr>
<tr><td>전문 교과 II</td><td colspan="3">17개 교과(군) 등</td><td>86</td></tr>
<tr><td colspan="5">창의적 체험활동</td><td colspan="2">24(408시간)</td></tr>
<tr><td colspan="5">총 이수 단위</td><td colspan="2">204</td></tr>
</table>

① 1단위는 50분을 기준으로 하여 17회를 이수하는 수업량이다.
② 1시간의 수업은 50분을 원칙으로 하되, 기후 및 계절, 학생의 발달 정도, 학습 내용의 성격 등과 학교 실정 등을 고려하여 탄력적으로 편성·운영할 수 있다.
③ 공통 과목은 2단위 범위 내에서 감하여 편성·운영할 수 있다. 단, 한국사는 6단위 이상 이수하되 2개 학기 이상 편성하도록 한다.
④ 필수 이수 단위의 단위 수는 해당 교과(군)의 '최소 이수 단위'를 의미한다.
⑤ 창의적 체험활동의 단위는 최소 이수 단위이며 (   )안의 숫자는 이수 단위를 이수 시간 수로 환산한 것이다.
⑥ 총 이수 단위 수는 고등학교 3년간 이수해야 할 '최소 이수 단위'를 의미한다.

3) 보통 교과

〈표 5〉

교과 영역	교과(군)	공통 과목	선택 과목	
			일반 선택	진로 선택
기초	국어	국어	화법과 작문, 독서, 언어와 매체, 문학	실용 국어, 심화 국어, 고전 읽기
	수학	수학	수학I, 수학II, 미적분, 확률과 통계	실용 수학, 기하, 경제 수학, 수학과제 탐구
	영어	영어	영어 회화, 영어I, 영어 독해와 작문, 영어II	실용 영어, 영어권 문화, 진로 영어, 영미 문학 읽기
	한국사	한국사		
탐구	사회 (역사/도덕포함)	통합사회	한국지리, 세계지리, 세계사, 동아시아사, 경제, 정치와 법, 사회·문화, 생활과 윤리, 윤리와 사상	여행지리, 사회문제 탐구, 고전과 윤리
	과학	통합과학 과학탐구실험	물리학I, 화학I, 생명과학I, 지구과학I	물리학II, 화학II, 생명과학II, 지구과학II, 과학사, 생활과 과학, 융합과학
체육·예술	체육		체육, 운동과 건강	스포츠 생활, 체육 탐구
	예술		음악, 미술, 연극	음악 연주, 음악 감상과 비평 미술 창작, 미술 감상과 비평
	기술·가정		기술·가정, 정보	농업 생명 과학, 공학 일반, 창의 경영,

교과 영역	교과(군)	공통 과목	선택 과목	
			일반 선택	진로 선택
생활·교양				해양 문화와 기술, 가정과학, 지식 재산 일반
	제2 외국어		독일어I 일본어I 프랑스어I 러시아어I 스페인어I 아랍어I 중국어I 베트남어I	독일어II 일본어II 프랑스어II 러시아어II 스페인어II 아랍어II 중국어II 베트남어II
	한문		한문I	한문II
	교양		철학, 논리학, 심리학, 교육학, 종교학, 진로와 직업, 보건, 환경, 실용 경제, 논술	

① 선택 과목의 기본 단위 수는 5단위이다.
② 교양 교과목을 제외한 일반 선택 과목은 2단위 범위 내에서 증감하여 편성·운영할 수 있다.
③ 교양 교과목과 진로 선택 과목은 3단위 범위 내에서 증감하여 편성·운영할 수 있다.
④ 체육 교과는 매 학기 편성하도록 한다. 단, 특성화 고등학교와 산업수요 맞춤형 고등학교의 경우, 현장 실습이 있는 학년에는 탄력적으로 운영할 수 있다.

4) 전문 교과

가) 전문 교과

〈표 6〉

교과(군)	과목			
과학 계열	심화 수학I	심화 수학II	고급 수학I	고급 수학II
	고급 물리학	고급 화학	고급 생명과학	고급 지구과학
	물리학 실험	화학 실험	생명과학 실험	지구과학 실험
	정보과학	융합과학 탐구	과학과제 연구	생태와 환경
체육 계열	스포츠 개론	체육과 진로 탐구	체육 지도법	육상 운동
	체조 운동	수상 운동	개인·대인 운동	단체 운동
	체육 전공 실기 기초	체육 전공 실기 심화	체육 전공 실기 응용	

교과(군)	과목			
	스포츠 경기 체력	스포츠 경기 실습	스포츠 경기 분석	
예술 계열	음악 이론	음악사	시창·청음	음악 전공 실기
	합창	합주	공연 실습	
	미술 이론	미술사	드로잉	평면 조형
	입체 조형	매체 미술	미술 전공 실기	
	무용의 이해	무용과 몸	무용 기초 실기	무용 전공 실기
	무용 음악 실습	안무	무용과 매체	무용 감상과 비평
	문예 창작 입문	문학 개론	문장론	문학과 매체
	고전문학 감상	현대문학 감상	시 창작	소설 창작
	극 창작			
	연극의 이해	연기	무대기술	연극 제작 실습
	연극 감상과 비평	영화의 이해	영화기술	시나리오
	영화 제작 실습	영화 감상과 비평		
	사진의 이해	기초 촬영	암실 실기	중급 촬영
	사진 표현 기법	영상 제작의 이해	사진 영상 편집	사진 감상과 비평
외국어 계열	심화 영어 회화I	심화 영어 회화II	심화 영어I	심화 영어II
	심화 영어 독해I	심화 영어 독해II	심화 영어 작문I	심화 영어 작문II
	전공 기초 독일어	독일어 회화I	독일어 회화II	독일어 독해와 작문I
	독일어 독해와 작문II	독일어권 문화		
	전공 기초 프랑스어	프랑스어 회화I	프랑스어 회화II	프랑스어 독해와 작문I
	프랑스어 독해와 작문II	프랑스어권 문화		
	전공 기초 스페인어	스페인어 회화I	스페인어 회화II	스페인어 독해와 작문I
	스페인어 독해와 작문II	스페인어권 문화		

교과(군)	과목			
	전공 기초 중국어	중국어 회화I	중국어 회화II	중국어 독해와 작문I
	중국어 독해와 작문II	중국 문화		
	전공 기초 일본어	일본어 회화I	일본어 회화II	일본어 독해와 작문I
	일본어 독해와 작문II	일본 문화		
	전공 기초 러시아어	러시아어 회화I	러시아어 회화II	러시아어 독해와 작문I
	러시아어 독해와 작문II	러시아 문화		
	전공 기초 아랍어	아랍어 회화I	아랍어 회화II	아랍어 독해와 작문I
	아랍어 독해와 작문II	아랍 문화		
	전공 기초 베트남어	베트남어 회화I	베트남어 회화II	베트남어 독해와 작문I
	베트남어 독해와 작문II	베트남 문화		
국제 계열	국제 정치	국제 경제	국제법	지역 이해
	한국 사회의 이해	비교 문화	세계 문제와 미래 사회	국제 관계와 국제기구
	현대 세계의 변화	사회 탐구 방법	사회과제 연구	

① 전문 교과Ⅰ과목의 이수 단위는 시·도 교육감이 정한다.

② 국제 계열 고등학교에서 이수하는 외국어 과목은 외국어 계열 과목에서 선택하여 이수한다.

나) 전문 교과II

〈표 7〉

교과(군)	과목군				기준 학과
	전문 공통 과목	기초 과목	실무 과목		
경영·금융	성공적인 직업생활	상업 경제 기업과 경영 사무 관리 회계 원리 회계 정보 처리 시스템 기업 자원 통합 관리 세무 일반 유통 일반 국제 상무 비즈니스 영어 금융 일반 보험 일반 마케팅과 광고 창업 일반 커뮤니케이션 전자 상거래 일반	총무 비서 사무 행정 회계 실무 구매 조달 공정 관리 공급망 관리 수출입 관리 금융 상품 세일즈 증권 거래 업무 보험 모집 고객 관리 매장 판매	노무 관리 인사 예산·자금 세무 실무 자재 관리 품질 관리 물류 관리 창구 사무 카드 영업 무역 금융 업무 손해 사정 전자 상거래 실무 방문 판매	경영·사무과 재무·회계과 유통과 금융과 판매과
보건·복지		인간 발달 보육 원리와 보육 교사 보육 과정 아동 생활 지도 아동 복지 보육 실습 생활 서비스 산업의 이해 복지 서비스의 기초 사회 복지 시설의 이해 공중 보건 간호의 기초 보건 간호 기초 간호 임상 실무	영·유아 놀이 지도 영·유아 건강·안전·영양 지도 사회 복지 시설 실무	영·유아 교수 방법 대인 복지 서비스	보육과 사회복지과 보건간호과
디자인·문화 콘텐츠		디자인 제도 디자인 일반 조형 색채 관리 컴퓨터 그래픽 미디어 콘텐츠 일반 문화 콘텐츠 산업 일반 영상 제작 기초	시각 디자인 실내 디자인 영화 콘텐츠 제작 광고 콘텐츠 제작 애니메이션 콘텐츠 캐릭터 제작	제품 디자인 방송 콘텐츠 제작 음악 콘텐츠 제작 게임 콘텐츠 제작 제작 만화 콘텐츠 제작 스마트 문화 앱 콘텐츠 제작	디자인과 문화 콘텐츠과

교과(군)	과목군			기준 학과
	전문 공통 과목	기초 과목	실무 과목	
미용·관광·레저		미용의 기초 미용 안전·보건 관광 일반 관광 사업 관광 서비스 관광 영어 관광 일본어 관광 중국어	헤어 미용 피부 미용 메이크업 네일 미용 여행 서비스 실무 호텔 객실 서비스 실무 호텔 식음료 서비스 실무 카지노·유원 시설 서비스 실무	미용과 관광·레저과
음식 조리		식품과 영양 급식 관리	한국 조리 서양 조리 중식 조리 일식 조리 소믈리에 바리스타 바텐더	조리·식음료과
건설		공업 일반 기초 제도 토목 일반 토목 도면 해석과 제도 토목 기초 실습 건축 일반 건축 도면 해석과 제도 건축 기초 실습 조경	토공·포장 시공 측량 지적 공간 정보 구축 건축 목공 시공 건축 도장 시공 창호 시공 단열·수장 시공 철근 콘크리트 시공 건축 마감 시공 조경 시공 조경 관리 조경 설계	토목과 건축시공과 조경과
기계		기계 제도 기계 기초 공작 전자 기계 이론 기계 일반 자동차 일반 냉동 공조 일반 유체 기계 자동차 기관 자동차 섀시 자동차 전기·전자 제어 선체 도면 독도와 제도 선박 이론 선박 구조 선박 건조 항공기 일반 항공기 실무 기초	기계요소 설계 기계 제어 설계 선반 가공 밀링 가공 연삭 가공 컴퓨터 활용 생산 측정 성형 가공 방전 가공 레이저 가공 워터제트 가공 플라스마 가공 사출 금형 설계 사출 금형 제작 사출 금형 품질 관리 사출 금형 조립 프레스 금형 설계 프레스 금형 제작 프레스 금형 품질 관리 프레스 금형 조립 기계 수동 조립 운반 하역 기계 설치·정비 건설 광산 기계 설치·정비 섬유 기계 설치·정비 공작 기계 설치·정비 고무 플라스틱 기계 설치·정비 농업용 기계 설치·정비 승강기 설치·정비 냉동 공조 설계 냉동 공조 설치 냉동 공조 유지·보수 관리 자동차 전기·전자 장치 정비 자동차 엔진 정비 자동차 섀시 정비 자동차 차체 정비 자동차 도장 자동차 정비 검사 선체 가공 선체 조립 선박 도장 선체 품질 관리 기장 생산	기계과 냉동공조과 자동차과 조선과 항공과

<table>
<tr><th rowspan="2">교과(군)</th><th colspan="3">과목군</th><th rowspan="2">기준 학과</th></tr>
<tr><th>전문 공통 과목</th><th>기초 과목</th><th>실무 과목</th></tr>
<tr><td></td><td rowspan="5"></td><td></td><td>전장 생산 / 선장 생산
선실 의장 생산 / 선체 생산 설계
항공기 기체 제작 / 항공기 엔진·프로펠러 제작
항공기 전기·전자 장비 제작 / 항공기 기체 정비
항공기 가스 터빈 엔진 정비 / 항공기 왕복 엔진 정비
항공기 프로펠러 정비 / 항공기 계통 정비
항공기 전기·전자 장비 정비 / 헬리콥터 정비
항공기 정비 관리</td><td></td></tr>
<tr><td>재료</td><td>재료 시험
세라믹 재료
세라믹 원리·공정
재료 일반
산업 설비</td><td>주조 / 제선
제강 / 금속 열처리
금속 재료 가공 / 금속 재료 신뢰성 시험
압연 / 비철 금속 제련
도금·도장 / 전기·전자 재료
광학 재료 / 내열 구조 재료
생체 세라믹 재료 / 유리·법랑
내화물 / 연삭재
도자기 / 시멘트
탄소 제품 / 판금 제관
배관 / 피복 아크 용접
가스 텅스텐 아크 용접 / 이산화탄소·가스 메탈 아크 용접
서브머지드 아크 용접 / 로봇 용접</td><td>금속재료과
세라믹과
산업설비과</td></tr>
<tr><td>화학 공업</td><td>공업 화학
제조 화학
단위 조작</td><td>화학 분석 / 화학 물질 관리
공정 제어 / 석유 화학제품
고분자 제품 제조 / 무기 공업 화학
정밀 화학제품 제조 / 바이오 화학제품 제조
플라스틱 성형과 가공 / 생산 품질 관리와 설비 관리</td><td>화학공업과</td></tr>
<tr><td>섬유·의류</td><td>섬유 재료
섬유 공정
염색·가공 기초
의류 재료 관리
패션 디자인의 기초
의복 구성의 기초
패션 마케팅</td><td>방적 / 방사·시가공
제포 / 염색·가공
텍스타일 디자인 / 구매 생산 관리
생산 현장 관리 / 패션 디자인의 실제
패턴 메이킹 / 비주얼 머천다이징
서양 의복 구성과 생산 / 니트 의류 생산
가죽·모피 디자인과 생산 / 패션 소품 디자인과 생산
한국 의복 구성과 생산 / 패션 상품 유통 관리</td><td>섬유과
의류과</td></tr>
<tr><td>전기·전자</td><td>전기 회로
전기 기기
전기 설비
자동화 설비
전기·전자 기초
전자 회로
전기·전자 측정
디지털 논리 회로</td><td>수력 발전 설비 운용 / 화력 발전 설비 운용
원자력 발전 설비 운용 / 송변전 배전 설비 운용
전기 기기 제작 / 내선 공사
외선 공사 / 자동 제어 기기 제작
자동 제어 시스템 운용 / 전기 철도 시공 운용
철도 신호 제어 시공 운용 / 전자 부품 생산
전자 부품 개발 / 전자 기기 소프트웨어 개발
전자 기기 개발 / 정보 통신 기기 개발</td><td>전기과
전자과</td></tr>
</table>

<table>
<tr><th rowspan="2">교과(군)</th><th colspan="3">과목군</th><th rowspan="2">기준 학과</th></tr>
<tr><th>전문 공통 과목</th><th>기초 과목</th><th>실무 과목</th></tr>
<tr><td></td><td></td><td></td><td>정보 통신 기기 소프트웨어 개발
반도체 개발
반도체 제조
반도체 재료 제조
디스플레이 생산
디스플레이 장비 부품 개발
로봇 하드웨어 개발
로봇 소프트웨어 개발</td><td></td></tr>
<tr><td>정보·통신</td><td></td><td>통신 일반
통신 시스템
정보 통신
방송 일반
정보 처리와 관리
컴퓨터 구조
프로그래밍
자료 구조
컴퓨터 시스템 일반
컴퓨터 네트워크</td><td>무선 통신 구축·운용
유선 통신 구축·운용
초고속망 서비스 관리 운용
방송 제작 시스템 운용
네트워크 프로그래밍
시스템 운영 및 네트워크 운영
컴퓨터 보안
시스템 프로그래밍
소프트웨어 구조
응용 프로그래밍
데이터베이스 프로그래밍</td><td>방송·통신과
정보컴퓨터과</td></tr>
<tr><td>식품 가공</td><td></td><td>식품 과학
식품 위생
식품 가공 기술
식품 분석</td><td>곡물 가공
식품 품질 관리
수산 식품 가공
면류 식품 가공
두류 식품 가공
축산 식품 가공
건강 기능 식품 가공
유제품 가공
김치·반찬 가공
음료·주류 가공
제과
제빵</td><td>식품가공과</td></tr>
<tr><td>인쇄·출판·공예</td><td></td><td>인쇄 일반
디지털 이미지 재현
출판 일반
공예 일반
공예 재료와 도구</td><td>프리프레스
평판 인쇄
특수 인쇄
후가공
출판 편집
금속 공예
도자기 공예
목공예
석공예
섬유 공예
보석 감정
보석 디자인</td><td>인쇄·출판과
공예과</td></tr>
<tr><td>환경·안전</td><td></td><td>환경 화학 기초
인간과 환경
산업 안전 보건 기초</td><td>환경 보건 관리
환경 공정 관리
환경 생태 관리
생활 환경 관리
환경 측정 관리
기계 안전 관리
전기 안전 관리
건설 안전 관리
화공 안전 관리
비파괴 검사</td><td>환경보건과
산업안전과</td></tr>
<tr><td>농림·수산 해양</td><td></td><td>농업 이해
농업 기초 기술
농업 경영
재배
농촌과 농지 개발
농산물 유통
농산물 유통 관리
농산물 거래
관광 농업
환경 보전
친환경 농업</td><td>수도작 재배
전특작 재배
종자 생산
농업 환경 개선
농촌 체험 상품 개발
농촌 체험 시설 운영
채소 재배
과수 재배
화훼 재배
화훼 장식
임업 종묘
산림 조성
산림 이용
산림 보호
임산물 생산
버섯 재배
펄프 제조
목재 가공
가금 사육
젖소 사육
한우 사육
돼지 사육</td><td>농업과
원예과
산림자원과
동물자원과
농업기계과
농업토목과
해양생산과
수산양식과
해양레저과</td></tr>
</table>

교과(군)	과목군			기준 학과
	전문 공통 과목	기초 과목	실무 과목	
		생명 공학 기술 농업 정보 관리 농산 식품 가공 원예 생산 자재 조경 식물 관리 화훼 장식 기초 산림 휴양 산림 자원 임산 가공 동물 자원 반려동물 관리 실험 동물과 기타 가축 농업 기계 농업 기계 공작 농업 기계 운전·작업 농업과 물 농업 토목 제도·설계 농업 토목 시공·측량 해양의 이해 수산·해운 산업 기초 해양 생산 일반 해양 정보 관리 해양 오염·방제 전자 통신 기초 전자 통신 운용 수산 일반 수산 생물 수산 양식 일반 수산 경영 수산물 유통 양식 생물 질병 해양 환경과 자원 해양 레저 관광 요트 조종 잠수 기술	말 사육 사료 생산 연안 어업 원양 어업 염 생산 어업 환경 개선 내수면 양식 수산 생물 질병 관리 어촌 체험 상품 개발 종축 동물 약품 제조 근해 어업 내수면 어업 어업 자원 관리 해면 양식 수산 종묘 생산 어촌 체험 시설 운영 수상 레저 기구 조종	
선박 운항		항해 기초 해사 일반 해사 법규 선박 운용 선화 운송 항만 물류 일반	항해 선박 기관 운전 선박 통신 선박 갑판 관리	항해과 기관과

교과(군)	과목군			기준 학과
	전문 공통 과목	기초 과목	실무 과목	
		해사 영어 항해사 직무 해운 일반 열기관 선박 보조 기계 선박 전기·전자 기관 실무 기초 기관 직무 일반		

① 전문 교과Ⅱ 과목의 이수 단위는 시·도 교육감이 정한다.

② 전문 공통 과목, 기초 과목, 실무 과목은 모든 교과(군)에서 선택할 수 있다.

나. 교육과정 편성·운영 기준

1) 공통 사항

가) 고등학교 교육과정의 총 이수 단위는 204단위이며 교과(군) 180단위, 창의적 체험활동 24단위(408시간)로 나누어 편성한다.

나) 학교는 3년간 이수해야 할 과목을 학년별, 학기별로 편성하여 학생과 학부모에게 안내하도록 한다.

다) 학교는 학습 부담을 적정화하고 의미 있는 학습 활동이 이루어질 수 있도록 학기당 이수 과목 수를 8개 이내로 편성한다. 단, 과학탐구실험, 체육·예술·교양 교과목, 진로 선택 과목, 실기·실습 과목은 이수 과목 수 제한에서 제외하여 편성·운영할 수 있다.

라) 과목의 이수 시기와 단위는 학교에서 자율적으로 편성·운영할 수 있다. 단, 공통 과목은 해당 교과(군)의 선택 과목 이수 전에 편성·운영하는 것을 원칙으로 한다.

마) 선택 과목 중에서 위계성을 갖는 과목의 경우, 계열적 학습이 가능하도록 편성한다. 단, 학교의 실정 및 학생의 요구, 과목의 성격에 따라 탄력적으로 편성·운영할 수 있다.

바) 학교는 일정 규모 이상의 학생이 이 교육과정에 제시된 선택 과목

의 개설을 요청할 경우 해당 과목을 개설해야 한다. 이 경우 시·도 교육청이 정하는 지침에 따른다.

사) 학교에서 개설하지 않은 선택 과목 이수를 희망하는 학생이 있을 경우 그 과목을 개설한 다른 학교에서의 이수를 인정한다.

아) 학교는 필요에 따라 이 교육과정에 제시되어 있는 과목 외에 새로운 과목을 개설할 수 있다. 이 경우 시·도 교육청이 정하는 지침에 따라 사전에 필요한 절차를 거쳐야 한다.

자) 학교 및 학생의 필요에 따라 지역사회의 학습장에서 이루어진 학습을 이수 과목으로 인정할 수 있다. 이 경우 시·도 교육청이 정하는 지침에 따른다.

차) 학교는 필요에 따라 대학과목 선이수제의 과목을 개설할 수 있고, 국제적으로 공인된 교육과정이나 과목을 개설할 수 있다. 이 경우 시·도 교육청이 정하는 지침에 따른다.

카) 학교는 필요에 따라 교과의 총 이수 단위를 증배 운영할 수 있다. 단, 특수 목적 고등학교와 특성화 고등학교는 전문 교과의 과목에 한하여 증배 운영할 수 있다.

타) 학교는 창의적 체험활동의 영역을 학생들의 발달 수준, 학교의 여건 등을 고려하여 자율적으로 편성·운영하고, 학생의 진로와 연계하여 다양한 활동이 이루어질 수 있도록 한다.

파) 학교는 학생이 자신의 진로에 적합한 과목을 체계적으로 이수할 수 있도록 진로지도와 연계하여 선택 과목 이수에 대한 정보를 적극적으로 안내한다.

2) 일반 고등학교(자율 고등학교 포함)

가) 교과(군)의 총 이수 단위 180단위 중 필수 이수 단위는 94단위 이상으로 한다.

나) 학교는 교육과정을 보통 교과 중심으로 편성하되, 필요에 따라 전

문 교과의 과목을 개설할 수 있다.

다) 학교는 학생이 이수하기를 희망하는 일반 선택 과목을 개설하도록 노력해야 하며, 모든 학생이 보통 교과의 진로 선택 과목에서 3개 과목 이상을 이수할 수 있도록 한다.

라) 학교가 제2외국어 과목을 개설할 경우, 2개 이상의 과목을 동시에 개설하도록 노력해야 한다.

마) 특정 교과를 중심으로 중점 학교를 운영할 수 있으며, 이 경우 자율 편성 단위의 50% 이상을 해당 교과목으로 편성할 수 있다.

바) 체육, 음악, 미술 등의 과정을 개설하는 학교의 경우, 필요에 따라 지역 내 중점 학교 및 지역사회 학습장 등을 활용할 수 있다.

사) 학교는 직업에 관한 과정을 운영할 수 있으며, 이 경우 시·도 교육청이 정하는 지침에 따른다.

3) 특수 목적 고등학교(산업수요 맞춤형 고등학교 제외)

가) 특수 목적 고등학교는 교과(군)의 총 이수 단위 180단위 중 보통 교과는 85단위 이상 편성하며, 전공 관련 전문 교과I을 72단위 이상 편성한다.

나) 보통 교과의 선택 과목은 이와 내용이 유사하거나 관련되는 전문 교과I의 과목으로 대체하여 편성·운영할 수 있다.

다) 외국어 계열 고등학교에서는 전문 교과I의 총 이수 단위의 60% 이상을 전공 외국어로 하고, 전공 외국어를 포함한 2개 외국어로 전문 교과I의 과목을 편성해야 한다.

라) 국제 계열 고등학교는 전문 교과I의 국제 계열 과목과 외국어 계열 과목을 72단위 이상 이수하되, 국제 계열 과목을 50% 이상 편성한다.

마) 이 교육과정에 명시되지 않은 계열의 교육과정은 유사 계열의 교육과정에 준한다. 부득이 새로운 계열의 설치 및 그에 따른 교육

과정을 편성할 경우와 학교의 실정에 따라 새로운 과목을 편성하여 운영하고자 할 경우에는 시·도 교육청이 정하는 지침에 따라 사전에 필요한 절차를 거쳐야 한다.

4) 특성화 고등학교와 산업수요 맞춤형 고등학교

가) 학교는 산업수요와 직업의 변화를 고려하여 학과를 개설하고, 학과별 인력 양성 유형, 학생의 취업 역량과 경력 개발 등을 고려하여 교육과정을 편성·운영한다.

① 학교는 교과(군)의 총 이수 단위 180단위 중 보통 교과를 66단위 이상, 전문 교과II를 86단위 이상 편성한다.

② 학교는 두 개 이상의 교과(군)의 과목을 선택하여 전문 교과II를 편성·운영할 수 있다.

③ 실무 과목을 편성할 경우, 해당 과목의 내용 영역(능력단위)을 기준으로 학년별, 학기별 운영 계획을 수립해야 한다.

④ 실무 과목은 국가직무능력표준의 성취기준에 적합하게 교수·학습이 이루어지도록 한다.

나) 학과는 필요한 경우 세부 전공 또는 자격 취득 과정을 개설할 수 있으며, 세부 전공 또는 자격 취득 과정별로 전문 교과를 편성할 수 있다.

다) 전문 교과II의 기초가 되는 과목을 선택하여 이수할 경우, 이를 관련되는 보통 교과의 선택 과목 이수로 간주할 수 있다.

라) 내용이 유사하거나 관련되는 보통 교과의 선택 과목과 전문 교과I의 과목을 전문 교과II의 과목으로 교체하여 편성·운영할 수 있다.

마) 보통 교과의 진로 선택 과목 중 실용 국어, 실용 수학, 실용 영어는 해당 교과(군)의 공통 과목 이수 전에 편성·운영할 수 있다.

바) 학교는 산업계의 수요 등을 고려하여 전문 교과II의 교과 내용에

주제나 내용 요소를 추가하여 구성할 수 있다. 단, 실무 과목의 경우에는 국가직무능력표준에 기반해야 하며 필요에 따라 내용 영역(능력단위) 중 일부를 선택하여 운영할 수 있다.

사) 다양한 직업적 체험과 현장 적응력 제고 등을 위해 학교에서 배운 지식과 기술을 경험하고 적용하는 현장 실습을 교육과정에 포함하여 운영해야 한다.

① 현장 실습은 교육과정과 관련된 직무를 경험할 수 있도록 운영하며, 학교와 산업계가 프로그램을 공동으로 개발하고 실습의 과정과 결과를 평가하도록 한다.

② 현장 실습은 지역사회 유관 기관들과 연계하여 다양한 형태로 운영할 수 있으며, 이와 관련된 구체적인 사항은 시·도 교육청이 정한 지침에 따른다.

아) 학교는 실습 관련 과목을 지도할 경우 사전에 수업 내용과 관련된 산업안전보건 등에 대한 교육을 실시해야 하고, 안전 장구 착용 등 안전 조치를 취한다.

자) 창의적 체험활동은 학생의 진로 및 경력 개발, 인성 계발, 취업 역량 제고 등을 목적으로 프로그램을 운영할 수 있다.

차) 이 교육과정에 명시되지 않은 교과(군)의 교육과정은 유사한 교과(군)의 교육과정에 준한다. 부득이 새로운 교과(군)의 설치 및 그에 따른 교육과정을 편성·운영하고자 할 경우, 시·도 교육청이 정하는 지침에 따라 사전에 필요한 절차를 거쳐야 한다.

카) 학교가 필요에 따라 이 교육과정에 명시되지 않은 새로운 실무 과목을 개설하여 운영할 경우 국가직무능력표준에 기반해야 하며, 시·도교육청이 정하는 지침에 따라 사전에 필요한 절차를 거쳐야 한다.

타) 산업수요 맞춤형 고등학교는 산업계의 수요와 직접 연계된 맞춤형 교육과정을 운영하며, 산업계의 수요를 교육에 반영하기 위하여

필요한 경우 이 교육과정과 다르게 자율적으로 교육과정을 편성·운영할 수 있다.

파) 특성화 고등학교와 산업수요 맞춤형 고등학교 외의 학교에서 직업교육 관련 학과를 설치·운영할 경우, 특성화 고등학교와 산업수요 맞춤형 고등학교의 편성·운영 기준에 따른다.

5. 특수한 학교에서의 교육과정 편성·운영

가. 초·중·고등학교에 준하는 학교의 교육과정은 이 교육과정에 따라서 편성·운영한다.

나. 국가가 설립 운영하는 학교의 교육과정은 해당 시·도 교육청의 편성·운영 지침을 참고하여 학교장이 편성한다.

다. 공민학교, 고등공민학교, 고등기술학교, 근로 청소년을 위한 특별 학급 및 산업체 부설 학교, 기타 특수한 학교는 이 교육과정을 바탕으로 학교의 실정과 학생의 특성에 알맞은 학교 교육과정을 편성하고, 시·도 교육감의 승인을 얻어 운영한다.

라. 야간 수업을 하는 학교의 교육과정은 이 교육과정을 따르되, 다만 1시간의 수업을 40분으로 단축하여 운영할 수 있다.

마. 방송통신중학교 및 방송통신고등학교는 이 교육과정에 제시된 중학교 및 고등학교 교육과정을 따르되, 시·도 교육감의 승인을 얻어 이 교육과정의 편제와 시간·단위 배당 기준을 다음과 같이 조정하여 운영할 수 있다.

1) 편제와 시간·단위 배당 기준은 중학교 및 고등학교 교육과정에 준하되, 중학교는 2,652시간 이상, 고등학교는 162단위 이상 이수하도록 한다.

2) 학교 출석 수업 일수는 연간 20일 이상으로 한다.

바. 특성화 학교, 자율 학교, 재외한국학교 등 법령에 따라 교육과정

편성·운영의 자율성이 부여되는 학교의 경우에는 학교의 설립 목적 및 특성에 따른 교육이 가능하도록 교육과정 편성·운영의 자율권을 부여하고, 이와 관련한 구체적인 사항은 시·도 교육청(재외한국학교의 경우 교육부)의 지침에 따른다.

사. 교육과정의 연구 등을 위해 새로운 방식으로 교육과정을 편성·운영하고자 하는 학교는 교육부 장관의 승인을 받아 이 교육과정의 기준과는 다르게 학교 교육과정을 편성·운영할 수 있다.

Ⅲ. 학교 교육과정 편성·운영

1. 기본 사항

가. 학교는 이 교육과정을 바탕으로 학교 실정에 알맞은 학교 교육과정을 편성·운영한다.

나. 학교는 학교 교육과정 편성·운영 계획을 바탕으로 학년(군)별 교육과정 및 교과(목)별 교육과정을 편성할 수 있다.

다. 학교 교육과정은 모든 교원이 전문성을 발휘하여 참여하는 민주적인 절차와 과정을 거쳐 편성한다.

라. 교육과정의 합리적 편성과 효율적 운영을 위해 교원, 교육과정 전문가, 학부모 등이 참여하는 학교 교육과정 위원회를 구성하여 운영하며, 이 위원회는 학교장의 교육과정 운영 및 의사 결정에 관한 자문의 역할을 담당한다. 단, 특성화 고등학교와 산업수요 맞춤형 고등학교의 경우에는 산업계 인사가 참여할 수 있고, 통합교육이 이루어지는 학교의 경우에는 특수교사가 참여할 것을 권장한다.

마. 학교 교육과정을 편성·운영할 때에는 교원의 조직, 학생의 실태, 학부모의 요구, 지역사회의 실정 및 교육 시설·설비 등 교육 여건과 환경을 충분히 반영하도록 노력한다.

바. 교과와 창의적 체험활동의 내용 배열은 반드시 학습의 순서를 의미하는 것은 아니므로, 지역의 특수성, 계절 및 학교의 실정과 학생의 요구, 교사의 필요에 따라 각 교과목의 학년군별 목표 달성을 위한 지도 내용의 순서와 비중, 방법 등을 조정하여 운영할 수 있다.

사. 학교는 교과와 창의적 체험활동의 효율적인 운영을 위하여 지역사회의 인적, 물적 자원을 계획적으로 활용한다.

아. 학교는 학생의 요구, 학교의 실정 및 특색 등을 종합적으로 고려

하여 창의적 체험활동의 영역, 활동, 시간 등을 자율적으로 편성·운영할 수 있다.

자. 학교는 창의적 체험활동이 실질적 체험학습이 되도록 지역사회의 유관 기관과 연계·협력하여 프로그램을 운영할 수 있다.

차. 학교는 학생과 학부모의 요구를 바탕으로 방과후학교 또는 방학 중 프로그램을 개설할 수 있으며, 학생들의 자발적인 참여를 원칙으로 한다.

카. 학교는 가정 및 지역과 연계하여 학생이 건전한 생활 태도와 행동 양식을 가지고 학습에 임할 수 있도록 지도한다.

타. 학교는 동학년 모임, 교과별 모임, 현장 연구, 자체 연수 등을 통해서 교사들의 교육 활동 개선이 이루어지도록 한다.

파. 학교는 학교 교육과정 편성·운영의 적절성과 효과성 등을 자체 평가하여 문제점과 개선점을 추출하고, 다음 학년도의 교육과정 편성·운영에 그 결과를 반영한다.

2. 교수·학습

가. 학교는 교과목별 성취기준에 따라 다음과 같은 사항에 중점을 두고 교수·학습이 이루어지도록 한다.

1) 교과의 학습은 단편적 지식의 암기를 지양하고 핵심 개념과 일반화된 지식의 심층적 이해에 중점을 둔다.

2) 각 교과의 핵심 개념과 일반화된 지식 및 기능이 학생의 발달 단계에 따라 그 폭과 깊이를 심화할 수 있도록 수업을 체계적으로 설계한다.

3) 학생의 융합적 사고를 기를 수 있도록 교과 내, 교과 간 내용 연계성을 고려하여 지도한다.

4) 실험, 관찰, 조사, 실측, 수집, 노작, 견학 등의 직접 체험 활동

이 충분히 이루어지도록 한다.

5) 개별 학습 활동과 함께 소집단 공동 학습 활동을 통하여 협력적으로 문제를 해결하는 협동학습 경험을 충분히 제공한다.

6) 학생이 능동적으로 수업에 참여하고 자신의 생각을 표현하는 기회를 가질 수 있도록 토의·토론 학습을 활성화한다.

7) 학생에게 학습 내용을 실제적 맥락 속에서 적용하고 활용할 수 있는 기회를 충분히 제공한다.

8) 학생이 스스로 자신의 학습 과정과 학습 전략을 점검하고 개선하며 자기주도적으로 학습할 수 있도록 지도한다.

나. 학교는 효과적인 교수·학습 환경 설계를 위해 다음과 같은 사항에 중점을 둔다.

1) 교사와 학생 간, 학생과 학생 간 상호 신뢰와 협력이 가능한 교수·학습 환경을 제공한다.

2) 학생의 능력, 적성, 진로를 고려하여 교육 내용과 방법을 다양화하고, 학교의 여건과 학생의 특성에 따라 다양한 학습 집단을 구성하여 학생 맞춤형 수업을 하도록 한다.

3) 학교는 학습 결손을 보충할 수 있도록 특별 보충 수업을 운영할 수 있으며, 이에 대한 제반 운영 사항은 학교가 자율적으로 결정한다.

4) 각 교과의 특성에 맞는 다양한 학습이 이루어질 수 있도록 교과 교실제 운영을 활성화한다.

5) 학교는 교과용 도서 이외에 교육청이나 학교에서 개발한 다양한 교수·학습 자료를 활용할 수 있다.

6) 실험 실습 및 실기 지도 과정에서 학생의 안전사고를 예방하기 위해 시설 및 기계 기구, 약품, 용구 사용의 안전에 만전을 기한다.

3. 평가

가. 평가는 학생의 교육 목표 도달도를 확인하고 교수·학습의 질을 개선하는 데에 주안점을 둔다.

1) 학교는 학생에게 평가 결과에 대한 적절한 정보 제공과 추수 지도를 통해 학생이 자신의 학습을 지속적으로 성찰하고 개선할 수 있도록 지도한다.

2) 학생 평가 결과를 활용하여 수업의 질을 지속적으로 개선한다.

나. 학교와 교사는 성취기준에 근거하여 학교에서 중요하게 지도한 내용과 기능을 평가하며 교수·학습과 평가 활동이 일관성 있게 이루어지도록 한다.

1) 학생에게 배울 기회를 주지 않은 내용과 기능은 평가하지 않도록 한다.

2) 학습의 결과뿐만 아니라 학습의 과정을 평가하여 모든 학생이 교육 목표에 성공적으로 도달할 수 있도록 한다.

3) 학교는 학생의 인지적 능력과 정의적 능력에 대한 평가가 균형 있게 이루어질 수 있도록 한다.

다. 학교는 교과의 성격과 특성에 적합한 평가 방법을 활용한다.

1) 서술형과 논술형 평가 및 수행평가의 비중을 확대한다.

2) 정의적, 기능적, 창의적인 면이 특히 중시되는 교과는 타당한 평정 기준과 척도에 따라 평가를 실시한다.

3) 실험·실습의 평가는 교과목의 성격을 고려하여 합리적인 세부 평가 기준을 마련하여 실시한다.

4) 창의적 체험활동은 내용과 특성을 고려하여 평가의 주안점을 학교에서 결정하여 평가한다.

5) 전문교과II의 실무 과목은 성취 평가제와 연계하여 내용 요소를 구성하는 '능력단위' 기준으로 평가할 수 있다.

4. 모든 학생을 위한 교육기회의 제공

가. 교육 활동 전반을 통하여 남녀의 역할, 학력과 직업, 종교, 이전 거주지, 인종, 민족 등에 관한 편견을 가지지 않도록 지도한다.

나. 학습 부진 학생, 장애를 가진 학생, 특정 분야에서 탁월한 재능을 보이는 학생, 귀국 학생, 다문화 가정 학생 등이 학교에서 충실한 학습 경험을 누릴 수 있도록 필요한 지원을 한다.

다. 특수교육 대상 학생을 위해 특수학급을 설치·운영하는 경우, 학생의 장애 특성 및 정도를 고려하여 이 교육과정을 조정하여 운영하거나 특수교육 교육과정 및 교수·학습 자료를 활용할 수 있다.

라. 다문화 가정 학생을 위한 특별 학급을 설치·운영하는 경우, 다문화 가정 학생의 한국어 능력을 고려하여 이 교육과정을 조정하여 운영하거나, 한국어 교육과정 및 교수·학습 자료를 활용할 수 있다. 한국어 교육과정은 학교의 특성, 학생·교사·학부모의 요구 및 필요에 따라 주당 10시간 내외에서 운영할 수 있다.

마. 학교가 종교 과목을 개설할 때에는 종교 이외의 과목을 포함, 복수로 과목을 편성하여 학생에게 선택의 기회를 주어야 한다. 다만, 학생의 학교 선택권이 허용되는 종립 학교의 경우 학생·학부모의 동의를 얻어 단수로 개설할 수 있다.

Ⅳ. 학교 교육과정 지원

1. 국가수준의 지원

이 교육과정의 원활한 편성·운영을 위하여 국가수준에서는 다음과 같이 지원한다.

가. 시·도 교육청의 교육과정 지원 활동과 단위 학교의 교육과정 편성·운영 활동이 상호 유기적으로 이루어질 수 있도록 행·재정적 지원을 한다.

나. 이 교육과정의 질 관리를 위하여 주기적으로 학업 성취도 평가, 학교와 교육 기관 평가, 교육과정 편성·운영에 관한 평가를 실시하고 그 결과를 교육과정 개선에 활용한다.

1) 교과별, 학년(군)별 학업 성취도 평가를 실시하고, 평가 결과는 학력의 질 관리와 교육과정의 적절성 확보 및 개선에 활용한다. 특성화 고등학교와 산업수요 맞춤형 고등학교에서는 교육과정의 특성을 고려하여 기초 학력과 평생 학습 역량의 강화를 위한 학업 성취도를 평가할 수 있으며, 평가 결과는 기초 학력과 직업 기초 능력의 향상, 취업 역량 강화 등을 위해 활용할 수 있다.

2) 학교의 교육과정 편성·운영과 교육청의 교육과정 지원 상황을 파악하기 위하여 학교와 교육청에 대한 평가를 주기적으로 실시한다.

3) 교육과정 편성·운영과 지원 체제의 적절성 및 실효성을 평가하기 위한 연구를 수행한다.

다. 학교에서 평가 활동이 원활히 이루어질 수 있도록 다양한 방안을 개발하여 학교에 제공한다.

1) 교과별로 성취기준에 따른 평가 기준을 개발·보급하여 학교가 교과 교육과정의 목표에 부합되는 평가를 실시할 수 있도록 한다.

2) 교과별 평가 활동에 활용할 수 있는 다양한 평가 방법, 절차, 도구 등을 개발하여 학교에 제공한다.

라. 특성화 고등학교와 산업수요 맞춤형 고등학교가 기준 학과별 국가 직무능력표준이나 직무분석 결과에 기초하여 교육과정을 편성·운영할 수 있도록 지원한다.

마. 특수교육 대상 학생의 교육과정 편성·운영을 위해 관련 교과용 도서와 교수·학습 자료 개발, 평가 등에 필요한 제반 사항을 지원한다.

바. 이 교육과정이 교육 현장에 정착될 수 있도록 교육청 수준의 교원 연수와 전국 단위의 교과 연구회 활동을 적극적으로 지원한다.

사. 학교 교육과정이 원활히 운영될 수 있도록 학교 시설 및 교원 수급 계획을 마련하여 제시한다.

2. 교육청 수준의 지원

이 교육과정의 원활한 편성·운영을 위하여 교육청은 다음과 같은 사항을 지원한다.

가. 시·도의 특성과 교육적 요구를 구현하기 위하여 시·도 교육청 교육과정 위원회를 조직하여 운영한다.

1) 이 위원회는 교육과정 편성·운영에 관한 조사 연구와 자문 기능을 담당한다.

2) 이 위원회에는 교원, 교육 행정가, 교육학 전문가, 교과 교육

전문가, 학부모, 지역사회 인사, 산업체 인사 등이 참여할 수 있다.

나. 지역의 특수성, 교육의 실태, 학생·교원·주민의 요구와 필요 등을 반영하여 교육청 단위의 교육 중점을 설정하고, 학교 교육과정 개발을 위한 시·도 교육청 수준 교육과정 편성·운영 지침을 마련하여 안내한다.

다. 학교가 새 학년도 시작에 앞서 교육과정 편성·운영에 관한 계획을 수립할 수 있도록 교육과정 편성·운영 자료를 개발·보급하고, 교원의 전보를 적기에 시행한다.

라. 교과와 창의적 체험활동에 필요한 교과용 도서의 인정, 개발, 보급을 위해 노력한다.

마. 중학교 자유학기 운영을 지원하기 위해 각종 자료의 개발·보급, 교원의 연수, 지역사회와의 연계가 포함된 자유학기 지원계획을 수립하여 추진한다.

바. 학교가 국가 교육과정에 제시되지 않은 교과목을 설치, 운영할 수 있도록 관련 지침을 학교에 제공하고 학교로 하여금 필요한 사전 절차를 밟도록 지원한다.

사. 학교가 지역사회의 유관 기관과 적극적으로 연계·협력해서 교과, 창의적 체험활동을 내실 있게 운영할 수 있도록 지원하며, 관내 학교가 활용할 수 있는 '지역 자원 목록'을 작성하여 제공하는 등 구체적인 지원 방안을 마련한다.

아. 학교 교육과정의 효과적 운영을 위하여 학생의 배정, 교원의 수급 및 순회, 학교 간 시설과 설비의 공동 활용, 자료의 공동 개발과 활용에 관하여 학교 간 및 교육지원청 간의 협조 체제를 구축한다.

자. 전·입학, 귀국 등에 따라 공통 교육과정의 교과와 고등학교 공통 과목을 이수하지 못한 학생들이 해당 교과를 이수할 수 있도록 다양한 기회를 마련해 주고, 학생들이 지역사회의 공공성 있는 사회

교육 시설을 통해 이수한 과정을 인정해 주는 방안을 마련한다.

차. 귀국자 및 다문화 가정 학생의 교육 경험의 특성과 배경을 고려하여 이 교육과정을 이수하는 데에 어려움이 없도록 지원한다.

카. 특정 분야에서 탁월한 재능을 보이는 학생, 학습 부진 학생, 장애를 가진 학생들을 위한 교육 기회를 마련하고 지원한다.

타. 단위 학교의 교육과정 편성·운영을 지원할 수 있도록 교원 연수, 교육과정 컨설팅, 연구학교 운영 및 연구회 활동 지원 등에 대한 계획을 수립하여 시행한다.

1) 교원의 학교 교육과정 편성·운영 능력과 교과 및 창의적 체험활동에 대한 지도 능력을 제고하기 위하여 교원에 대한 연수 계획을 수립하여 시행한다.

2) 학교 교육과정의 효율적인 편성·운영을 지원하기 위해 교육과정 컨설팅 지원단 등 지원 기구를 운영하며 교육과정 편성·운영을 위한 각종 자료를 개발하여 보급한다.

3) 학교 교육과정 편성·운영의 개선과 수업 개선을 위해 연구학교를 운영하고 연구 교사제 및 교과별 연구회 활동 등을 적극적으로 지원한다.

파. 학교가 이 교육과정에 근거하여 학교 교육과정을 편성·운영할 수 있도록 다음의 사항을 지원한다.

1) 학교 교육과정 편성·운영을 위해서 교육 시설, 설비, 자료 등을 정비하고 확충하는 데 필요한 행·재정적인 지원을 한다.

2) 고등학교에서 학생의 과목 선택권을 보장하기 위해 교원 수급, 시설 확보, 프로그램 개발 등 필요한 행·재정적인 지원을 한다.

3) 복식 학급 운영 등 소규모 학교의 정상적인 교육과정 운영을 지원하기 위해 교원의 배치, 학생의 교육받을 기회 확충 등에 필요한 행·재정적인 지원을 한다.

4) 수준별 수업을 효율적으로 운영하도록 지원하며, 기초학력 향상과 학습 결손 보충이 가능하도록 '특별 보충 수업'을 운영하는 데 필요한 행·재정적인 지원을 한다.
5) 지역사회와 학교의 여건에 따라 초등학교 저학년 학생을 학교에서 돌볼 수 있는 기능을 강화하고, 이에 대해 충분한 행·재정적 지원을 한다.
6) 개별 학교의 희망과 여건을 반영하여 지역 내 학교 간 개설할 집중 과정을 조정하고, 그 편성·운영을 지원한다. 특히 소수 학생이 지망하는 집중 과정을 개설할 학교를 지정하고, 원활한 교육과정 편성·운영을 위한 행·재정적인 지원을 한다.
7) 인문학적 소양 및 통합적 읽기 능력 함양을 위해 독서 활동을 활성화하도록 다양한 지원을 한다.
8) 특성화 고등학교와 산업수요 맞춤형 고등학교가 산업체와 협력하여 특성화된 교육과정과 실습 과목을 편성·운영할 경우, 학생의 현장 실습이 내실 있게 운영될 수 있도록 행·재정적 지원을 한다.

하. 학교 교육과정의 질 관리를 위하여 다음의 사항을 실시한다.

1) 학교에 대한 교육과정 운영 지원 실태와 각급 학교의 교육과정 편성·운영 실태를 정기적으로 파악하고, 효과적인 교육과정의 운영과 개선 및 질 관리에 필요한 지원을 한다.
2) 학교의 교육과정 편성·운영에 대한 질 관리와 교육과정 편성·운영 체제의 적절성 및 실효성을 높이기 위하여 학업 성취도 평가, 학교 교육과정 평가 등을 실시하고 그 결과를 교육과정 개선에 활용한다.
3) 교육청 수준의 학교 교육과정 지원에 대한 자체 평가와 교육과정 운영 지원 실태에 대한 점검을 자율적으로 실시하고 개선 방안을 마련한다.

부록 2.

유치원 교육과정 총론

교육부 고시 제2019-189호

유아교육법 제13조 제2항에 의거하여 유치원 교육과정을 다음과 같이 고시합니다.

2019년 7월 24일

교육부장관

부칙

1. 이 교육과정은 2020년 3월 1일부터 시행합니다.
2. 교육부 고시 제2015-61호 유치원 교육과정(2015.2.24.)은 2020년 2월 29일로 폐지합니다.

누리과정의 성격

누리과정은 3~5세 유아를 위한 국가수준의 공통 교육과정이다.

가. 국가수준의 공통성과 지역, 기관 및 개인 수준의 다양성을 동시에 추구한다.

나. 유아의 전인적 발달과 행복을 추구한다.

다. 유아 중심과 놀이 중심을 추구한다.

라. 유아의 자율성과 창의성 신장을 추구한다.

마. 유아, 교사, 원장(감), 학부모 및 지역사회가 함께 실현해가는 것을 추구한다.

제 1 장 총론

Ⅰ. 누리과정의 구성방향

1. 추구하는 인간상

누리과정이 추구하는 인간상은 다음과 같다.

가. 건강한 사람

나. 자주적인 사람

다. 창의적인 사람

라. 감성이 풍부한 사람

마. 더불어 사는 사람

2. 목적과 목표

누리과정의 목적은 유아가 놀이를 통해 심신의 건강과 조화로운 발달을 이루고 바른 인성과 민주 시민의 기초를 형성하는 데에 있다.

이를 실현하기 위한 목표는 다음과 같다.

가. 자신의 소중함을 알고, 건강하고 안전한 생활 습관을 기른다.

나. 자신의 일을 스스로 해결하는 기초능력을 기른다.

다. 호기심과 탐구심을 가지고 상상력과 창의력을 기른다.

라. 일상에서 아름다움을 느끼고 문화적 감수성을 기른다.

마. 사람과 자연을 존중하고 배려하며 소통하는 태도를 기른다.

3. 구성의 중점

누리과정 구성의 중점은 다음과 같다.

가. 3~5세 모든 유아에게 적용할 수 있도록 구성한다.

나. 추구하는 인간상 구현을 위한 지식, 기능, 태도 및 가치를 반영하여 구성한다.

다. 신체운동·건강, 의사소통, 사회관계, 예술경험, 자연탐구의 5개 영역을 중심으로 구성한다.

라. 3~5세 유아가 경험해야 할 내용으로 구성한다.

마. 0~2세 보육과정 및 초등학교 교육과정과의 연계성을 고려하여 구성한다.

II. 누리과정의 운영

1. 편성 · 운영

다음의 사항에 따라 누리과정을 편성 · 운영한다.

가. 1일 4~5시간을 기준으로 편성한다.

나. 일과 운영에 따라 확장하여 편성할 수 있다.

다. 누리과정을 바탕으로 각 기관의 실정에 적합한 계획을 수립하여 운영한다.

라. 하루 일과에서 바깥 놀이를 포함하여 유아의 놀이가 충분히 이루어지도록 편성하여 운영한다.

마. 성, 신체적 특성, 장애, 종교, 가족 및 문화적 배경 등으로 인한 차별이 없도록 편성하여 운영한다.

바. 유아의 발달과 장애 정도에 따라 조정하여 운영한다.

사. 가정과 지역사회와의 협력과 참여에 기반하여 운영한다.

아. 교사 연수를 통해 누리과정의 운영이 개선되도록 한다.

2. 교수 · 학습

교사는 다음 사항에 따라 유아를 지원한다.

가. 유아가 흥미와 관심에 따라 놀이에 자유롭게 참여하고 즐기도록 한다.

나. 유아가 놀이를 통해 배우도록 한다.

다. 유아가 다양한 놀이와 활동을 경험할 수 있도록 실내외 환경을 구성한다.

라. 유아와 유아, 유아와 교사, 유아와 환경 간에 능동적인 상호작용이 이루어지도록 한다.

마. 5개 영역의 내용이 통합적으로 유아의 경험과 연계되도록 한다.

바. 개별 유아의 요구에 따라 휴식과 일상생활이 원활히 이루어지도록 한다.

사. 유아의 연령, 발달, 장애, 배경 등을 고려하여 개별 특성에 적합한 방식으로 배우도록 한다.

3. 평가

평가는 다음 사항에 중점을 두고 실시한다.

가. 누리과정 운영의 질을 진단하고 개선하기 위해 평가를 계획하고 실시한다.

나. 유아의 특성 및 변화 정도와 누리과정의 운영을 평가한다.

다. 평가의 목적에 따라 적합한 방법을 사용하여 평가한다.

라. 평가의 결과는 유아에 대한 이해와 누리과정 운영 개선을 위한 자료로 활용할 수 있다.

제 2 장 영역별 목표 및 내용

I. 신체운동 · 건강

1. 목표

실내외에서 신체활동을 즐기고, 건강하고 안전한 생활을 한다.

1) 신체활동에 즐겁게 참여한다.
2) 건강한 생활습관을 기른다.
3) 안전한 생활습관을 기른다.

2. 내용

내용 범주	내용
신체활동 즐기기	신체를 인식하고 움직인다.
	신체 움직임을 조절한다.
	기초적인 이동운동, 제자리 운동, 도구를 이용한 운동을 한다.
	실내외 신체활동에 자발적으로 참여한다.
건강하게 생활하기	자신의 몸과 주변을 깨끗이 한다.
	몸에 좋은 음식에 관심을 가지고 바른 태도로 즐겁게 먹는다.
	하루 일과에서 적당한 휴식을 취한다.
	질병을 예방하는 방법을 알고 실천한다.
안전하게 생활하기	일상에서 안전하게 놀이하고 생활한다.
	TV, 컴퓨터, 스마트폰 등을 바르게 사용한다.
	교통안전 규칙을 지킨다.
	안전사고, 화재, 재난, 학대, 유괴 등에 대처하는 방법을 경험한다.

II. 의사소통

1. 목표

일상생활에 필요한 의사소통 능력과 상상력을 기른다.

1) 일상생활에서 듣고 말하기를 즐긴다.
2) 읽기와 쓰기에 관심을 가진다.
3) 책이나 이야기를 통해 상상하기를 즐긴다.

2. 내용

내용범주	내용
듣기와 말하기	말이나 이야기를 관심 있게 듣는다.
	자신의 경험, 느낌, 생각을 말한다.
	상황에 적절한 단어를 사용하여 말한다.
	상대방이 하는 이야기를 듣고 관련해서 말한다.
	바른 태도로 듣고 말한다.
	고운 말을 사용한다.
읽기와 쓰기에 관심 가지기	말과 글의 관계에 관심을 가진다.
	주변의 상징, 글자 등의 읽기에 관심을 가진다.
	자신의 생각을 글자와 비슷한 형태로 표현한다.
책과 이야기 즐기기	책에 관심을 가지고 상상하기를 즐긴다.
	동화, 동시에서 말의 재미를 느낀다.
	말놀이와 이야기 짓기를 즐긴다.

Ⅲ. 사회관계

1. 목표

자신을 존중하고 더불어 생활하는 태도를 가진다.

1) 자신을 이해하고 존중한다.
2) 다른 사람과 사이좋게 지낸다.
3) 우리가 사는 사회와 다양한 문화에 관심을 가진다.

2. 내용

내용범주	내용
나를 알고 존중하기	나를 알고 소중히 여긴다.
	나의 감정을 알고 상황에 맞게 표현한다.
	내가 할 수 있는 것을 스스로 한다.
더불어 생활하기	가족의 의미를 알고 화목하게 지낸다.
	친구와 서로 도우며 사이좋게 지낸다.
	친구와의 갈등을 긍정적인 방법으로 해결한다.
	서로 다른 감정, 생각, 행동을 존중한다.
	친구와 어른께 예의 바르게 행동한다.
	약속과 규칙의 필요성을 알고 지킨다.
사회에 관심 가지기	내가 살고 있는 곳에 대해 궁금한 것을 알아본다.
	우리나라에 대해 자부심을 가진다.
	다양한 문화에 관심을 가진다.

Ⅳ. 예술경험

1. 목표

아름다움과 예술에 관심을 가지고 창의적 표현을 즐긴다.

1) 자연과 생활 및 예술에서 아름다움을 느낀다.
2) 예술을 통해 창의적으로 표현하는 과정을 즐긴다.
3) 다양한 예술 표현을 존중한다.

2. 내용

내용범주	내용
아름다움 찾아보기	자연과 생활에서 아름다움을 느끼고 즐긴다.
	예술적 요소에 관심을 갖고 찾아본다.
창의적으로 표현하기	노래를 즐겨 부른다.
	신체, 사물, 악기로 간단한 소리와 리듬을 만들어 본다.
	신체나 도구를 활용하여 움직임과 춤으로 자유롭게 표현한다.
	다양한 미술 재료와 도구로 자신의 생각과 느낌을 표현한다.
	극놀이로 경험이나 이야기를 표현한다.
예술 감상하기	다양한 예술을 감상하며 상상하기를 즐긴다.
	서로 다른 예술 표현을 존중한다.
	우리나라 전통 예술에 관심을 갖고 친숙해진다.

V. 자연탐구

1. 목표

탐구하는 과정을 즐기고, 자연과 더불어 살아가는 태도를 가진다.

1) 일상에서 호기심을 가지고 탐구하는 과정을 즐긴다.
2) 생활 속의 문제를 수학적, 과학적으로 탐구한다.
3) 생명과 자연을 존중한다.

2. 내용

내용범주	내용
탐구과정 즐기기	주변 세계와 자연에 대해 지속적으로 호기심을 가진다.
	궁금한 것을 탐구하는 과정에 즐겁게 참여한다.
	탐구과정에서 서로 다른 생각에 관심을 가진다.
생활 속에서 탐구하기	물체의 특성과 변화를 여러 가지 방법으로 탐색한다.
	물체를 세어 수량을 알아본다.
	물체의 위치와 방향, 모양을 알고 구별한다.
	일상에서 길이, 무게 등의 속성을 비교한다.
	주변에서 반복되는 규칙을 찾는다.
	일상에서 모은 자료를 기준에 따라 분류한다.
	도구와 기계에 대해 관심을 가진다.
자연과 더불어 살기	주변의 동식물에 관심을 가진다.
	생명과 자연환경을 소중히 여긴다.
	날씨와 계절의 변화를 생활과 관련짓는다.

부록 3.

형성평가 모범 답안

□ 객관식 문항

문항＼장	제1장	제2장	제3장	제4장	제5장	제6장	제7장	제8장	제9장	제10장	제11장
1	다	가	나	나	다	나	마	나	다	가	다
2	라	다	라	나	마	라	마	다	다	라	나
3	가	가	다	마	다	다	라	나	라	가	나
4	나	라	라	가	다	가	나	가	다	다	가
5	가	라	다	다	다	라	가	가	라	라	나
6	다	다	가	다	나	라	마	라		마	나
7	라	라	라	다	나	가	다	라			라
8	라	라	다	다	라		가	라			
9	나		다	다	나			가			
10			나	마				나			
11			가	가							
12			가	다							
13			마	다							

□ 완성형 문항

• 제3장 14번 문항

구분	시기	정의	실체	사상적 배경	개념의 폭
1) 교과중심 교육과정	1920~현재	교수요목	문서	이상 · 본질주의	매우 좁다
2) 경험중심 교육과정	1930~현재	지도된 경험	경험	진보 · 실용주의	넓다
3) 학문중심 교육과정	1960~현재	지식의 구조	문서	본질 · 실제주의	좁다
4) 인간중심 교육과정	1970~1980	경험의 총체	경험	실존 · 인본주의	매우 넓다

• 제5장 10, 11번 문항

문항	정답
10	(A)교육과정 계획/설계 (B)확산활동 (C)평가활동 (D)교육과정 정착
11	(A)강령 (B)설계

참고문헌

국가교육과정정보센터(National Curriculum Information Center: NCIC) http://www.ncic.re.kr/
교육부(2009). 2009 개정 교육과정 총론(교육부고시 제2009-41호).
교육부(2015). 2015 개정 교육과정 총론(교육부고시 제2015-74호).
교육과학기술부 편(2010). 초·중·고등학교 국가수준 교육과정의 변천.
곽영우 외(1996). **교사론**. 서울: 교육과학사.
권낙원, 민용성, 한희정, 최화숙, 이재철(2011). **교육과정**. 서울: 동문사.
권낙원, 김민환, 한승록, 추광재(2011). **교사를 위한 교육과정론**. 경기: 공동체.
김대현, 김석우(2007). **교육과정 및 교육평가**. 서울: 학지사.
김재춘, 부재율, 소경희, 채선희(2002). **예비·현직교사를 위한 교육과정과 교육평가**(개정판). 경기: 교육과학사.
김종서(1987). **잠재적 교육과정의 이론과 실제**. 경기: 교육과학사.
김종서, 이영덕, 황정규, 이홍우(1988). **교육과정과 교육평가**. 경기: 교육과학사.
김진규(2015). **교육과정과 교육평가**(제3판). 서울: 동문사.
김희수(2007). **글로벌시대의 인간자원개발론**. 서울: 원미사.
김희수(2009). **교육방법 및 교육공학**. 서울: 일문사.
김희수, 최정선, 홍성훈(2015). **교육학개론**. 서울: 동문사.
김희수(2017). **교육심리학**. 서울: 동문사.
박승배(2002). **교육과정학의 이해: 역사적 접근**. 경기: 양서원.
박창언(2018). **현대 교육과정학**. 서울: 학지사.
손충기(2006). **교육과정과 교육평가**. 서울: 태영출판사.
오만록(2012). **교육과정론**(제3판). 서울: 동문사.
이성호(1982). **교육과정: 개발전략과 절차**. 서울: 문음사.
이홍우(1986). **교육과정 탐구**. 서울: 박영사.
임창재(1999). **교육심리학**. 서울: 학지사.
이지원 편(2019). **교육학논술(I)**. 서울: 동문사.
정종진(1999). **교육평가의 이해**. 경기: 양서원.
정찬기오, 문승환(1997). **교육과정 및 교육평가 특론**. 경기: 교육과학사.
정찬기오, 문승환, 이광우, 김훈희, 양은진, 정다운(2014). **교육과정 개발과 수업설**

계: 교육공학적 접근. 경기: 양서원.
전성연 편(2011). 교수-학습의 이론적 탐색. 서울: 원미사.
진영은(2005). 교육과정 이론과 실제. 서울: 학지사.
한혜정, 조덕주(2016). 교육과정. 서울: 학지사.
함종규(1981). 학습지도의 이론과 실제. 서울: 숙명여자대학교출판부.
황정규(1988). 학교학습과 교육평가. 경기: 교육과학사.
황정규(1998). 학교학습과 교육평가(개정판). 경기: 교육과학사.
황정규(1999). 교육측정 · 평가의 새 지평. 경기: 교육과학사.
홍후조(2011). 알기쉬운 교육과정. 서울: 학지사.

Adler, M. J.(1984). *The Program*. New York: Macmillan.

Allport, G.(1961). *Pattern and Growth in Personality*. New York: Holt, Rinehart & Iston.

Allport, G. W.(1962). Psychological model of Guidance. *Harvard Educational Review, 32*(4), 373~381.

Allport, G.(1961). *Pattern and growth in personality*. New York: Holt, Rinehart and winston, Inc.

Ames, C., Ames, R., & Felker, D. W.(1977). Effects of competitive reward structure and valence of outcome on children's achievement attributions. *Journal of Educational Psychology, 69*, 1~8.

Amstrong, D. G. et al.(1978). *Education: An Introduction*. New York: Macmillan Publishing Co., Inc.

Ausubel, D. P.(1963). *The Psychology of Meaningful Verbal Learning: An Introduction to School to Learning*. New York: Grune & Stratton, Inc.

Bandura, A.(1977). Self-efficacy: Toward a unified theory of behavioral change. *Psychological Review. 84*, 191-215.

Baumrind, D.(1978). *A dialectical materist's perspective on knowing social reality*. In W. Damon(Ed.), New directions for child development: Moral Development(No. 2, pp. 61~82). San Francisco: Jossey-Bass.

Borich, G. D., & Tombari, M. L.(1995). *Educational Psychology*. Harper Collins College Publisher.

Bowlby, J.(1969). *Attachment and Loss*. New York: Hogarth Press.

Breland, K., and Breland, M.(1961). The Misbehavior of Organisms. *American*

Psychologist, 16, 681~684.

Brophy, J. E.(1983). Research on the self-fulfilling prophecy and teacher expectations. *Jouranal of Educational Psychology, 75*(5), 631-661.

Brophy, J. E. and Evertson, C. M.(1976). *Learning from Teaching: A Developmental Perspective*. Boston: Allyn and Bacon.

Brophy, J. E. and Good, J. L.(1974): T*eacher-student Relationships: Causes and Consequences*. New York: Holt, Rinehart and Wiston.

Bruner, J. S.(1966). *Toward a theory of Instruction*. Cambridge, Mass.: Belknap Press.

Bruno, F. J.(1977). *Human Adjustment and Personal Growth: Seven Pathways*. New York: John Wiley & Sons.

Colby, A., & Kohlberg, L.(1987). *The measurement of moral judgement*(Vols. 1~2). New York: Cambridge University Press.

Combs, A. W.(1962). *Perceiving, Behaving, Becoming: Humanistic Approach to the Study of Persons*. 1962 Yearbook. Washington, D. C.: Association for Supper vision and Curriculum Development.

Combs, A. W.(1965). *The Professional Education of Teachers: A Perceptual View of Teacher Preparation*. Boston: Allyn & Bacon, Inc.

Cooper, H. M. and Baron, R. M.(1977). Academic expectations and attributed Responsibility as Predictors of Professional Teacher's Reinforcement Behavior. *Journal of Educational Psychology, 68*, 409~418.

Cronbach, L. J.(1977). *Educational Psychology*. New York: Harcourt Brace Jovanvich, Inc.

Cronbach, L. J. and Snow, R. E.(1977). *Aptitudes and Instructional Methods: A Handbook for Research on Interactions*. New York: Irvington.

David, E. H. and Edumund, V. S.(1974). *Between Psychology and Education*. Illinois: The Dryded Press.

Dembo, M. H.(1991). *Applying Educational Psychology in the Classroom*(4th ed.). Longman Publishing Group.

Finch, C.(1999). *Curriculum Development in Vocational and Technical Education*. Boston: Allyn and Bacon Inc.

Gagne, R. M.(1977). *The Conditions of Learning*. New York: Holt.

Gage, N. L. & Berliner, D. C.(1979). *Educational Psychology*(2nd ed.).

Chicago: Rand McNally.

Gagne, R. M. & Paradise, N. E.(1961). *Abilities and Learning sets in Knowledge Adquistion*. Psychological Monographs, 75, 14.

Gagne, R. M.(1977). *The conditions of Learning*(3rd ed). New York: Holt, Rinehart and winston.

Gardner, H.(1983). *Frames of mind: The theory of multiple intelligences*. New York: Basic Books.

Gronlund, N. E.(1981). *Measurement and Evaluation in Teaching*(4th ed.). New York: Macmillan Publishing Co., Inc.

Guilford, J. P.(1967). *The Nature of Human Intelligence*. New York: McGraw-Hill.

Hutchins, R. M.(1936). *The Higher Learning in America*. Conn.: Yale University Press.

Jung, C. G.(1954). *The Development of Personality*. New York: Pantheon.

Kahl, J. A.(1963). Education and Occupational Aspiration of Common Man and Boys. *Harvard Educational Review, 23,* 186-203.

Lerner, R. M.(1978). Nature, Nurture, and dynamic interactionism. *Human Development, 21*, 1~20.

Russell, B.(1926). *On Education*. London: GAU.

Sternberg, R. J.(1986). *The triarchic mind: A new theory of human intelligence*. New York: Veking.

Taba, H.(1962). *Curriculum Development: Theory and Practice.* New York: Harcourt and World.

Tyler, R.(1949). *Basic Principles of Curriculum and Instruction*. Chicago: University of Chicago Press.

찾아보기

국문색인

영문색인

•A-Z

저자 소개

김희수

중앙대학교 대학원 교육학과 졸업(교육학박사)

현) 동원과학기술대학교 유아교육과 교수
전) 동원과학기술대학교 교학처장·교무처장·기획처장·교수학습개발센터장·NCS지원센터장, 고려대 사회교육원·중앙대·국민대·한성대·배재대·건양대·대전과기대 등 외래교수, 중앙교육과학연구소 연구원, 연세대 교육연구소 객원 연구원 등

자격) 중등교원 1급 정교사, 상담심리사 1급, 학습컨설턴트, 청소년지도사, HRD컨설턴트
저서) 교육심리학(2010, 문화체육관광부 우수학술도서 선정) 외 다수
논문) 성인학습 교육과정의 효과성 검증(미래교육연구) 외 다수

이해하기 쉽게 쓴 교육과정론

초판 1쇄 발행 / 2020년 6월 10일
초판 2쇄 발행 / 2024년 3월 2일

저 자 / 김 희 수
발행인 / 이 중 수
발행처 / **동 문 사**

서울특별시 서대문구 홍제원 1길 12
(홍제동 137-8)
Tel : 02)736-3718(대), 736-3710, 3720
Fax : 02)736-3719
등록번호 : 1974.04.27 제9-17호
가격 : 20,000원

ISBN : 979-11-6328-190-0(93370)
E-mail : dong736@naver.com
www.dongmunsa.com